當代中華文化思想叢刊

現代中國的文學、教育與都市想像

下冊

陳平原　著

目次

下冊

大學之道[*]
——傳統書院與二十世紀中國高等教育

　　二十世紀中國思想文化潮流中，「西化」最為徹底的，當推教育——尤其是高等教育。今日中國之大學，其價值趨向與基本路徑，乃舶來品的 University，而非古已有之的太學。因而，儘管教育史家喜歡談論「四千年的中國大學教育」，古今中外「大學」之巨大差異，依然使得二者很難同日而語。這其實正是二十世紀中國大學教育的困境所在：成功地移植了西洋的教育制度，卻談不上很好地繼承中國人古老的「大學之道」。

　　積弊已久的傳統中國教育，其「無裨實用」，在晚清，成為傳播福音的傳教士和尋求富強的士大夫集中攻擊的靶子。時人之「破舊」，主要攻擊的是科舉取士；至於各式書院之利弊得失，反而無暇細究。只是在新學制已經創立的二十世紀二三〇年代，有過研究書院的小小熱潮。此後，又是長期的沉寂，直到八〇年代方才有復興的跡象。可即便如此，今日中國的大學，依舊是歐美模式的一統天下。這就難怪 Ruth Hayhoe 在描述百年中國大學教育歷程時，用了一個令人驚心動魄的斷語：「歐洲大學的凱旋。」[1]

　　但這不等於說，二十世紀中國的教育家，不曾有過借鑒書院教學、發揚傳統教育精神的願望與努力。本文借鉤稽康有為、章太炎、

---

[*]　本文初刊（香港）《嶺南學報》，新第1期，1999年10月。

[1]　Ruth Hayhoe, China's Universities, 1895-1995: A Century of Cultural Conflict, Garland Publishing, Inc., New York, 1996, p.14.

唐文治等十位身兼教育家的學問家或政治家融會中西教育的嘗試，探討精神滲透與制度建設之間的巨大張力，力圖為二十一世紀中國大學的健康成長提供也許是不可或缺的思想資源。

一　書院之遠逝

廢科舉，開學堂，育人才——這幾乎是晚清志士的共同思路。分歧在於具體策略，尤其是如何看待源遠流長的書院。「時局多艱，需材尤急」，無法生產堅船利炮的書院，其教學宗旨及培養方案，非改不可。於是，出現了三種頗有差異的選擇：

（1）整頓書院，增加西學課程（胡聘之等）；

（2）保留書院，另外創設講求實學的新式書院或學堂（廖壽豐等）；

（3）請皇上發布詔書，「將公私現有之書院、義學、社學、學塾，皆改為兼習中西之學校」（康有為等）。[2]

取消書院，以便集中人力財力，發展新教育，這一「興學至速之法」，從鄭觀應最早提出，迭經胡燏棻、李端棻、康有為等的一再奏請，終於成為最高統治者的諭令，通行全國。其間雖有反覆，但秋風日緊，大樹飄零已成定局。

科舉取士與書院教學，二者既有聯繫，但更有差別。明清兩代，科舉制度受到不少有識之士的猛烈抨擊；到了十九世紀末，更成了中國落後挨打的「罪魁禍首」。可以說，取消科舉取士制度，起碼在學

2　參見胡聘之等《請變通書院章程摺》、廖壽豐《請專設書院兼課中西實學摺》、張汝梅等《陝西創設格致實學書院摺》、康有為《請飭各省改書院淫祠為學堂摺》及《清帝諭各省府廳州縣改書院設學校》，均見舒新城編：《中國近代教育史資料》，上冊。

界，已有長期的理論思考與輿論準備。而廢除書院的決策，則是匆促作出的，朝野上下，並沒有認真討論過。當初之所以如此決斷，主要是為了應急──將原有款項移作興辦學堂之用，以便盡快培養出可以「富國強兵」的「有用之才」。這就出現了一個令後世史家深感困惑的局面：歷來習慣邁四方步的中國人，突然間一路小跑，甩掉了沿用千年的書院制度，而且不吭一聲。正像教育史家舒新城所抱怨的，「光緒二十四年以後的改革教育論者，並無一人對於書院制度等有詳密的攻擊或批評」。[3]這裡的「並無一人」，乃激憤之言。實際上，有過個別的抗爭，只不過人單力薄，無濟於事。比如，章太炎便對如此「急功近利」的「興學」，等於慫恿朝廷統攬教育大權、催逼教育全面西化，有相當激烈的批評。[4]

　　單就口號而言，晚清以降，教育改革的宣導者，幾乎沒有主張「全盤西化」的。康有為堅持將「上法三代」放在「旁採泰西」之前，張百熙也是先「上溯古制」，後才「參考列邦」。[5]可這些溝通中西的努力，最後都基本上落空。翻閱晚清及民國的各種學制，除了在「宗旨」部分表達維護傳統倫理道德的強烈願望外，制度建設方面幾乎只能「旁採泰西」。原因是，上古學制的準確面目，今人難以把握，更談不上將其導入晚清的學制創新。北大校長蔡元培另出新招，希望以「孔墨教育之精神」，來補充歐美大學體制；清華校長梅貽琦則重提「大學之道，在明明德，在新民，在止於至善」[6]──可這都

3　舒新城：《近代中國教育思想史》，14頁。

4　參見陳平原：《章太炎與中國私學傳統》，載《學人》，2輯，南京，江蘇文藝出版社，1992。

5　參見康有為：《請飭各省改書院淫祠為學堂摺》；張百熙：《進呈學堂章程摺》，均見《中國近代教育史資料》，上冊。

6　參見蔡元培：《在卜技利中國學生會演說詞》，見《蔡元培全集》，4卷，65頁；梅貽琦：《大學一解》，載《清華學報》，13卷1期，1941年4月。

是二〇年代以後的事,其時書院已經逐漸隱入歷史深處。

清末民初的教育改革家寧願縱論縹緲含糊的「三代之學」,而不想涉及近在眼前的書院之利弊得失,可能有不得已的苦衷,比如,不願意「穿新鞋走老路」,或者擔心舊體制因而「藕斷絲連」等。可這麼一來,傳統中國的教育精神,被高懸雲端,無法介入二十世紀初極富激情與想像力的制度創新。只是在新學制已經完全確立,書院基本上退出歷史舞臺,教育家們方才回過神來,對書院的黯然退場表示極大的遺憾。比如,以提倡新文化著稱的胡適便如此大發感慨:

> 書院之廢,實在是吾中國一大不幸事。一千年來學者自動的研究精神,將不復現於今日。[7]

胡、梅諸君,均為留美學生,尚且對即將遠去的書院「依依不捨」,那些在國內完成學業者,當更有感觸。出身杭州詁經精舍的章太炎激烈抨擊朝廷一律廢書院改學堂的決策,以及江陰南菁書院出身的唐文治之獨力創辦無錫國學專修館,都與其學術背景大有關聯。至於謝國楨、金景芳、錢仲聯等之大力表彰書院教學傳統,也與其早年追隨梁啟超或就讀復性書院、無錫國專密不可分。[8]可所有這些,均只是個人行為,其規模與效果,無法與當初摧枯拉朽的學制創新相比擬。

「此情可待成追憶,只是當時已惘然。」擅長「以史為鑒」的中國學人,在追懷日益遠逝的書院的同時,開始「補偏救弊」。於是,

7 　胡適:《書院制史略》,載《東方雜誌》,21卷3期,1924年2月。

8 　參見謝國楨:《近代書院學校制度變遷考》,見胡適等編:《張菊生先生七十生日紀念論文集》,上海,商務印書館,1937;金景芳:《從抗日戰爭時期的復性書院談起》,見湖南大學嶽麓書院文化研究所編:《嶽麓書院一千零一十週年紀念文集》,1輯,長沙,湖南人民出版社,1986;錢仲聯:《無錫國專的教學特點》,載《文教資料》,1985(2)。

為二十世紀中國高等教育，提供了一道不太耀眼但也無法完全漠視的「風景線」。那便是：借書院改造大學，或重建已經失落的書院。

二 借鑒書院的努力

晚清的教育改革，康梁師徒無疑是最為積極的參與者。不只因其大力提倡，促成了書院改學堂詔令的頒發，更因其辦學實踐──廣州的萬木草堂和湖南的時務學堂，凸顯了從傳統書院向現代學堂的過渡。

康有為之講學萬木草堂（1891-1898），以孔學、佛學、宋明理學為本，以史學、西學為用，課程設置及教學方式頗多創新之處。梁啟超《南海康先生傳》第三章「修養時代及講學時代」的概括不無道理：

> 中國數千年無學校，至長興學舍，雖其組織之完備，萬不逮泰西之一，而其精神，則未多讓之。其見於形式上者，如音樂至兵式體操諸科，亦皆屬創舉。[9]

萬木草堂之「中西合璧」，很可能並非自覺的追求。康氏的理想，乃全力以赴追摹西方，只是囿於主事者的知識結構，方才弄得這般「半中不西」。之所以如此立說，因《大同書》中對「大學院」的設計，傳統書院的影子蕩然無存。康氏心目中「大同之時」的大學，最關鍵的幾條，如「無一業不設專門，無一人不有專學」「雖有事於虛文，而必從事於實驗」「農學設於田野，商學設於市肆，工學設於作廠，礦學設於山巔，漁學設於水浜，政學設於官府」「二十歲學成，給卒業證書而出學，聽其就業」等[10]，都與傳統書院的教育精神背道而馳。

---

9 梁啟超：《南海康先生傳》，載《清議報》，100冊，1901年12月。
10 康有為：《大同書》，己部第六章，北京，古籍出版社，1956。

　　只能說是「無心插柳柳成蔭」，康氏萬木草堂之中西合璧，其新舊體制及精神的諸多纏繞糾葛，值得教育史家認真探究。弟子梁啟超的籌辦湖南時務學堂（1897-1898），基本上是依樣畫葫蘆。《時務學堂學約》之強調立志、養氣、治身、讀書、窮理、學文、樂群、攝生、經世、行教[11]，不完全是康師家法，夾雜了一些「湖湘學派」的氣味，大概是為了「在變通損益中獲得其生存權」。[12]但《時務學堂功課詳細章程》對讀書法及具體科目的設計[13]，則明顯來自萬木草堂。至於教學效果，則不妨借用楊樹達的《時務學堂弟子公祭新會梁先生文》：

> 惟我楚士，聞風激揚。乃興黌舍，言儲棟梁。禮延我師，自滬而湘。濟濟多士，如饑獲糧。其誦維何？孟軻公羊。其教維何？革政救亡。士聞大義，心痛國創。拔劍擊柱，踊躍如狂。夫子詔我，攝汝光芒。救國在學，乃惟康莊。[14]

時務學堂的外課生李肖聃撰有《星廬筆記》，稱：「萬木草堂教法，頗張陸、王而抑程、朱。梁終身守師說不變。」[15]我想補充的是，這裡所說的「守師說」，不只是論學宗旨，更應該包括課程設計與教學方法。

11　梁啟超：《湖南時務學堂學約》，見《飲冰室合集・文集》，2冊，上海，中華書局，1936。

12　參見楊念群：《儒學地域化的近代形態》，第八章，北京，生活・讀書・新知三聯書店，1997。

13　梁啟超：《時務學堂功課詳細章程》，見《中西學門徑書七種》，上海，大同譯書局，1898。

14　楊樹達：《時務學堂弟子公祭新會梁先生文》，見《積微翁回憶錄・積微居詩文鈔》，上海，上海古籍出版社，1986。

15　李肖聃：《星廬筆記》，39頁，長沙，嶽麓書社，1983。

　　二十多年後，已經退出政界一心講學的梁啟超，希望在新式學堂中實行自由講座制。理由是，近世學校教育有兩大缺點：第一，「此種『水平線式』的教育，實國家主義之產物」；第二，「其學業之相授受，若以市道交也」。至於自由講座制的具體實施，則有如下規劃：

> 此種組織，參採前代講學之遺意而變通之。使學校教師學生三者之間，皆為人的關係，而非物的關係。……如此則教育不至為「機械化」，不至為「凡庸化」。社會上真面目之人才，或可以養成也。[16]

大概是為了實踐自己的諾言，梁啟超慨然出任清華研究院國學門的導師，希望「在這新的機關之中，參合著舊的精神」。具體說來，便是「一面求智識的推求，一面求道術的修養，兩者打成一片」。可兩年多後，梁氏不得不承認理想落空：上課下課，「多變成整套的機械作用」；師生之間，「除了堂上聽講外，絕少接談的機會」。[17]

　　緊跟時代步伐的梁啟超，其談論「自由講座制」，並非一時衝動，很可能是基於早年就讀萬木草堂以及執教時務學堂的經驗。如果說康、梁師徒是從明清書院傳統裡衝殺出來，其談論教育，自然而然地帶有書院的印記；蔡元培、胡適則是在建立現代大學的過程中，意識到某種溝通整合東西方教育精神的機遇，方才回過頭來，重新評價已經失落了的書院。

　　蔡元培之留學德國與胡適的就讀美國，都給其教育生涯打下了深深的烙印。歸國辦教育，蔡、胡均以歐美大學為樣板。而對於傳統中國的教育體制及精神，跟絕大部分新文化人一樣，蔡、胡二位其實並

---

16 梁啟超：《自由講座之教育》，載《改造》，3卷7號，1921年3月。
17 丁文江等編：《梁啟超年譜長編》，1138-1139頁。

不十分看好。[18]只是由於某種特殊因緣，比如「道爾頓制」的引進，
或創辦研究院的需要，書院的身影及魅力，方才被認真關注。

為了落實「大學為純粹研究學問之機關」的辦學宗旨，蔡元培出
長北大後，極力推進研究院的創設。一九一八年擬設的各門研究所，
終因經費缺乏而擱淺。一九二一年十一月二十八日，蔡元培向北京大
學評議會提出《北大研究所組織大綱提案》，獲得了通過；次年一月，
研究所國學門正式成立。「研究所仿德、美兩國大學之 Seminar 辦法，
為專攻一種專門知識之所。」[19]這一表述，與三四年後胡適為清華學
校設計研究院的思路，似乎不太一致。可要是考慮到蔡校長一九二二
年鄭重其事地嚮學界推薦《湖南自修大學組織大綱》，就不難明白其
中的聯繫。《湖南自修大學組織大綱》第一章「宗旨及定名」稱：

> 本大學鑒於現在教育制度之缺失，採取古代書院與現代學校二
> 者之長，取自動的方法，研究各種學術，以期發明真理，造就
> 人才，使文化普及於平民，學術周流於社會。[20]

蔡先生之所以對此「宗旨」大有好感，皆因感慨於「近二十年來，取
法歐美，建設學校；偏重分班授課、限年畢業之制。書院舊制，蕩然
無存」，故寄希望於「合吾國書院與西洋研究所之長而活用之」。[21]

---

18 一九二五年四月，北大校長蔡元培在德國作了題為《中國現代大學觀念及教育趨
　向》的演講，稱對於古代中國的高等教育，「其質與量不能估價過高」，晚清以降，
　「擺在我們面前的問題，是要仿傚歐洲的形式，建立自己的大學」（見《蔡元培全
　集》，5卷，7頁）。實際上，自從書院制及科舉制被正式廢除，中國人對於自家傳統
　教育方式，信心始終不足，不存在「估價過高」的問題。
19 蔡元培：《公布北大〈研究所簡章〉布告》，見《蔡元培全集》，3卷，439頁。
20 蔡元培：《湖南自修大學組織大綱》，載《新教育》，5卷1期，1922年8月。
21 蔡元培：《湖南自修大學介紹與說明》，見《蔡元培全集》，4卷，247頁。

　　一九二五年三月六日，清華校務會議通過《研究院章程》，稱
「近歲北京大學亦設研究所」，故決定「延名師，拓精舍，招海內成
學之士」。其「研究方法」九例，第一曰：「本院略仿舊日書院及英國
大學制度：研究之法，注重個人自修，教授專任指導，其分組不以學
科，而以教授個人為主，期使學員與教授關係異常密切，而學員在此
短時期中，於國學根柢及研究方法，均能確有收穫。」[22] 此研究院的
基本設計，很可能出自北大教授胡適。

　　據一九二八年畢業於清華研究院國學門的藍文徵稱，清華校長曹
雲祥請胡適說明設計研究院的組織結構與發展方向，於是：

> 胡氏略仿昔日書院及英國大學制，為研究院繪一藍圖，其特點
> 為置導師數人（不稱教授），常川住院，主講國學重要科目，指
> 定研究生專題研究，並共同治校；置特別講師，講授專門學
> 科。後來研究院的規章，大致即本此藍圖。[23]

我以為，此說大致可信。適之先生自一九一七年進入北大任教，隨即
積極參與研究所的籌備與創設，與蔡校長多有交流。更重要的是，一
九二三年年底，胡適應邀在南京東南大學做題為《書院制史略》的演
講，其中借書院改造現代大學的思路，與傳說中第二年為清華研究院
所做的規劃不無共通之處：

> 我為何講這個題目？因為古時的書院與現今教育界所倡的「道
> 爾頓制」精神大概相同。一千年以來，書院實在占教育上一個

22　《研究院章程》，載《清華周刊》，360期，1925年11月。

23　藍文徵：《清華大學國學研究院始末》，載《清華校友通訊》，新32期，1970年4月。
　　後收入《談陳寅恪》，臺北，傳記文學出版社，1978。

重要位置，國內的最高學府和思想的淵源，惟書院是賴。蓋書院為我國古時最高的教育機關。所可惜的，就是光緒變政，把一千年來書院制完全推翻，而以形式一律的學堂代替教育。要知我國書院的程度，足可以比外國的大學研究院。譬如南菁書院，它所出版的書籍，等於外國博士所做的論文。書院之廢，實在是吾中國一大不幸事。一千年來學者自動的研究精神，將不復現於今日。

在胡適看來，所謂的「書院的精神」，大致有三：代表時代精神；講學與議政；自修與研究。而最後一點尤為重要，因其「與今日教育界所倡道爾頓制的精神相同」。[24]

據藍文徵稱，胡適不只為清華研究院繪製藍圖，還推薦梁啟超、王國維、章太炎為師。梁、王二君日後果然執教清華研究院國學門，並在短短幾年內培育了文史研究界的一代英才；章太炎卻不然，始終卻聘。與民國初年的拒絕進入北京大學一樣，章氏之桀驁不馴，所表達的，不是對具體人事、而是對整個制度的抗爭。

胡適因傳統書院與道爾頓制「精神相同」而加以推崇，這一發現並表彰書院的思路，絕非章太炎所能贊同。從一九〇六年發表《與王鶴鳴書》，章太炎對政府之推行新學堂，始終抱懷疑態度。章氏立論鮮明且一以貫之，即強調教育必須考慮本國文化特性，不能全盤照搬歐美；朝廷之廢書院改學堂，侵占了私學的生存空間，很容易導致民間學術的萎縮，進而剝奪在野之士「著書騰說，互標新義」的權利；學校教育之「專重耳學，遺棄眼學」，過求速悟，不講虛心切己體察窮究，於學生日後之治學危害極大；學生才性不一，教師只管大班講

---

24 胡適：《書院制史略》，載《東方雜誌》，21卷3期，1924年2月。

授，而非因材施教，實在是糟蹋人才。[25]正是有感於此，章氏始終拒絕進入現代大學體制，而是模仿古代大儒之設帳講學。

太炎先生前兩次的講學（東京和北京），與政治生涯糾結在一起，近乎「業餘愛好」。進入二十世紀三〇年代，章氏完全退出政壇，主要精力集中在講學與著述。而創辦蘇州章氏國學講習會（1935-1936），更是直接將其教育理想付諸實踐。

與此相類似，馬一浮也拒絕了北大等名校的盛情聘請，選擇獨立講學的姿態。可是，在二十世紀中國，思想革命與知識生產的重心，在大學而不是古老的書院。大儒的個人魅力，化解不了制度之強大壓力。馬一浮之創辦復性書院（1939-1947），所面臨的種種困難，與章氏國學講習會大致相同。

問題非常明晰，第一辦學經費，第二學生出路。辦書院需要資金，章太炎的創立國學講習會、馬一浮的籌辦復性書院，都是蔣介石以私人名義給的錢。沒有政府的支持，如何使書院長期運轉，不是一件簡單的事情。而拿了政府的錢（無論是以什麼形式），所謂「完全獨立」，只能是說說而已。因為，政府一旦感覺到書院之標榜「獨立自主」危及其對意識形態的有效控制，只要取消「饋贈」，很快就能「天下太平」。至於學生出路，更是個大問題。不接受教育部的領導，不與現行學制「接軌」，學生便沒有證明其知識與能力的「文憑」。馬先生說的沒錯，「幾曾見程朱陸王之門有發給文憑之事？」[26]可在講求學歷的現代社會，沒有文憑，即便有名師的推薦，也不見得能找到合適的工作。在工具理性占主導地位的今日，一切講究「符合程序」，那些學有專長且特立獨行之士，還能獲得大家的普遍尊重

---

25 參見陳平原：《中國現代學術之建立》，第二章。
26 參見馬鏡泉等：《馬一浮評傳》，95、83頁，南昌，百花洲文藝出版社，1993。

嗎？還能憑藉自身能力得到固定的飯碗嗎？倘若章、馬希望他們的書院能夠長期辦下去，便不能不考慮這些形而下的問題——好在這兩個書院存在時間不長，而且招生人數也不多。

章太炎、馬一浮都是明白人，並非對西洋學術一無所知，而是希望砥柱中流，為往聖繼絕學。如此拒絕進入現行體制，注定其辦學不可能成為社會關注的熱點。只是放長遠點，這種抵抗流俗的姿態，未必沒有意義——這還不包括其各自代表的學術思潮。

對傳統書院大有好感，可又能順從潮流，不像章、馬那麼固執己見，非要與現代大學制度對立的，可以舉出唐文治和錢穆。前者一九二〇年創建無錫國學專修館，勵精圖治十年，於一九二八年通過考核調查，被批准立案；一九三〇年得教育部令改名無錫國學專修學校。一九五〇年因經費支絀被合併，取消建制。三十年間，無錫國專校友約一千七八百，其中不乏文史研究的傑出人才，如早期學生王蘧常、唐蘭、吳其昌、蔣天樞、錢仲聯，後期學生馬茂元、周振甫、馮其庸等。

無錫國專的教學很有特色，除了規定課程並按時上課，不取傳統書院的講學制，還有點現代學堂的樣子外，其課程設置及講課方式，均與一般大學中文系不同。比如，選讀原著，不做通論；重在自學，課程不多；練習誦讀，重視文言文的寫作；師生關係極為密切等。[27] 既被納入新教育體制，而又能保持自己的特色，無錫國專的這一獨特命運，與國民政府尊孔讀經的文化政策有關。一九三一年十一月國際聯合會教育科派唐克爾‧培根來華考察教育，參觀過無錫國專後大發感慨：「我們來中國看過很多學校，讀的是洋裝書，用的是洋筆，充滿洋氣。這裡才看到純粹中國文化的學校，才看到線裝書和毛筆

---

27 參見錢仲聯《無錫國專的教學特點》、黃漢文《緬懷唐文治先生》、吳雨窗《唐調》
　　等，均載《文教資料》，1985（2）。

桿。」[28]這段常被唐校長引述的妙語，自然可以有多種讀法。但無論如何，與無錫國專「研究本國歷代文化，明體達用，發揚光大，期於世界文化有所貢獻」的辦學宗旨，還是大致吻合的。在這個意義上，無錫國學專門學校與現代教育體制的「磨合」，基本上是成功的。

錢穆之創辦新亞書院，與唐文治之經營無錫國專，有異曲同工之妙。保存於《新亞遺鐸》的早期新亞書院的《招生簡章》，至今讀來，仍值得再三回味：

> 旨在上溯宋明書院講學精神，旁採西歐大學導師制度，以人文主義之教育宗旨，溝通世界中西文化，為人類和平社會幸福謀前途。

作為教育家的錢穆，特別強調通識，且要求學問、人生合一。這一點，可以一九五三年頒布的《新亞學規》作為例證：

> 一、求學與做人，貴能齊頭並進，更貴能融通合一。
> 二、做人的最高基礎在求學，求學之最高旨趣在做人。……
> 九、於博通的智識上，再就自己材性所近作專業之進修；你須先求為一通人，再求成為一專家。[29]

新亞書院的教學特徵及奮鬥歷史，在錢穆的《師友雜憶》中有精彩的描述，不待筆者贅言。我只想提醒讀者關注一點，即當香港政府有意選擇新亞、崇基、聯合三校組建香港中文大學時錢穆的態度。新亞同人多持異見，而錢穆則力排眾議，同意合併，最主要的理由是：「新

---

28 參見《文教資料》1982年第7-8期上「唐文治與無錫國專資料」所收各文。
29 《招生簡章》及《新亞學規》均見錢穆：《新亞遺鐸》，臺北，東大圖書公司，1989。

亞畢業生，非得港政府承認新亞之大學地位，離校謀事，極難得較佳
位置。」[30]

又要接受政府的領導與監督，又希望保存傳統書院獨立辦學的特
色，其間迴旋的餘地，其實不是很大。於艱難中崛起的新亞，為學生
及教師的世俗利益著眼，只能接受香港政府收編，進入現行體制，成
為香港中文大學的一部分。要生存與發展，還是要個性與特色，倘若
魚與熊掌不能兼得，當事人的痛苦與困惑不難體會。

所謂借鑒書院之獨立辦學，不只是具體的教學方法，更包括文化
理想與政治姿態。從二〇年代初起，挑戰現行大學體制者，大都不將
目光局限在教育學的範疇。青年毛澤東之強調傳統書院師生感情甚篤、
精神自由往來，以及課程少而研討周，故「比學校實在優勝得多」，
似乎只是關注「研究的形式」。[31]可眾所周知，湖南自修大學的「自由
研究」，主要體現為政治上的結社。這麼一所「前所未有的新型學
校」，在教育史家眼中，「基本任務是提高黨團幹部的馬克思列寧主義
水平」，故應該與日後的工農紅軍大學、中共中央黨校相提並論。[32]

體制外的獨立講學，容易形成學派，也可能發展成為政治上的反
對黨，理解這一點，並不需要特別深邃的目光。五〇年代以後大陸之
取消私學，對於思想一統，起了很大作用。就在新政權建立不久，熊
十力曾上書希望恢復三個私立講學機關：歐陽竟無創設的支那內學
院、馬一浮主持的智林圖書館，以及梁漱溟執掌的勉仁書院，目的是
「存舊學一線之延」。如此低調的申辯，也都沒能獲得諒解。唯一能
喚起對於《湖南自修大學組織大綱》的遙遠記憶的，是執政黨主席毛
澤東多次批評學校的教學法：

---

30 錢穆：《八十憶雙親・師友雜憶》，274頁，長沙，嶽麓書社，1986。

31 毛澤東：《湖南自修大學創立宣言》，載《新時代》，創刊號，1923年4月。

32 參見熊明安：《中國高等教育史》，430-433頁。

反對注入式的教學方法，連資產階級教育家在五四時期就早已
提出來，我們為什麼不反對？[33]

「要自學，靠自己學」、將材料發給學生，「叫學生看，研究」「現在
課程多，害死人，使中小學生、大學生天天處於緊張狀態」[34]，諸如
此類的教導，在一九六七年以中共中央、中央軍委、中央文革小組名
義發行的《毛主席論教育革命》中，可以找到不少。可此類只講方法
不問主義的「最高指示」，即便有其合理性，比起「教育必須為無產
階級政治服務，必須同生產勞動相結合」這樣「高屋建瓴」的論述，
實在是小巫見大巫，無法成為今日「教育革命」的指標。

　　同樣在二○年代初起步，質疑其時已成主流的大學教育，梁漱溟
的探索更值得關注。一九二四年夏，梁氏辭去北大教職，到山東曹州
中學辦學；第二年春，帶著失望與憂鬱，梁氏重新回到北京。在《致
〈北京大學日刊〉函》中，有這麼一段話，表明其與現代教育制度
的巨大分歧：

　　　旅曹半年，略知辦學甘苦，歸結所得，彌以非決然捨去學校形
　　　式無從揭出自家宗旨。學校制度以傳習知識為本，無論招學生
　　　聘教員所以示人者如此。而人之投考也應徵也所以應之者何莫
　　　非如此。而溟宗旨所存則以在人生路上相提攜為師友結合之
　　　本。[35]

此後，梁氏先後創辦過山東鄉村建設研究院和勉仁書院，始終在現行

33 毛澤東：《毛主席論教育革命》，21頁，北京，人民出版社，1967。

34 同上書，22、18頁。

35 梁漱溟：《致〈北京大學日刊〉函》，見《梁漱溟全集》，4卷，800頁。

教育體制之外積極探索。晚年之出任中國文化書院的院務委員會主席，更是為其畢業事業畫上一圓滿的句號。

創辦於一九八五年一月的中國文化書院，邀請八十八歲高齡的梁漱溟「出山」。此舉很大程度是一種象徵，即繼承二十世紀三四○年代書院講學的傳統。在八○年代的文化熱中，中國文化書院曾發揮巨大作用；進入九○年代，其「培養研究文化的博士後」的願望無法實現，「為民間爭取更為廣闊的學術空間」也受到諸多阻難[36]，實在令人扼腕。

三　書院在二十一世紀

歐美大學制度在二十世紀中國暢通無阻，並非毫無道理。百年中國，主潮是學習西方，奮起直追。教育作為立人立國的根基，當然也不例外。甚至可以說，教育「西化」之得失，乃中國現代化事業成敗之關鍵。

談論傳統書院在二十世紀中國之被壓抑，起碼可以舉出如下理由：第一，西學的魅力，確實無法抗拒。尤其是聲光電化、民主法制，乃二十世紀中國人所夢寐以求。而所有這些的建立與傳播，均有賴於不同於傳統書院的新的教育體制。

第二，在二十世紀的中國教育界，講求「實學」，乃大勢所趨。連對工程礦務一竅不通的梁任公先生，也都加入了勸學西藝的大合唱，不難理解百年中國之重「科學」而輕「人文」。而傳統書院的教育宗旨及教學方式，並不以「實學」為重，難怪不為二十世紀的中

---

36 參見湯一介：《中國文化書院十年》；王守常：《中國文化書院與八十年代文化熱》，均見《文化的回顧與展望：中國文化書院建院十週年紀念文集》，北京，北京大學出版社，1994。

國人所推崇。

第三，倘就普及教育的有效性而言，西式學堂確實優於傳統書院。課堂教學整齊劃一，便於人才的批量生產。因材施教固然困難重重，師生的情感交流更非易事。如此高成本低回報，毫沒效率可言，既不符合資本主義精神，也有違「多快好省地建設社會主義」原則。

談論二十世紀書院精神之不絕如縷，並非完全否定現代大學制度。面向二十一世紀，毫無疑問，現代大學仍是主流。問題在於，傳統的書院教育，是否能為我們提供某種思想資源？我的答案是肯定的。粗略言之，大概可以包括如下三種思路：

（1）從教育體制考慮：私立大學、研究院及民間學會對於中國學術思想多元化的貢獻；

（2）從教育理念考慮：全人格教育、通識教育以及打破教育的實用主義傳統；

（3）從教學方法考慮：強調獨立思考、自學為主、注重師生之間的理解與溝通。

至於某些具體學科及研究領域——如中國傳統文化研究，借鑒書院教學，效果十分明顯，自不待言；我想強調的是整個學術思路的轉移，即二十一世紀的中國大學，不應該只是「歐洲大學的凱旋」。

文學史視野中的「大學敘事」[*]

　　文學生產與教育制度，二者的關係極為密切，這一點誰也不會否認。相對於「科舉與唐代文學」或「書院與宋明理學」，現代大學與二十世紀中國文學之間，更是有著千絲萬縷的聯繫。談論「大學」與「文學」之間良好的互動，一般關注的是大學教育對於文學生產、風格流變、潮流興替的影響（比如文學史課程如何建立批評標準、美育何以成為可能、文學社團之於校園文化、「學生腔」與「新思潮」的關係，詩歌、散文、小說、戲劇等不同文類的升降起伏等）¹，本文則轉而探討作為文學想像的「大學校園生活」，如何投射著一個時代的思想變遷，滋潤著當代大學生的校園生活，甚至制約著大學未來的發展方向。

　　本文主要以錢鍾書刻畫「三閭大學」的《圍城》，以及鹿橋描寫西南聯大的《未央歌》為例，討論抗戰中不同類型的大學想像。以楊沫《青春之歌》中的「余永澤」在二十世紀五六〇年代文化語境中如何大受貶抑，而作為原型的張中行八九〇年代出版追憶老北大的「負喧三話」，又如何獲得巨大成功，討論意識形態的轉移以及大學形象

---

* 本文初刊《北京大學學報》，2006（2）。

1 參見高恒文：《京派文人：學院派的風采》，上海，上海教育出版社，2000；黃延復：《二三十年代清華校園文化》，桂林，廣西師範大學出版社，2000；姚丹：《西南聯大歷史情境中的文學活動》，桂林，廣西師範大學出版社，2000；張潔宇：《荒原上的丁香：20世紀30年代北平「前線詩人」詩歌研究》，北京，中國人民大學出版社，2003。

的改變。至於以北大百年校慶為契機，出現了大批「老大學的故事」，這裡所體現的「大學想像」，不僅僅是懷舊，更是自我反省，指向大學歷史以及大學精神的重新建構。

一　大學歷史與大學敘事

　　作為知識生產、人才培育、思想交流的重要園地，學校本該成為文學家矚目的中心。可實際上，古往今來，成功的「學堂（大學）敘事」，不僅數量不多，而且很難進入文學史視野。傳統中國戲曲小說中，飽受顛簸之苦的讀書人，最終不是高中狀元，就是進士及第，此乃主人公命運轉折的關鍵，也是推動情節發展的重要動力。至於此前的「十年寒窗」，則往往只在表現窮困的生活境遇上用力。或許是魯迅的影響太大了，一說傳統教育，很多人馬上聯想到的是「三味書屋」裡的搖頭晃腦。可實際上，兩千年間，不說大儒講學，即便塾師啟蒙，也都異彩紛呈的。很難想像，單靠迂腐的陳最良們（湯顯祖《牡丹亭》），能支撐起傳統中國的「師道尊嚴」。

　　關於私塾、書院以及科考，今人所有的，大都是負面的記憶，比如春香鬧學（《牡丹亭》），寶玉背書（《紅樓夢》），馬二先生操選政（《儒林外史》）等。好不容易有了祝英臺女扮男裝入學讀書的優美故事，可無論是最初的民間傳說，還是日後改編成戲曲、電影，都把著重點放在「十八相送」或「化蝶」上。換句話說，即便談及學堂，也都不把「學業」放在眼裡。要不「功名」，要不「愛情」，正所謂「功夫在詩外」也。這就難怪，日後史家之描述千年書院，可供引述的，只有堅硬的學規、章程及若干「書院記」，而無鮮活的文學想像。

　　談及「以詩證史」，歷來頗多爭議。可隨著「敘事史學」（narrative history）的重新崛起，對史料的選擇以及對修辭功能的理解，都發生

了很大變化。[2]所謂「歷史」與「文學」，並非過去想像的那樣涇渭分明。撰寫古代中國教育史，若有絢麗多姿的書院生活場面可供調遣，枯燥的歷史敘述自然頓時生色。可惜的是，傳統文學中的「學堂敘事」，沒有給史家留下多少用武之地。晚清以降，隨著現代大學制度的建立，「文學」成為一門值得專門經營的學問[3]，「吟詩」不再僅僅局限於涵養性情[4]；再加上學生集體住宿，校園成為一個獨特的文化空間，「大學文化」於是變得豐富多彩。一方面是大學教育調動了各種文學想像，直接促成了新文學的繁榮；另一方面則是，校園生活逐漸成為小說家的描寫對象。如此一來，構建現代中國的「大學史」，引入五彩繽紛的「大學敘事」，不只可能，而且必須。

借校慶紀念活動，講述大學歷史，描述校園生活，既展示自家風貌，也吸引社會目光。最早且最能體現這一良苦用心的，當屬《國立北京大學廿週年紀念冊》（1917）。日後，此舉為各大學所普遍採納。不見得都像北大那樣，從二十世紀三〇年代起便設立編纂校史的專門機構，但大學校長們普遍關心「大學史」的撰寫，因其中蘊涵著的價值尺度，不僅指向「過去」，更指向「未來」。

與校方組織的「校史編纂」不同，文學家的「大學敘事」，帶有更多個人色彩，盡可上天入地，縱橫捭闔。可惜的是，很長時間裡，作家們並沒把「大學」放在眼裡——以及筆下。五四新文化運動中，

2　參見黃進興：《敘事式歷史哲學的興起》，見丘慧芬編：《自由主義與人文傳統——林毓生先生七秩壽慶論文集》，459-491頁，臺北，允晨文化實業股份有限公司，2005。

3　參見陳平原：《新教育與新文學》，第一節，見《中國大學十講》，103-112頁，上海，復旦大學出版社，2002。

4　朱熹在《白鹿洞書院揭示》的跋語中稱：「某竊觀古昔聖賢所以教人為學之意，莫非使之講明義理以修其身，然後推以及人；非徒欲其務記覽，為詞章，以釣聲名，取利祿而已也。」書院師生當然也吟詩作賦，但那是陶養性情，而非術業專攻。

湧現出許多熱愛新文學的大學生，若冰心、廬隱、王統照、許地山
等，其撰寫的短篇小說，即便涉及大學校園，也只是十分模糊的背
景，完全可以忽略不計。讓作家們輾轉反側的，是愛恨、情仇、生
死、美醜、宇宙、人生等哲學命題，再不就是青春的騷動、懷鄉的憂
鬱，以及濟世的熱情。對於志向遠大、以天下為己任的大學生們來
說，區區校園風景，根本不入高人法眼。滿天繁星般的校園文學（報
刊以及作品），大都只是上陣前的練筆；一旦正式登上文壇，很少再
回過頭來仔細檢點、品味那曾經沉湎的校園生活。

　　二三○年代的中國小說，涉及大學生活的，數量很少，且藝術水
平不高。老舍的《趙子曰》（1927）以及沈從文的《八駿圖》
（1935），總算正面描寫大學生以及大學教授的日常生活，可惜都是
漫畫化的。北京鐘鼓樓後頭天臺公寓的大學生，莫名其妙地鬧起了學
潮，將校長捆起來毆打，如此「革命」，實在不敢恭維。八位到青島
講學的大學教授，住在海邊的小洋樓裡，人人都「有病」，就連自命
清高，可以給另外七位當心理醫生的達士先生，最後也跟著「發瘋」
了。老舍和沈從文，都是大小說家，之所以寫不好大學生活[5]，不是
技巧，而是心態。老舍日後懺悔，說自己寫《趙子曰》時，已遠離學
生生活，因而不能理解新一代年輕人的追求，只是隔岸觀火，熱諷冷
嘲。[6]其實，還有一個問題，這兩位著名小說家，都是自學成才，然

5　相對於同時期描寫小學教師的《倪煥之》（葉聖陶）和《二月》（柔石）來，老舍、
　　沈從文的這兩部作品都不算成功。

6　老舍《我怎樣寫〈趙子曰〉》：「『五四』把我與『學生』隔開。我看見了五四運動，
　　而沒在這個運動裡面，我已作了事。是的，我差不多老沒和教育事業斷緣，可是到
　　底對於這個大運動是個旁觀者。看戲的無論如何也不能完全明白演戲的，所以《趙
　　子曰》之所以為《趙子曰》，一半是因為我立意要幽默，一半是因為我是個看戲
　　的。我在『招待學員』的公寓裡住過，我也極同情於學生們的熱烈與活動，可是我
　　不能完全把自己當作個學生，於是我在解放與自由的聲浪中，在嚴重而混亂的場面

後走上大學講臺的，對於大學的校園文化，以及大學師生的心理及趣味，把握不太準確，筆下自然缺乏神采。

雖有五四新文化運動的輝煌，二三十年代的中國，大學生作為一個群體，仍然十分弱小；大學校園裡的日常生活，更非公眾流連忘返的「風景」。整理一下相關資料，很容易理解，當初的大學生是如何的「曲高和寡」。一九一七年，全國共有大學生（含師範、農業、工業、商業、醫學、法政等專門學校學生，下同）一九〇一七人；一九二三年，增加到三四八八〇人；抗戰前夕的一九三六年，是四一九二二人；抗戰勝利後的一九四六年，終於突破十萬大關，達到了一二九三二六人。[7]一個幾億人口的大國，竟然只有區區數萬大學生！這你就明白，為何標榜「平民文學」的新文學家，不太願意將筆觸對準優雅的大學校園。

可大學生活畢竟是重要的人生經驗，並非只是讀書考試拿文憑，更是一種成長的記憶以及精神的歷練。校園裡的同學情誼、愛情糾葛、政治風波、經濟窘迫等，同樣凸顯了人性的優點與弱點。再往遠處看，日漸增加的大學生，人數雖少，能量卻很大，終將影響中國的現代化進程以及百姓的日常生活。關鍵是找到恰當的視角以及表現方式，「大學敘事」——而不是「青春想像」——方才有可能進入文學史視野。

中，找到了笑料，看出了縫子。在今天想起來，我之立在五四運動外面使我的思想吃了極大的虧，《趙子曰》便是個明證，它不鼓舞，而在輕搔新人物的癢癢肉！」

7 參見陳翊林：《最近三十年中國教育史》，270-272頁，上海，太平洋書店，1931；周予同：《中國現代教育史》，225頁，上海，良友圖書印刷公司，1934；教育部編：《第一次中國教育年鑒》，上海，開明書局，1934；教育部教育年鑒纂委員會編：《第二次中國教育年鑒》，上海，商務印書館，1948。

二　三閭大學與西南聯大

現代中國大學的日漸成熟，使得校園成為重要的生活場景；而戰爭中的流轉遷徙，更是加深了人們對於大學的記憶。於是，兩部現代史上影響深遠的描寫大學生活的長篇小說，得以在抗戰的烽火中醞釀成型。一是充滿譏諷智慧的《圍城》，一是洋溢著青春激情的《未央歌》，二者分別代表「大學敘事」的兩個側面：現實的以及批判的，理想的以及詩意的。錢鍾書筆下的三閭大學，固然是虛構；鹿橋描述的西南聯大，又何嘗真的是寫實？無論是虛中有實，還是實中有虛，小說家所描述的三閭大學和西南聯大，已經成為我們關於現代中國大學的最為鮮活的記憶。

錢鍾書撰寫的長篇小說《圍城》，一九四六年二月至一九四七年一月連載於上海的《文藝復興》，一九四七年五月由上海晨光出版公司刊行單行本。此書剛問世時，並不怎麼被看好，一直到二十世紀八〇年代，隨著學界對於「現代文學」的重新認識，以及各種外文譯本的出版，方才引起世人的高度重視。此前，只有美國學者夏志清（C.T. Hsia）在《中國現代小說史》（A History of Modern Chinese Fiction, Yale University Press, 1961）、耿德華（Edward Gunn）在《不受歡迎的繆斯》（Unwelcomed Muse，Columbia University Press, 1980）中，曾給此書以很高評價。而一九九〇年，電視連續劇《圍城》開播，更是使得錢鍾書的大名走出學院，變得家喻戶曉。

美國學者胡志德（Theodore Huters）曾依據羅蘭・巴塞斯的《敘事結構分析導論》，將《圍城》分為五個功能序列，即講述方鴻漸回國並定居上海（前三章半）、旅行的準備及展開（四至五章）、三閭大學一年（六至七章）、經香港回上海（八章）、困守上海及婚姻破裂（九章）。胡由此推論：《圍城》結構上具有對稱美，第三個功能序列

是過渡，一、二和四、五互相呼應，形成鮮明的對照。[8]假如欣賞方鴻漸與蘇文紈、唐曉芙、孫柔嘉等女性的感情糾葛，將此書作為「結婚狂想曲」閱讀[9]，這種敘事分析是有道理的。但如果換一個角度，將《圍城》作為一種「大學敘事」，則四至八章都是方鴻漸眼中的「三閭大學教授生活素描」——包括「在路上」，也包括「校園中」。至於一頭一尾的上海婚姻故事，固然也十分吸引人，但並非錢鍾書的「獨得之秘」。相對於反浪漫的愛情傳奇，學者型的諷刺小說，或許更是此書的魅力所在。

　　以男女戀愛為主線，將「圍城」作為人生困境的象徵，加上諸多妙喻讓人拍案叫絕[10]，研究者於是紛紛探尋《圍城》與英法現代小說的聯繫。其實，學富五車的小說家，平日裡讀書駁雜，不管小說、散文還是學術著作，都是旁徵博引，左右逢源，一定要坐實哪些作品影響了《圍城》的寫作，其實很難。還是楊絳聰明，借講述錢鍾書如何拋棄西南聯大的教職，跑到湘西的國立師範學院教書[11]，提醒我們注意，《圍城》的寫作另有淵源。

　　在《圍城》初版自序中，作者的表述，近乎此地無銀三百兩：

8　參見胡志德：《錢鍾書傳》，張晨等譯，第六章，北京，中國廣播電視出版社，1990。

9　《圍城》的日譯本（荒井健、中島長文、中島碧合譯）改名為《結婚狂想曲》，據說錢鍾書「表示對書名的改譯毫不在意」。參見〔日〕荒井健：《機智幽默，綽乎有餘——〈圍城〉譯後記》，見田蕙蘭等選編：《錢鍾書楊絳研究資料集》，287-289頁，武漢，華中師範大學出版社，1997。

10　《圍城》第六章是這樣開篇的：「三閭大學校長高松年是位老科學家。這『老』字的位置非常為難，可以形容科學，也可以形容科學家。不幸的是，科學家跟科學大不相同；科學家像酒，愈老愈可貴，而科學像女人，老了便不值錢。」

11　「一九三九年秋，鍾書自昆明回上海探親後，他父親來信來電，說自己老病，要鍾書也去湖南照料。師範學院院長廖先生來上海，反覆勸說他去當英文系主任，以便伺候父親，公私兼顧。這樣，他就未回昆明而到湖南去了。」見楊絳：《記錢鍾書與〈圍城〉》，4頁，長沙，湖南人民出版社，1986。

「人物當然是虛構的，有歷史癖的人不用費心考訂。」現在好了，最權威的讀者——夫人楊絳，出面來為《圍城》做注釋。[12]楊書出版時，錢先生仍健在，未見其對如此「索隱」表示過任何異議。可見，《圍城》得以成書，確實與作者從西南聯大教授轉任湖南藍田的國立師範學院英文系主任這一個人經歷密切相關。

當然，楊先生的「索隱」很有分寸，只承認：「鍾書從他熟悉的時代、熟悉的地方、熟悉的社會階層取材。但組成故事的人物和情節全屬虛構。儘管某幾個角色稍有真人的影子，事情都子虛烏有；某些情節略具真實，人物卻全是捏造的。」[13]楊先生並沒指明誰是那滿口仁義道德、滿腹男盜女娼的李梅亭，誰又是那外形木訥、內心齷齪的假洋博士韓學愈；也沒說那口稱維護教育尊嚴、實則酒色之徒的偽君子高松年，或者那專事吹拍、淺薄猥瑣的勢利小人顧爾謙，到底影射的是什麼人。小說醞釀於湘西，寫作於上海，據說是受妻子楊絳編寫話劇大獲成功的刺激。不同於清末民初的譴責小說或黑幕小說，《圍城》裡的三閭大學，並不直接指向湖南藍田的國立師範學院，我們不能因錢鍾書的父親、國文系主任錢基博撰有《韓愈志》，就將其與三閭大學歷史系主任、那偽造學歷、招搖撞騙的韓學愈掛上鉤。曾有西南聯大的老學生暗自慶幸：在《圍城》中找不到聯大人物的影子；但也有學者反駁，錢鍾書任教聯大時很不愉快，焉知其不將聯大的一些人和事化入關於「國師」的描述？[14]

---

12 「好比學士通人熟悉古詩文裡詞句的來歷，我熟悉故事裡人物和情節的來歷。除了作者本人，最有資格為《圍城》做注釋的，該是我了。」見楊絳：《記錢鍾書與〈圍城〉》，2頁。

13 同上書，6-7頁。

14 參見許淵沖：《錢鍾書及譯詩》，載《錢鍾書研究》，2輯，北京，文化藝術出版社，1990；張文江：《營造巴比塔的智者：錢鍾書傳》，56頁，上海，上海文藝出版社，1993。

　　其實，不只國立師院、西南聯大，早年就讀清華大學、任教光華大學，以及留學牛津大學和巴黎大學研究院的經歷，這些「第一手經驗」，都對其塑造「三閭大學」形象大有幫助。一九三三年錢鍾書大學畢業，在《國立清華大學年刊》的《後記》中，寫下這麼一句話：「真正描寫中國大學生活的小說至今還沒有出現」。[15]或許，從那個時候起，憑藉第一手知識與趣味，撰寫一部「真正描寫中國大學生活」的長篇小說，就已經埋下了種子。

　　《圍城》不是自傳，連自傳體小說都稱不上；過分認真的「索隱」，容易誤入歧途。我想強調的是，三閭大學裡集合著政治、人事、職業、情場等諸多矛盾的明爭暗鬥，以及令人頭暈目眩的各種謠諑誹謗，只是作家對於大學生態的一種理解與表述。憤激之情有之，影射則未必——不管是國立師院，還是西南聯大。

　　有個糾纏多年的公案，很能說明錢鍾書的個性與趣味。傳說錢離開西南聯大時，曾公開稱：「西南聯大的外文系根本不行；葉公超太懶，吳宓太笨，陳福田太俗。」葉、吳、陳三位，都是當年清華或西南聯大外文系的頂梁柱，也是錢的「恩師」。這則逸事很傷人，但口氣很像，故廣為傳誦，以致楊絳必須在錢先生臨終前專門寫文章闢謠。[16]才高八斗的錢鍾書，目空一切，喜歡隨意臧否人物，大筆一揮，橫掃身邊諸多「真學究」與「假名士」，雖然口氣刻薄了點，但「大學」不太光彩的另一面，卻因此而得以「永垂青史」。

　　一九三八至一九三九學年，錢鍾書在西南聯大外國語言文學系開設的課程，除全校性的「大一英文」和「大二英文」，還有英文系的選修課「文藝復興時代文學」和「現代小說」。[17]而當年聽錢先生講王

---

15 轉引自張文江：《營造巴比塔的智者：錢鍾書傳》，55-56頁。

16 參見楊絳：《吳宓先生與錢鍾書》，載《文匯報》，1998-05-14。

17 參見西南聯合大學北京校友會編：《國立西南聯合大學校史》，129-135頁，北京，北京大學出版社，1996。

爾德的外文系學生吳訥孫（1919-2002）[18]，日後以「鹿橋」為筆名，
撰寫了長篇小說《未央歌》，則與師長的大作遙相呼應。

　　《未央歌》初稿完成於一九四五年初夏，作者時年二十六歲，大
學畢業不到兩年，仍沉醉在充滿詩情畫意的校園生活中：「我一心戀
愛我們學校的情意無法排解，我便把故事建在那裡。我要在這裡誠敬
地向我們的師長，同學，及那邊一切的人致意。」（《謝辭》）這種寫
作姿態，注定了其筆下的西南聯大，與三閭大學有天壤之別。

　　高唱著「多難殷憂新國運，動心忍性希前哲」的校歌，走過八年
抗戰的西南聯大師生，對那段歷史普遍有著刻骨銘心的記憶。但落筆
為文，難得有像《未央歌》那樣充滿激情與想像力的。以抗戰中僻
居昆明的聯大師生的日常生活為描寫對象，借助四個「我」的成長歷
程[19]，表現戰爭環境下仍然——或者說更加——多姿多彩的大學校園
生活，對於作家鹿橋來說，目的是醞釀一種「氛圍」，呈現一種「情
調」。作者再三強調，《未央歌》不是愛情傳奇，著力渲染的是同學間
「友情之可愛」[20]；不以情節取勝，而是一部以情調風格來談人生理
想的書。就像小說第八章所說的那樣：「學生們有意無意地在課室
裡，在遊戲裡，在團體生活裡，在獨自深思裡慢慢長大。慢慢被造就
起來。一棵小樹苗總要在苗圃裡先養一個時期的。樹苗們要經過風
霜。這風霜正如雨雪一樣重要。他們終久成為可以令人歇蔭，令人放
心的大木。」

---

18 鹿橋在《唯美主義與美育》一文中稱：「錢鍾書先生教我們大學一年級英文，就選
　　了王爾德的《夜鶯與玫瑰》。」參見鹿橋：《市塵居》，37頁，臺北，時報文化出版
　　企業公司，1998。

19 鹿橋：《再版致〈未央歌〉讀者》：「書中這個『我』，小的時候就是『小童』，長大
　　了就是『大餘』。伍寶笙是『吾』，藺燕梅是『另外』一個我。」

20 作者在《謝辭》中稱：「因為我在這本書中處處找機會描寫友情之可愛，而現在我
　　得以沉醉於友愛之中。」

　　《未央歌》裡，除童孝賢、余孟勤、伍寶笙、藺燕梅這四大「主角」，還寫了一群大學生和他們的老師；這些人，或許有這樣那樣的小毛病，但全都是心地善良的「好人」。[21]這與《圍城》作者之「橫掃千軍如卷席」，恰成鮮明的比照。最讓漫步大學校園的讀者傾心不已的，除了童孝賢、伍寶笙等人的命運，還有洋溢在書中的那種樂觀向上、充滿愛心與幻想的「少年情懷」。後者，無疑是大學生活中最讓人留戀的。在這個意義上，作者以生花妙筆，刻意營造一種遠離現實的、理想化了的、帶有牧歌情調的校園生活，以供後人馳騁想像，不無好處。

　　跟《圍城》的隨寫隨刊不同，《未央歌》完成十幾年後，才分別於一九五九年和一九六七年在中國香港和臺北兩地刊行。[22]對於二十世紀六〇至八〇年代生活在臺灣的大學生來說，此書深刻影響他們對於大學生活的體驗與想像。以下這段描述，雖出自作者本人之口，卻得到很多過來人的證實：「多少年來，臺灣的同學愛用書中的人名給同學起外號。女生被推為伍寶笙的認為是無上光榮，並要從此更加努力，以副眾望。男生被稱為小童，立刻一方面得了同學愛護，一方面也被人好意地逗趣，說他不洗臉，穿破鞋，經常不穿襪子，種種無傷大雅的事。」[23]不僅僅是人物命運，更令人牽掛的，是西南聯大的自由學風。對於日後無數在繁重的課業中痛苦掙扎的大學生來說，早已消逝在歷史深處的西南聯大校園，無疑是「神仙境界」。

　　很可惜，《未央歌》至今未在大陸印行（據說是因為作者拒絕發

21　作者在《六版再致〈未央歌〉讀者》中說，這部小說「是只有愛沒有恨，只有美沒有醜的」，大致近似。

22　《未央歌》的香港版一九五九年由人生出版社推出，臺灣版一九六七年由臺灣商務印書館刊行。臺灣版獲得巨大成功，至今已印行了五十萬冊。

23　鹿橋：《憶〈未央歌〉裡的大宴：少年李達海》，見《市廛居》，275頁。

行簡體字本）。這樣一來，大陸讀者對於西南聯大校園生活的想像，主要得通過另外兩個聯大學生的著作來實現。中文系學生汪曾祺（1920-1997）的《泡茶館》《跑警報》《沈從文先生在西南聯大》《西南聯大中文系》等散文[24]，以及聯大附中學生馮宗璞（1928-）的長篇小說《南渡記》《東藏記》，都是在追憶、憑弔那座充滿神奇色彩的「大學」。無論是作家還是讀者，大概都會認同宗璞的這段話：「西南聯大師生們於逆境中絃歌不輟，父兄輩堅韌不拔的以國家民族為己任的精神給我印象很深。」[25]

任何時代任何國家，有俗不可耐的大學教授，也有天真無邪的大學生；作為作家，你可以嬉笑怒罵皆成文章，也可以浪漫情懷詩意人生。各有各的真實性，也各有各的讀者群。談論小說筆法，到底是喜歡鹿橋營造的充滿詩意的西南聯大，還是錢鍾書筆下藏污納垢的三閭大學，當視個人閱歷、心境及趣味而定。至於「大學想像」，則「理想型」與「漫畫型」，各有其存在價值。

三　兩個北大的糾葛

現代中國歷史上，最具神奇色彩的大學，莫過於新文化運動時期的老北大，以及抗日戰爭中的西南聯大。不僅僅「傳道授業解惑」，大學校園裡同樣湧動著文化的激流以及政治的漩渦。信奉「鐵肩擔道義，妙手著文章」的北大師生，曾在現代中國的政治史、文化史、學術史上，發揮過巨大作用。基於這一特殊身份，關於北大的想像與敘述，便不可避免地隨著意識形態的變化而起伏。其中最具象徵意味

---

24 汪曾祺早年小說《老魯》（1945）和《落魄》（1946），有關於西南聯大學生生活的描寫，但主要是觀察世相，而不是描摹校園。

25 宗璞：《自傳》，見《紅豆》，福州，海峽文藝出版社，1993。

的，當屬「余永澤」的沉浮。

作家楊沫（1914-1995）撰寫的長篇小說《青春之歌》，一九五八年初版，一年半時間就售出一百三十萬冊，同時被搬上了銀幕，成為「建國十週年」的「獻禮片」之一。一九六〇年，日譯本出版，五年中印行二十萬部。據史家稱，此書至今總共發行了五百萬冊，且有十五種外文譯本。[26]如此「紅色暢銷書」，當初問世時[27]，也曾遭到極「左」人士的非難，幸虧有老一輩文學批評家的保駕護航[28]，方才得以在激烈的爭辯中過關。爭論的焦點是，小資產階級知識分子「林道靜的道路」是否可取，為什麼不用更多筆墨來描寫那些英勇犧牲的共產黨員。受《文藝報》《中國青年》《人民日報》《中國青年報》等討論文章的刺激，作家匆忙修改，盡量拔高林的階級覺悟，「力圖使入黨後的林道靜更成熟些，更堅強些，更有作為些」。[29]於是，主人公林道靜從早年的熱愛文學，與北大學生談戀愛，一轉而為職業革命者，秘密潛入北大校園，發動大規模學生遊行。

《青春之歌》以一九三一年「九一八」事變到一九三五年「一二九」運動這一特定歷史時期北平學生運動為背景，描寫熱情天真的少女林道靜，如何從追求個性解放，到成為職業革命者。在林的成長道路上，左邊是盧嘉川、江華等共產黨人，右邊則是北大國文系高才生余永澤。當初讓林道靜崇拜得五體投地的「詩人加騎士」余永澤，逐

---

26 參見洪子誠：《中國當代文學史》，118頁，北京，北京大學出版社，1999；張炯編著：《新中國文學》，上冊，177頁，福州，海峽文藝出版社，1999。

27 關於此書充滿戲劇性的出版經過，參見錢振文：《「難產」的〈青春之歌〉》，載《南方文壇》，2005（5）。

28 「粗粗一看，好像它的題材是寫青年知識分子的生活」，事實上，「裡面最能吸引廣大讀者的是那些關於當時的革命鬥爭的描寫」。見何其芳：《青春之歌不可否定》，載《中國青年》，1959（5）。

29 楊沫：《〈青春之歌〉再版後記》，見《青春之歌》，北京，作家出版社，1960。

漸顯露其追隨胡適，熱衷於「故紙堆」，求名逐利的「庸俗相」。於是，林與之決裂。作家楊沫天分不高，才華有限[30]，對余永澤的描寫失之簡單化，但林、余二人的感情糾葛，仍然是全書最吸引人的地方。

有趣的是，當年飽受指責的「余永澤」，其原型三十年後竟然「翻身得解放」，而且以「負暄三話」征服廣大讀者。這一戲劇性場面的形成，主要不繫於個人努力，其中隱含著「政治的北大」與「學術的北大」之間的對立與逆轉。

就像楊沫的兒子、作家老鬼所說的：「隨著《青春之歌》被改編成電影、京劇、評劇、話劇、評彈、歌劇、小人書……書中的人物也都膾炙人口，家喻戶曉。張中行這個母親的前夫，日子開始不好過，人們對他冷眼相看。認為他就是小說中的余永澤，自私、落後，庸俗的典型。無形中，他被母親的這本書弄得灰頭土臉，在單位裡抬不起頭。」[31]二十世紀八〇年代後期，已經退休的人民教育出版社老編輯張中行（1909-2006），開始憑自己的興趣，寫一些關於陳年往事的回憶文章，沒想到竟一炮打響，受到讀者的熱烈歡迎。史家稱：「張中行借古語『負暄』（一邊曬太陽一邊閒聊）做自己的書名，大體能概括他追求的寫作風格：以『詩』與『史』的筆法，傳達一種閒散而又溫暖的情趣。……他的這些隨筆，在一個時期聲名大噪，甚至有將其比喻為『現代的《世說新語》』的。」[32]

一九三六年畢業於北大國文系的張中行，曾教過中學、大學，新中國成立後主要從事編輯工作，讀書博雜，興趣廣泛，雖偶有著述，卻不曾引起文壇或學界的關注。直到《負暄瑣話》（1986）、《負暄續

---

30 二十世紀八九〇年代，楊沫繼續寫作，完成「青春三部曲」的另外兩部《芳菲之歌》和《英華之歌》，書出版後如石沉大海，毫無影響。

31 老鬼：《母親楊沫》，117頁，武漢，長江文藝出版社，2005。

32 洪子誠：《中國當代文學史》，378-379頁。

話》（1990）、《負暄三話》（1994）的陸續問世，方才「暴得大名」。再加上《青春之歌》的「負面宣傳」，反而激起讀者極大的好奇心。於是，二十世紀九〇年代中國，張文竟一紙風行，得到很多文人學者的大力揄揚：「本書文體是散文，但其體裁之深處卻隱著濃鬱的詩。」[33] 說張「文」而近「詩」，那是因為作者抱定主意，其追憶往事，只寫好的，不寫壞的，以便「創造藝術的『境』，以人力補天然」。[34]

被追憶的人物本就十分精彩，加上作者筆墨大致相當，確能呈現其「詩意人生」。「負暄三話」中先後談及的人物，有章太炎、黃晦聞、馬幼漁、馬一浮、鄧之誠、林宰平、熊十力、馬敘倫、胡適、周作人、劉半農、劉叔雅、朱自清、溫源寧、楊丙辰、顧羨季、周叔迦、魏建功、廢名、孫以悌、葉恭綽、張伯駒、辜鴻銘、張慶桐、梁漱溟、張東蓀、葉聖陶、俞平伯、孫楷第、趙蔭棠、朱光潛、宗白華、啟功、季羨林、溫德、馬珏等。這些學人，絕大部分與老北大密切相關。再加上綜述性質的《紅樓點滴》一、二、三、四、五，還有《沙灘的住》《沙灘的吃》《北大圖書館》等，二十世紀三〇年代北京大學的舊人舊事，在張中行筆下得以復活。

應該說，張中行的這些文章，頗得乃師周作人的真傳。看看《知堂回想錄》中關於老北大部分，不難領會其師承關係。其實，張文並不像表彰者所說的那麼好，只不過作者雜學多才，飽經滄桑，回憶往事，讀來備感親切。可惜的是，由「瑣話」而「續話」而「三話」，一蟹不如一蟹，當初的凝練簡潔不見了，其餖飣淺薄日益礙眼。離

---

33 周汝昌：《〈負暄瑣話〉驥尾篇》，見張中行：《負暄瑣話》，218頁，哈爾濱，黑龍江人民出版社，1986。

34 「就是基於這種想法，我選了見聞中的一部分，可以算作境或近於境的，當作話題，其他大量的我認為不值一提的就略去了。」見張中行《負暄瑣話·尾聲》，見《負暄瑣話》，214頁。

開了「老北大」這一「風水寶地」，張中行文章的好處，便很難得到彰顯。

張中行當然不是「余永澤」，可楊沫的譏諷也不是毫無根據。時過境遷，讀張的長篇回憶錄《流年碎影》，尤其是其中涉及北大生活和婚變部分，你很容易理解癥結所在。作為晚輩，老鬼的描述，雖是揣測之詞，卻也八九不離十：「他醉心於中國古文古籍的研究，反對母親參加過多的社會活動。他只要求母親給他做飯，操持家務，陪他睡覺，生兒育女，老老實實過日子。」「但母親不是賢妻良母型的女性。她渴望動盪，渴望著幹出一番事業，渴望改變自己的平庸命運。」[35]這與《青春之歌》對林道靜、余永澤的描寫，不無相通處。其實，類似的意思，楊沫本人曾借撰文紀念北大校慶九十週年，做了表述。[36]雖然張中行多次表白，不在意《青春之歌》對他造成的傷害；可在《流年碎影》中，還是做了辯解，稱二人之所以分手，根本原因在於思想差異：「所謂思想距離遠，主要是指她走信的路，我走疑的路，道不同，就只能不相為謀了。」[37]除了「信」與「疑」的差異，其實還有政治與學術的分歧。

同一個北大，在《青春之歌》以及「負暄三話」中，竟有如此大的反差──前者突出政治革命，後者注重文化建設。這兩個北大，在

---

35 老鬼：《母親楊沫》，22頁。

36 「我的那位老夫子，是個北大國文系的用功生。……老夫子幫助我提高了文學素養，我感謝他；也感謝北大自由聽課的有利之舉，更感謝北大的圖書館，幾年之間，不知借給我多少讀物。……一年之後，我漸漸變了，變得不再安心於為妻的主婦生活。……我出去找我那些進步的朋友；跑出去參加一些抗日活動。一個溫順的妻子淡化了，一個野馬似的東奔西跑的女人，和他同床異夢了。」見楊沫：《夢魂牽繞憶紅樓》，見北京大學校刊編輯部編：《精神的魅力》，北京，北京大學出版社，1998。

37 張中行：《流年碎影》，752-754頁，北京，中國社會科學出版社，1997。

我看來，都是真實的，也都有其合理性。就看你如何敘述，怎樣闡釋。中國共產黨創始人之一、北大圖書館主任李大釗，曾為校慶二十五週年撰文，隻字未提如火如荼的學生運動，反而強調：「只有學術上的發展值得作大學的紀念。」[38]已經投身實際政治，但論及大學功能，李大釗依舊看重「學術上的建樹」。這與二十世紀五〇年代以後，刻意凸顯北大歷史上曾經有過的「政治激情」，形成鮮明的對照。

　　「政治的北大」與「學術的北大」，同樣可愛，同樣值得深入探究。只可惜，無論是楊沫撰《青春之歌》，還是張中行寫「負暄三話」，都未能真正「恪盡職守」。

四　故事化了的「老大學」

　　關於「大學敘事」，就體例而言，可以是歷史，也可以是文學；就立場而言，可以是官方，也可以是民間；就趣味而言，可以是開新，也可以是懷舊。

　　一九八八年，兩本有關大學的「懷舊」圖書問世。中國文史出版社刊行的《笳吹弦誦情彌切》，副題是「國立西南聯合大學五十週年紀念文集」，不用說，所收都是回憶文章[39]；北京大學出版社刊行的《精神的魅力》，專門為北大校慶九十週年而編撰，全書六十五則短文，最叫座的是第一輯，也就是新中國成立前老北大或西南聯大學生的感懷與追憶。季羨林的「代序」《夢縈未名湖》中，有這麼一段文

---

38 守常：《本校成立第二十五年紀念感言》，載《北京大學日刊》，1922-12-17。

39 此前兩年，雲南人民出版社和北京大學出版社合作，刊行了西南聯合大學北京校友會、校史編輯委員會合編的《笳吹弦誦在春城——回憶西南聯大》，體例與《笳吹弦誦情彌切》相似，只是影響不如後者。這兩個書名，借用的是西南聯大中文系教授羅庸詞、張清常曲的《西南聯合大學校歌》：「盡笳吹弦誦在山城，情彌切」。

字，值得仔細玩味：「一個大學的歷史存在於什麼地方呢？在書面的記載裡，在建築的實物上，當然是的。但是，它同樣也存在於人們的記憶中，相對而言，存在於人們的記憶中，時間是有限的，但它畢竟是存在，而且這個存在更具體，更生動，更動人心魄。」[40]

本來只是「等因奉此」的校慶紀念，因老人們的回憶文章實在太精彩了，無意中開啟了世人對於「另一種大學」的想像，以及「另一種敘事方式」的追求。十年後，以北大百年校慶為契機，出現了一大批「老大學的故事」，其「大學想像」既迥異於官修正史，也不同於小說家言。

隨著《北大舊事》以及《老北大的故事》的出版與熱銷[41]，眾多零散的關於老北大的私人記憶被集合起來，而且被作為一種「大學敘事」，加以辨析、闡釋與發揮。借助若干老北大的人物和故事，來呈現所謂的「北大傳統」和「北大精神」，這種編撰策略，效果很不錯。於是，江蘇文藝出版社和遼海出版社緊接著組織了「老大學故事叢書」和「中國著名學府逸事文叢」。[42]隨後出版的「中華學府隨筆」叢書以及「教會大學在中國」叢書[43]，走的也是這條路子——談論大

---

40 季羨林：《夢縈未名湖（代序）》，見《精神的魅力》，2頁。

41 陳平原、夏曉虹編：《北大舊事》，北京，生活・讀書・新知三聯書店，1998；陳平原：《老北大的故事》，南京，江蘇文藝出版社，1998。

42 （南京）江蘇文藝出版社1998年12月推出的「老大學故事叢書」，包括《老清華的故事》《老復旦的故事》《老交大的故事》《老中大的故事》《老武大的故事》等五種；（瀋陽）遼海出版社1998年9月推出的「中國著名學府逸事文叢」，包括《清華逸事》《復旦逸事》《南開逸事》《浙大逸事》《北師大逸事》等五種。

43 四川人民出版社2000年1月推出「中華學府隨筆」叢書，包括《走近北大》《走近清華》《走近復旦》《走近南大》《走近中大》《走近武大》等六種；河北教育出版社2003-2004年出版的「教會大學在中國」叢書，共七冊，以輕鬆的筆調，圖文並茂地描述以下學校：聖約翰大學、東吳大學、華中大學、輔仁大學、華西協合大學、福建協和大學、金陵女子大學等。

學的歷史，從硬邦邦的論說與數字，轉向生氣淋漓的人物和故事。筆者討論這一出版現象時曾指出：「此舉起碼讓大家意識到，大學不是一個空洞的概念，而是一個知識共同體，一個由有血有肉、有學問有精神的人物組成的知識共同體。關於大學歷史的講述，不一定非板著面孔不可，完全可以講得生動活潑。從『故事』入手來談論『大學』，既懷想先賢，又充滿生活情趣，很符合大眾的閱讀口味，一時間成為出版時尚。」[44]

其實，中國各著名大學，大都有自己的校史編纂隊伍，也出版過相關著述。若逢五十大慶或百年盛典，更是推出系列出版物。可這些作品，或近於招生廣告，或類似工作總結，除了校友及少數教育史專家，很少有人關注。由各大學校長辦公室編纂的「中國著名高校叢書」[45]，偏於大學現狀的介紹，只能作為學生擇校的參考；臺灣「中研院近史所」推出「近代中國高等教育研究」系列叢書[46]，學術水平不錯，但也僅在學界流通。倒是二十世紀八〇年代初在臺北刊行的《學府紀聞》叢書[47]，有史有文，雅俗共賞，接近日後風行大陸的「老大學的故事」。

談論大學的歷史，為什麼選擇「講故事」？表面的理由是：「任何一所大學，都有屬於他們自己的故事，這些故事，真真假假，虛虛

---

44 陳平原：《大學排名、大學精神與大學故事》，載《教育學報》，2005（1）。

45 各著名高校每校一冊的「中國著名高校叢書」，1999年由浙江大學出版社出版。

46 已刊「近代中國高等教育研究」系列叢書包括：黃福慶：《國立中山大學（1924-1937）》，1988；蘇雲峰：《私立海南大學（1947-1950）》，1990；蘇雲峰：《從清華學堂到清華大學（1911-1929）》，1996；蘇雲峰：《三（兩）江師範學堂：南京大學的前身（1903-1911）》，1998；蘇雲峰：《抗戰前的清華大學（1928-1937）》，2000。

47 1981-1982年南京出版有限公司（臺北）刊行的《學府紀聞》叢書，包括《學府紀聞·國立北京大學》《學府紀聞·國立西南聯合大學》《學府紀聞·國立交通大學》《學府紀聞·國立武漢大學》《學府紀聞·國立北平師範大學》《學府紀聞·私立燕京大學》《學府紀聞·私立輔仁大學》《學府紀聞·私立大夏大學》等。

實實，在流傳過程中，被賦予了很多感情色彩。大學四年，即便沒有
專門的校史教育，單是這些口耳相傳的故事，也能讓你對這所學校有
所了解，有所認同。」[48]更深層的原因則是，撰寫正史的權力，掌握
在官方手中，沒有足夠的檔案資料（以北大為例，二十紀五○代以後
的人事檔案不能查閱），民間很難從事這項工作。而一旦成為官修正
史（即便只是「大學史」），需要平衡各方利益，必定收斂鋒芒，迴避
矛盾。[49]這樣的寫作，既不盡心，也不盡興。於是乎，讓開大路，自
居邊緣，擺起八仙桌，全憑嘴一張，講述那五光十色的「老大學的故
事」，既不觸犯時忌，也符合現代人「不聽教訓，自有主張」的閱讀
習慣。正所謂講者別有幽懷，聽者心領神會。

　　講故事可以，為什麼專挑「老大學」？總共只有百餘年的現代中
國大學史，以一九四九年為界，分為新、老兩大部分。關於大學故事
的講述，基本上集中在「老大學」；就連表彰大學校長，也都以老大
學的為主。一九八八年，中國文化書院接受王瑤先生的建議，編寫並
出版了《北大校長與中國文化》[50]，其基本思路是借一個人看一所大
學、借一所大學看一個時代。山西教育出版社一九九五至一九九六年
推出的「名人與名校叢書」[51]，以及山東教育出版社二○○四年刊行
的「中國著名大學校長書系」[52]，也都是這個思路。除了新中國成立

---

48 陳平原：《大學排名、大學精神與大學故事》，載《教育學報》，2005（1）。

49 時至今日，《北京大學校史》仍只寫到1949年；當代部分，只是在北大百年校慶期
　間，北京大學出版社「內部發行」的《北京大學紀事》（1998）中有所體現。

50 參見（北京）生活・讀書・新知三聯書店1988年版《北大校長與中國文化》的序一
　《希望看到這樣一本書》（王瑤）以及編者所撰《後記》。

51 「名人與名校叢書」共六冊，分別談論蔡元培與北京大學、梅貽琦與清華大學、張
　伯苓與南開大學、盛宣懷與上海交通大學、馬相伯與復旦大學、吳玉章與中國人民
　大學。

52 「中國著名大學校長書系」共十冊，表彰的對象，包括北京大學校長蔡元培、清華
　大學校長梅貽琦、南開大學校長張伯苓、復旦公學校長馬相伯、南洋大學校長唐文

後創辦的中國人民大學，其他大學所表彰的，全都是「老大學」的校長。如此揚老抑新，蘊涵著對於當代中國大學發展道路的批評。其實，民國年間的大學，有好也有壞（借用小說家言：既有風光明媚的西南聯大，也有烏煙瘴氣的三閭大學），不能一概而論；但就像張中行說的，既然是追憶往事，不妨只寫好的，不寫壞的，目的是創造理想的大學形象。如此「大學敘事」，不無想像、虛構的成分；可具體人事的真偽其實不太重要，關鍵是借助老大學故事的講述，體貼並領悟真正的大學精神，接續那曾經中斷的教育及學術傳統。

與目前各大學普遍存在的重實用輕理論、重理工輕人文的大趨勢恰好相反，講述「老大學的故事」，必定偏於人文學者。理由很簡單：「講『故事』，注重的不是權勢，也不是成就，而是北大人獨特的精神氣質。……以鑒賞的眼光，而不是史家的尺度，來品鑒人物，人文學者因其性格鮮明、才情外顯，比較容易獲得好評。」[53]當然，這也與老北大等之影響中國現代化進程，主要在思想文化，而不是具體的科學成就有關。這樣一來，形成了一個有趣的局面：重科學管理的，動輒擺「數據」；講人文修養的，則喜歡說「故事」。別看故事玄虛，故事裡邊有精神。

「老大學」裡多「故事」。這些半真半假的「故事」，在大學校園裡廣泛流播，而且代代相傳，越說越神奇，越說越有趣。將各種已經變成「神話」的校園傳說（比如「老北大」或「清華國學院」）[54]，加以認真的清理、甄別、剖析、闡發，對於建構意蘊宏深的「大學敘

治、東南大學校長郭秉文、浙江大學校長竺可楨、金陵大學校長陳裕光、金陵女子大學校長吳貽芳、輔仁大學校長陳垣等。

53 陳平原：《老北大的故事（代序）》，見陳平原、夏曉虹編：《北大舊事》，21頁。

54 參見陳平原：《老北大的故事》；陳平原：《大師的意義以及弟子的位置──解讀作為神話的「清華國學院」》，載《現代中國》，6輯，北京，北京大學出版社，2005。

事」，防止其蛻變成茶餘酒後的「閒聊」，是不可或缺的一環。可惜時
至今日，這樣的工作仍然做得很不夠。

　　隨著中國高等教育事業的迅猛發展，兩千萬在校大學生，需要無
數精彩的「大學敘事」來滋養，幫助他們馳騁想像，調整步伐，更好
地適應大學校園生活。在這方面，「隨筆」與「小說」，各有其無可替
代的功能。與隨筆作家之追懷「老大學」不同，小說家依舊關注當代
校園生活。二十世紀八〇年代中期的《你別無選擇》《穆斯林的葬禮》
等，隱約可以讀出《未央歌》的回聲（雖然二者毫無瓜葛）；而近年
出版的《麗娃河》《桃李》等，則顯然更願意追摹錢鍾書的諷刺筆
墨。[55]

　　描述大學生活，無論是諷刺，還是謳歌，是懷舊，還是幻想，都
可能同時被文學史家與教育史家所關注。在這個意義上，眾聲喧嘩的
「大學敘事」，其實是很幸運的。希望幸運的「大學敘事」，能有更加
美好的未來。

---

55 劉索拉：《你別無選擇》，北京，作家出版社，1986；霍達：《穆斯林的葬禮》，北京，
　十月文藝出版社，1988；李劼：《麗娃河》，呼和浩特，內蒙古人民出版社，1999；
　張者：《桃李》，北京，人民文學出版社，2002。

當代中國人文學之「內外兼修」

1

　　二十世紀九○年代初，中國的政治、經濟、社會、文化均發生巨大的轉變。就在鄧小平南巡後不久、市場經濟剛剛崛起的一九九三年，我參加了瑞典斯德哥爾摩大學召開的「當代中國人心目中的國家、社會與個人」國際學術研討會（1993年6月11-15日），提交了《當代中國人文學者的命運及其選擇》，論文第四節專門討論人文學者如何在市場經濟大潮中「重建學術自信」；二○○六年秋冬之際，我又以《人文學的困境、魅力及出路》為題，先後在中國人民大學、武漢大學和清華大學等校作了專題演講，第二節名為「重建人文學的自信」。[2]演講時沒在意，整理成文後，方才發現這個不該有的瑕疵——仔細想想，如此「老調重彈」，分明隱藏著某種「茫然」「自卑」或「不確定」。再加上提交給韓國全南大學主辦的「全球化背景下的人文研究」國際學術研討會（2000年6月1-4日）的《數碼時代的人文研究》、提交給浙江大學主辦的「新經濟條件下的生存環境與中國文化」國際學術研討會（2002年5月19-22日）的《大眾傳媒與現代學

1　本文乃筆者提交給二○○七年八月十五至十七日在澳大利亞莫納什大學召開的「放長眼，量宇內：展望思想中國的未來」（Thinking Ahead: Chinese Visions on a Planetary Scale）國際學術研討會的論文，感謝會議主持人黃樂嫣（Gloria Davies）教授以及論文評議人葉曉青教授。初刊《學術月刊》，2007（11）。
2　陳平原：《當代中國人文學者的命運及其選擇》，載《東方》，1993（1）；《人文學的困境、魅力及出路》，載《現代中國》，9輯，北京，北京大學出版社，2007。

術》，以及提交給韓國延世大學主持的「人文學的功用與大學改革」
國際學術會議（2006年5月26-28日）的《大學三問》[3]，十五年間，我
竟然多次擱置自己的文學研究本行，討論起「人文學」或「人文學
者」的困境及出路，難道真的是「實迷途其未遠，覺今是而咋非」？
每次論述，出發點及論述框架不太一樣，但內在思路仍有一致性。這
一回，關注的是大學體制內部的各種縫隙與潛流，探究當代中國「人
文學」及其「從業人員」到底該如何因應時局變化，來達到「內外兼
修」。談論當下的中國大學（而不是「理想的大學」），以描述為主，
略加評說，目的是「立此存照」。不談「天命」，不談「歷史」，也不
談「大學精神」或「內在超越」，而是「直面慘澹的人生」。而且，抓
住任何一點可能性，縱橫捭闔，盡可能拓展人文學的生存空間。

一　日漸分裂的大學校園

近年，中國學界多有熱衷於討論「大學」問題者。可專家們在暢
談大學歷史、大學精神以及大學理念時，大都喜歡一言以蔽之，將
「大學」作為一個整體看待。這自然有其合理性。但同樣不能忘記的
是，今日中國的大學校園，因各自利益不同，已呈現四分五裂的狀
態──聲稱正衝擊「世界一流」的研究型大學，與主要服務當地民生
的一般大學之間，此消彼長，幾成楚河漢界；因大學的行政化趨勢日
益明顯而獲益的管理層，與失去主導權的一般教授之間，利益並不一
致，有時甚至是直接衝突；更重要的是，同樣是大學教授，因所學專

3　陳平原：《數碼時代的人文研究》，載《學術界》，2000（5）；《大眾傳媒與現代學
　　術》，載《社會科學論壇》，2002（5）；《大學三問》，中文本載《書城》，2003（7），
　　韓文本見韓國延世大學刊 "The Utility of the Humanistic Studies & Reformation of
　　Higher Education in the Era of Globalization"（2006）。

業不同，導致其學術趣味及政治立場迥異——後者甚至成了校園政治中最為詭秘的潛流。我說的，不是十九世紀末二十世紀初德國哲學家李凱爾特所論證的自然科學和文化科學兩大集團「興趣的對立」以及研究方法的歧異[4]，不是中國學者耳熟能詳的爆發於一九二三年的「科學與玄學」論戰，也不是今天常被提及的斯諾的「兩種文化」說[5]，而是大學校園里正硝煙彌漫的人文學與社會科學之爭。

當今中國大學校園裡的資源、利益及趣味之爭，主要不是在傳統的文學院與理學院之間進行，而是在過去同屬「文科」的人文學與社會科學之間展開。「文史哲」與「數理化」之間，基本上互相看不懂，也沒有直接的利害衝突；而同屬於大文科的人文與社科，不說互相知根知柢，好歹都知道一點，弄起瞥扭來，更是糾纏不清。更何況，一個是溫文爾雅的「破落貴族」，一個是財大氣粗的「社會新寵」，趣味互不相投，難免多有虛虛實實的意氣之爭。二〇〇三年的春夏間，北京大學的人事制度改革，成了中國學界激烈爭辯的話題。[6]這一場雷聲大雨點小的改革試驗，不說「無疾而終」，起碼也是「革命尚未成功，同志仍須努力」。[7]之所以出現這種尷尬的局面，有很多因素；其中最突出的是「文科學者」的分裂——社科學者的讚賞與人文學者的反抗，幾乎到了壁壘分明的地步。在《讀書》雜誌組織的討論會上，

4　參見〔德〕亨里希·李凱爾特：《李凱爾特的歷史哲學》，涂記亮譯，26-28頁，北京，北京大學出版社，2007。

5　參見〔英〕C.P.斯諾：《兩種文化》，紀樹立譯，1-20頁，北京，生活·讀書·新知三聯書店，1994。

6　相關論爭，參見沈顥主編：《燕園變法——誰能站上北大講壇》，上海，上海文化出版社，2003；博雅主編：《北大激進變革》，北京，華夏出版社，2003；錢理群、高遠東編：《中國大學的問題與改革》，天津，天津人民出版社，2003；甘陽、李猛編：《中國大學改革之道》，上海，上海人民出版社，2004。

7　參見李宗陶：《北大教改回望正戲還未上演》，載《南方人物周刊》，2006-08-10。

我再三強調「文科」這個概念的失誤:「這次北大改革方案,一開始沒有人文學科的教授的參與,我覺得是很大的遺憾。同樣是文科,人文科學與社會科學,思考問題的方式不一樣,文化情懷與學術理念也有很大差異。」[8]你只要讀讀論戰中經濟學家的高論與歷史系教授的評說,就很容易明白,二者之間的差距遠大於文學家與數學家之間的隔閡——所謂「偏見」比「無知」離真理更遠。

社會科學(尤其是經濟學)在當代中國的「驕橫跋扈」是有其合理性的。我曾經談過,二十世紀八九〇年代中國學術轉型,與其說是「思想」與「學術」之爭,不如說是社會科學的迅速崛起與人文學的相對沒落。八〇年代盛極一時的「文化熱」,基本上是人文學者在折騰;人文學有悠久的傳統,其社會關懷與表達方式,比較容易得到認可。而進入九〇年代,一度被扼殺的社會科學,比如政治學、法學、社會學、經濟學等,重新得到發展,而且發展勢頭迅猛。這些學科,直接面對社會現狀,長袖善舞,發揮得很好,影響越來越大。「九〇年代以來中國學界風氣的變化,比如轉向具體問題,轉向社會實踐,轉向制度性建設等,跟社會科學的崛起有關。」[9]毫無疑問,社會科學在中國的「復活」,是值得慶幸的大好事。問題在於,與此相伴隨的是曾經「指點江山,激揚文字」的人文學者,如今顯得相當「落魄」與「落寞」。

一百年前,歐文‧白璧德在談及「文學與大學」時,可以義憤填膺地批駁斯賓塞以「科學主義」來擠兌文學藝術的「謬論」,強調大學的指導精神不應該是科學式的,而應該是人文的、貴族的。[10]如今

---

8 李強、陳平原等:《大學改革,路在何方》,載《讀書》,2003(9)。

9 查建英:《八十年代訪談錄》,140-143頁,北京,生活‧讀書‧新知三聯書店,2006。

10 〔美〕歐文‧白璧德:《文學與美國的大學》,張沛、張源譯,61-77頁,北京,北京大學出版社,2004。

的人文學者，氣勢早已矮三分，不再具有進攻性，基本上都處於退卻、防守的狀態。除了個別「憤青」，社會上極少見到自然科學「不重要」或社會科學「沒用」的論述，有的只是「人文學不被重視」的抱怨。過多「深宮怨婦」式的牢騷，恰好證實人文學確實已退居邊緣；需要盡力爭取的，只是如何獲得較大的生存空間。

　　人文學者的這種「憤憤不平」，某種程度上是因為有以往的「輝煌業績」作為對照。北大中文系主任溫儒敏曾撰文，稱一九八三年他當班主任時，全班五十個學生中，有九個是高考的省市「狀元」，那時中文系可以吸引到最優秀的生源；而如今則是「風光不再」，近年北大中文系以第一志願錄取的比例只有百分之五十左右。[11]與之形成鮮明對照的是，如今風華正茂的北大法學院，一九七七級所錄取的新生（那時叫法律系），大都「懷才不遇」──有人原先報的是哲學，有人志在美學，有人想學的是考古，還有人希望轉中文系而未果。[12]風水輪流轉，今日中國，考生若被法學院錄取，一般不會轉投哲學系或考古系。其實，民國初年也是如此。那時的北京大學，「從法科轉文科是一定可以準的。從文科轉法科，那就非常的困難了」──可這不妨礙馮友蘭最後還是選擇了北大哲學門。[13]換句話說，人各有志，還會有對於人文學癡心未改者，所謂某個學科「後繼無人」，大概是危言聳聽。但人文學的空間在縮小，這也是不爭的事實。

　　北大尚且如此，其他大學可想而知。一般情況下，為便於招生，各大學都是「家醜不外揚」。聽浙江大學歷史系主任包偉民教授暢談「歷史學的困境」，讓人心驚膽戰。綜合實力肯定在全國前十名的浙

11　溫儒敏：《談談困擾現代文學研究的幾個問題》，載《文學評論》，2007（2）。

12　趙蕾：《北大法律系：「黃埔一期」那班人》，載《南方周末》，2007-06-07。

13　馮友蘭：《北大懷舊記》，見《國立北京大學五十週年紀念一覽》，北京，北京大學出版社，1948。

江大學,其歷史系教授只有合併前杭州大學的三分之一,學生只有原來的四分之一;每年只招三十名學生,中途有一半轉系,能熬到畢業的只有寥寥十幾位。難怪當事人回想起八〇年代的「文史熱」,感覺恍若隔世。[14]

這當然不是北大或浙大單獨面臨的問題。大學校園裡,「無用」的人文學不如「有用」的社會科學吃香,普天之下,莫不如此。要說此舉有什麼「中國特色」,那就是中國文人曾經有過的「帝王師」夢想,如今正由社會科學家來實現。考慮到轉型期中國各種錯綜複雜的社會矛盾,每回政府推出重大決策前,確實都曾徵求專家們的意見(或請專家參與起草相關檔)。問題在於,被納入「思想庫」或「智囊團」的,大體上都是社會科學家。至於人文學者,除非你已成功轉型,作為人大副委員長、政協副主席或各民主黨派的首腦,會在適當的時機被「徵求意見」;否則的話,已不可能參與重大決策。今日中國的人文學者,基本上放棄了「治國平天下」的歷史重任,唯有事後發發牢騷或表態支持的份兒了。

人文學者之經世致用,還有一個遙遠的記憶,那就是「經筵侍講」。讓廷臣入禁中為皇帝或太子講解經義,論辯政事,此乃中國古代「君主教育」的重要形式。從漢代的日漸成型,到宋代的已成定制,再到清襲明制,以經筵日講為帝王教育的主課,此舉綿延起伏,幾近兩千年。一直到毛澤東時代,你還能偶而看到「別夢依稀」的痕跡。如今,人文學者通過「經筵侍講」來間接影響政府決策,或者獲得社會資源,已幾乎完全不可能。政體早已改變,君王不再存在;可

---

14 葉輝:《歷史學的困境》,載《中華讀書報》,2007-07-11。文章還提及歷史學家與工科教授的不平等待遇:「包偉民說,就工資而言,歷史學教授與工科教授在學校工資單上的收入差距大約是1:4到1:5。更不要說他們大量的課題經費提成,幾十萬甚至上百萬收入的都不乏其人。」

領導者依然需要接受教育，於是，有了備受國內外關注的「中央集體學習制度」——在我看來，此乃「經筵侍講」傳統的延續與變形。

從二○○二年十二月二十六日第一次開講，到二○○七年一月二十三日第三十八次學習，四年多時間裡，差不多四十天就有一課，足見中央對此事之重視。我關注的是講題——重點是法律（五講）、經濟（四講）、國防（四講）以及黨建（三講），接下來是三農、就業、衛生、教育、民族等，基本上都屬於社會科學。勉強可算作人文學的，是《十五世紀以來世界主要國家發展歷史考察》和《我國民族關係史的幾個問題》兩講。[15]之所以說「勉強」，因其立意是「以史為鑒」，關注的依然是現實問題。

既遠離商業資本，又淡出政府決策，無錢無勢的人文學者，即便能說會道，時常在媒體上「呼風喚雨」，有很高的知名度，在學院體制中，依然處於邊緣地位。表面上，沒有任何一所大學的校長會說「人文學」不重要，但在實際操作中，全都心照不宣：「人文建設屬於長線投資，而且有風險。這就難怪大學校長紛紛表態『大力支持』，但往往難以真正落到實處。」[16]面對這一嚴酷的事實，人文學者到底該怎麼辦？[17]從最初的「呼天搶地」狀態中逐漸平靜下來，學會「與狼共舞」，或繼續關注社會改革，成為公共知識分子；或進入大眾傳媒，以傳播知識為己任；或固守書齋，一心追求學理與精神。「這三條路沒有高低之分，只是在走之前，必須意識到各自存在的陷

---

15 馬世領：《解密中央集體學習制度：先學法而後治國》，載《小康》，2007（3）。

16 陳平原：《大學何為》，177頁，北京，北京大學出版社，2006。

17 吳國盛和萬俊人都曾對「人文學」在當代中國的困境有精彩的論述，參見吳國盛：《科學與人文》，載《北大講座》，1輯，北京，北京大學出版社，2002；萬俊人：《人文學及其「現代性」命運》，載《東南學術》，2003（5）。吳、萬二君更多在「科學與人文」對峙的狀態中展開論述，與本文之突出人文與社科的分歧略有差異。

阱。」[18]本文暫時擱置從政者的「轉戰四方」，或傳媒人的「粉墨登場」，而選擇堅守校園的人文學者，看他們如何在遠離聚光燈的位置，默默耕耘，奮力拼搏，尋求更大的發展空間。

必須說明的是，作為學科的「人文學」，與作為個體的「人文學者」，二者之間既有聯繫，更有區別。所謂的「危機」以及「崛起」，主要指向整體環境，而不是個人選擇。單就個人而言，像章太炎之「幼慕獨行」，或者像魯迅那樣「荷戟獨彷徨」[19]，乃是其壁立千仞、特立獨行的表徵；身處邊緣，遭遇患難，對其思考的深入以及著述的專精，不但不構成威脅，有時還是一種助力。因此，學科的冷熱，與具體從業人員的高低雅俗，沒有直接的對應關係。談論今日中國大學校園裡的「分裂」局面，只是希望更清晰地凸顯人文學目前所面臨的困境，並描述其可能的發展路徑——學會在邊緣處探索、自省、呐喊、突圍。[20]

二　大學擴招與「國學熱」

對於近十年中國學術「功過得失」的評論，無論如何不該忽略一個重要的關節點，那就是一九九九年開始的「大學擴招」。此舉並非

18　陳平原：《人文學的困境、魅力及出路》。

19　章太炎《訄書》初刻本有敘曰：「幼慕獨行，壯丁患難，吾行卻曲，廢不中權。逑鞠迫言，庶自完於皇漢。」見《章太炎全集》，3卷，6頁，上海，上海人民出版社，1984；魯迅《題〈彷徨〉》：「寂寞新文苑，平安舊戰場。兩間餘一卒，荷戟獨彷徨。」見《魯迅全集》，7卷，150頁。

20　針對人文學科日漸邊緣化的現狀，杜維明主張反過來思考：「如果人文學能毫無衝突地融入一個社會的政治、經濟大流之時，也就是人文學失去其獨特的功用之日。」參見李若虹：《人文學和高等教育》，載（臺灣）《當代》，193期，2003年9月。作者題記稱：「這篇文章是基於杜維明教授這次談話的內容整理、加工、編輯而成，成稿後杜教授百忙中審閱並予以首肯。」

單純的「教育決策」，而是糾合著政治、經濟、文化、學術等眾多複雜因素，而且，不管你說好說壞，它已攪動一池春水，並將深刻影響當代中國的歷史進程。

提供幾個簡單的資料，以便讀者對此人類歷史上從未有過的「壯舉」有個大致的了解。1998年，中國招收大學新生108萬人；2007年，這一數字改寫為567萬人；也就是說，十年之間翻了五番。1998年，印度在校大學生規模為中國的兩倍，而今天則是反過來，中國高等教育的規模是印度的兩倍。至於高校毛入學率，從十年前的不到10%，一下子跳到了今天的23%，實現了高等教育的大眾化。最為直觀的數字，莫過於每一年度在校生的人數。據《2005：中國教育發展報告——高等教育的發展、問題與對策》，1998-2004年間，中國高校在校生規模（含研究生、本科生及專科生）如吹氣球般擴大：1998年643萬人；1999年742.2萬人；2000年939.9萬人；2001年1214.4萬人；2002年1512.6萬人；2003年1900萬人；2004年2000萬人。[21]而據教育部發布的「2006年度教育統計報告」顯示，2006年全國各類高等教育在校生總規模已經達到了2500萬人。面對來自各方面的批評聲音，教育部開始「調控」招生規模，在校學生增幅由2005年的17.1%降至2006年的11.3%，下降了將近六個百分點。[22]雖然「增幅」有所回落，但「擴招」仍在繼續。教育部長稱，「高校擴招是遲早要發生的事，只有這樣才能滿足當時社會的需要」；而據教育部規劃，「2020年中國高校的毛入學率將達到40%」。[23]

21 王英傑等主編：《2005：中國教育發展報告——高等教育的發展、問題與對策》，2頁，北京，北京師範大學出版社，2005。
22 崔靜、呂諾：《我國高校擴招明顯趨緩》，載《文匯報》，2007-03-08。
23 郭少峰：《教育部長周濟稱高校教師問題與人事制度有關》，載《新京報》，2007-07-23。

　　如此迅猛的「大學擴招」，到底是禍是福，幾乎從一開始，就是眾說紛紜。二十世紀八〇年代曾出任武漢大學校長，因推行學分制等一系列改革而被免職的教育家劉道玉，直言中國高等教育面臨三大危機——品質危機、學風危機、財政危機，而這跟政府決策失誤直接相關：「近年來，我國經濟發展速度大體控制在百分之十左右，可是大學擴招速度平均為百分之二十五，最高的年份竟然達到百分之四十九。發達國家大學大眾化經歷了半個世紀，而中國用八年時間就實現了大眾化，這不是冒進和浮誇又是什麼？」[24]

　　這是教育家的思路，經濟學家則不這麼看。當初任職於亞洲開發銀行、建議政府擴大招生提高學費、「讓老百姓把錢從銀行裡拿出來花」的湯敏，二〇〇六年二月六日在「新浪網」發表了一篇題為《擴招擴錯了嗎？》的文章，為備受非議的「大學擴招」辯護，著重談了「假如沒有擴招」「到底有多少貧困生上不了大學」「解決貧困大學生上學難的可能出路」「大學收一定的費用就是教育產業化嗎？」「中國的大學生太多了嗎？」「改革的完善還是完善的改革」六個問題。針對這篇文章，鄭作時在著名財經雜誌《南風窗》發文，除了算經濟賬，鄭文還提及：「在擴招這股教育大躍進的風氣指導下，高校中出現了急功近利、一夜趕英超美的傾向，求名、求利兩股風氣倍長。」[25]此文一出，湯敏馬上回應，撰寫《再談擴招擴錯了嗎》，特別提出「鄭先生的態度」來加以討論：「因改革中出現了一些問題就否定整個改革的方向，這種態度不可取。」[26]湯先生的「大方向」說，和政府官員的辯解十分接近，恐怕很難被廣泛接受。

　　無論攻守雙方，都有個共識：那就是「大學擴招」的最初動因，

---

24 孫宏光：《劉道玉：我國高等教育的三大危機》，載《同舟共進》，2007（5）。

25 鄭作時：《湯敏先生，擴招難道沒有錯嗎？》，載《南風窗》，2006年2月（下）。

26 湯敏：《再談擴招擴錯了嗎》，載《南風窗》，2006年3月（上）。

是政府在亞洲金融風暴過後，亟需擴大內需，保持經濟增長，因而採取的「應急措施」。而最近，前教育部學生司司長、現任中國農業大學黨委書記瞿振元出面澄清：「擴招其實不是部門行為，不是教育部決策的，是中央政治局常委會集體討論決策的。」據瞿稱，「黨中央、教育部都不把大學擴招簡單理解為解決經濟驅動力」，關鍵問題在中國高等教育毛入學率太低，「這樣一種規模跟社會和經濟發展速度是不相適應的」。[27] 從社會需求、國家發展等角度來論述擴大高等教育招生規模，一般來說，各方不會有爭議；問題在於，擴招的數量和速度——十年翻五番，是否可行，到底留下多少後遺症。

爭議最大的，除了擴招後大學生就業難（不擴招照樣也有這個問題，這是中國人口結構造成的），整體教學品質下降（既然要求高等教育大眾化，就不該以「精英大學」作為評價標準），還有就是如何看待遍地開花的「大學城」，以及大學校園之「日新月異」。毫無疑問，「大學擴招」作為一個巨大推力，帶動了大學校園裡的基本建設，隨著國家下撥或高校自籌的大筆資金的投入，很多先前一直懸而未決的難題，如學生宿舍、運動場館、圖書資料以及科研設備等，均得到明顯改善。

眼看著全國各地「大樓」（硬體）拔地而起，「大師」（軟體）卻難覓蹤影，質疑之聲不絕於耳。更要命的是，各高校勇猛貸款，終於形成巨大的「黑洞」，有些甚至資不抵債，瀕臨破產。據中國社會科學院發布的《2006年：中國社會形勢分析與預測》顯示，截至二〇〇五年，中國公辦高校向銀行貸款總額達一千五百億至二千億元；而專家卻說，實際上遠不止這個數字，保守的估計，全國高校債務大約為

---

27 樊克寧、陳曉鴻：《教育部學生司前司長：高校擴招是中央決策》，載《羊城晚報》，
　　2007-07-07。

四千億元。[28]大學需要經費，銀行需要放貸，政府需要業績，於是，三方合力，在「大學擴招」的旗幟下，共同完成了「擴招—貸款—再擴招」的惡性循環。

高校巨額債務，如今已成為制約中國大學進一步發展的瓶頸。像吉林大學那樣，每年支付利息多達一點五億至一點七億元，學校入不敷出，舉步維艱，乃至必須貼出布告，希望全校師生集思廣益，共渡難關[29]，這當然是特例。但因前些年的「高歌猛進」，使得目前很多中國大學財務上面臨巨大困難，根本無力自行解決，只能寄希望於國家或地方政府「施以援手」。各大學之所以大膽舉債，共同思路是大學屬於國家，國家不可能讓「國立大學」破產。而舉債的理由，更是冠冕堂皇：長期以來，國家的教育經費投入嚴重不足，喊了十多年的4％教育支出，始終沒有落實[30]；於是，各大學只好自己動手，用借貸的辦法為國家花錢。考慮到中國的國情，這一輪由大學擴招以及與之相關聯的「大學合併」「大學城興建」等造成的巨額學費，大概只能由政府來變相買單了。

如此昂貴的「學費」，不應白付，政府及學界都該認真反省。清算「高校貸款熱」，不能將髒水全都潑在「教育產業化」身上。近年

---

28 《中國高校貸款規模逾4000億破產隱患凸顯》，載《中國青年報》，2007-03-09。

29 《吉大自曝「欠巨債」面向師生徵良策》，載《北京青年報》，2007-03-25。

30 根據世界銀行2001年的統計，澳大利亞、加拿大、法國、日本、英國和美國等高收入國家公共教育支出占GDP的均值為4.8%，而哥倫比亞、古巴、約旦、秘魯等中低收入國家公共教育支出占GDP的均值為5.6%。1993年，中共中央、國務院頒布《中國教育改革和發展綱要》，明確提出：「財政性教育經費占國民生產總值的比重，在本世紀末達到4%。」可十餘年來，這一目標不但沒有實現，而且似乎變得越來越遙遠。2001年為3.14%，2002年達到3.32%，2003年下降為3.28%，2004年再下降為2.79%，2005年為2.82%，2006年退到2.27%。這是歷屆政府的「軟肋」，每年「兩會」期間，均因此備受質疑。參見何忠洲：《政府送大禮教育支出占GDP4%仍未實現》，載《中國新聞周刊》，2007-03-20。

中國大學之所以「不計成本」地擴招，不全是錢的問題（如所謂「窮國辦大教育」），更多出於意識形態的考量（比如，政策上歧視民辦大學，限制宗教團體辦學，不允許公立學校轉制等），這種「政府導向」的改革，只能說是一種「偽市場化」。[31]面對已是既成事實的中國大學之「急遽膨脹」，你可以喝彩，可以譏笑，也可以分析，可以質疑，當然更可以袖手旁觀，但你沒有辦法阻擋——作為一種國家意志，此舉還會延續下去，只是步調略有調整而已。

限於論題，這裡希望討論的是，此舉到底給「人文學」及「人文學者」帶來了什麼，是機遇還是陷阱，是「車到山前疑無路」，還是「柳暗花明又一村」。

對於蘊涵在「大學擴招」背後的「大躍進」思維，學界的嚴厲批判確有其道理；但有一點常被論者忽略，那就是，此舉某種程度上改變了人文學的尷尬處境，為其帶來了「轉機」。最為明顯的是，經過十年擴招，大批受過人文學基本訓練的大學畢業生進入社會，給相關書籍、講座、影視（若中央電視臺第十套「科學‧教育」頻道）等，培養了與日俱增的受眾。而這，與所謂的「國學熱」形成了某種奇妙的呼應。

前面提到浙江大學歷史系的困境，那是指專業訓練，即培育歷史學研究者；至於提供一般的文史知識或人文修養，則完全是另外一番風景。先有電影電視中「歷史劇」的格外走俏，如何看待《戲說乾隆》為代表的「戲說熱」，歷史學家與影視編劇各執一詞，「歷史敘事

---

31 參見《南風窗》2007年2月（下）之《高校「破產」？》專輯，包括《「異形」高校現形記》《「教育產業化」緣何背負惡名》《高校貸款熱的冷思考》《借債辦學沒有錯》《誰來叫停高校「大躍進」》等文。另外，2007年5月10日《南方周末》所刊《「化解高校負債危機應採取真正市場化手段」——廈門大學教育研究院博士林莉訪談》（趙小劍），同樣值得參考。

與文學想像的糾葛」，於是成了學界必須直面的嚴肅話題[32]；後是通俗史學形成熱潮，眾多出自非專家之手的「歷史寫作」成為讀者及市場的寵兒，媒體上因而展開「歷史票友」能否挑戰「史學大家」的爭辯。[33]也就是說，學院內外，「史學」冷熱兩重天。所謂「大學擴招」，絕非各科系齊頭並進；受館舍、師資以及考生趣味的限制，某些專業得到大發展，另一些專業則停滯乃至倒退，不能一概而論。凡大規模擴招的專業，或課程偏於實用，學生容易就業；或校方投入很少，見效又快。像外語系以及中文系，師資不難找，也不需要添置特殊的儀器設備，加上學生出路不錯，很容易成為擴招的目標。外語教學技術性強，在改革開放的中國大受歡迎，完全可以理解；至於中文系畢業生的優勢，則是適應性廣，幾乎任何行業都用得上，一若職場上的「萬金油」。[34]因為「容易」，所以「多上」，這麼說有點自嘲的意味；可這切合「擴招」的本意——降低門檻，拉開檔次，讓那些並非研究型的大學，更多地突出素質教育或技能培訓。這一點，聯繫下面將涉及的「通識課程」，可以看得更清楚。

大學擴招，專家們大都主張「專業對口」。這一點，我不無疑慮。社會需求瞬息萬變，大學根本無法有效控制；專業設置過於追隨市場，很容易變成昨日黃花。最具嘲諷意味的是，金融、管理等「熱門專業」的畢業生，反而可能找不到工作；道理很簡單，就因為太「熱門」了，大家搶著上，於是「生產過剩」。對於那些不想繼續深造，大學畢業就開始工作的人來說，四年時間，能獲得人文、社會或自然科學方面的基本知識，加上很好的思維訓練，這就夠了。大部分

---

32 陳平原：《歷史敘事與文學想像的糾葛》，載《文史知識》，2005（5）。

33 張弘：《「歷史票友」中能產生史學大家嗎？》，載《新京報》，2007-07-25。

34 查詢過好多大學中文系，普遍反映其畢業生就業率很高，出乎一般人的想像。最近訪問一所師範學院，一萬五千名學生中，中文系占了將近兩千。

的工作崗位，只要稍加培訓，就能應付自如。因此，我一直呼籲擴大人文學科的招生。假如有一天，大學所讀專業和自己日後從事的職業沒有直接對應聯繫（現在已經有這種趨勢，儘管不是自願），我相信，很多人會同意我的看法：了解社會，了解人生，學點文學，學點歷史，陶冶情操，養成人格，遠比過早地進入職業培訓要有趣、也有用得多。[35]

即便你學的是生物、化學、金融、管理，走上社會後，不管出於工作目的還是個人興趣，你都可能亟需補充人文方面的知識。雖說構建「學習型社會」的口號目前還沒能真正落實，但週末聽講座（絕大部分免費，也偶有收費者）已成北京、上海等大城市裡一道「亮麗的風景」。有圖書館組織的（以北京為例，國家圖書館、國家圖書館古籍館、首都圖書館、中國現代文學館等每週都有講座），有書店組織的（以北京為例，三聯韜奮圖書中心、涵芬樓書店、第三極書局、三味書屋、單向街圖書館等經常舉行超越「促銷活動」的講座），也有各省市宣傳部為政府官員舉行的（響應中共中央「創建學習型社會」的號召，帶有職業培訓性質[36]）。若是公開講座，現場聽眾中，有一般市民，有退休教師，還有受過大學教育、出於個人興趣前來「充電」的年輕人——後者越來越多，正呈直線上升趨勢。這些講座中，有生活型的，有科技型的，但主體是傳授人文知識。舉個例子，國家圖書館古籍館（即位於文津街的「老北圖」）二〇〇一年起每年舉辦近百場名人講座，並選擇其中的菁華，出版「演講錄」。綜觀由北京圖書館出版社刊行的五冊《文津演講錄》，共收文五十九篇，其中人文學五十一篇，社會科學七篇，自然科學一篇——碩果僅存的這篇

---

35 陳平原：《我看「大學生就業難」》，載《北京大學教育評論》，2004（4）。

36 2001年5月，時任中共中央總書記的江澤民，在亞太經合組織高峰會議上提出，「構築終身教育體系，創建學習型社會」；此後，各部委、各省市對此號召多有響應。

《可愛的地球》，仍屬於科普讀物，而非專業論述。這與編者的主旨「所選講稿，主講人多為年近古稀的學界名流、文壇泰斗」有關[37]，但更重要的，還是受制於聽眾／讀者的趣味。

其實，這很好理解，業餘時間聽講座，其內容除了健康、美食，最容易吸引聽眾的，當然是文史之學。就以二〇〇七年七月中旬「網上大講堂」的講題為例：千龍網（7月17日）是「中國古代瑰寶唐三彩」（葉萬松），新浪網（7月19日）是「為人處世與幸福之道」（周國平），搜狐網（7月16日）是「風投如何選擇企業、企業如何選擇風投」（徐崢），網易網（7月18日）是「唐代詩歌與成就系列講座・李白」（杜曉勤），Tom網（7月18日）是「香港喜劇電影與周星馳」（陳德森等），中華網（7月18日）是「健康生活：脫髮的病因和治療方法」（鄒先彪），和訊網（7月17、18日）是「下半年債券市場投資策略」（谷純悅）、「下半年黃金市場投資策略」（老財），西祠胡同（7月20日）是「阿凡提的故事」（陳東曉），貓撲網（7月17日）是「社會關注的『80後』婚姻」（肖慧明），奇虎網（7月16日）是「中醫不是偽科學」。略加辨析，不難發現，即便在比較世俗的網上世界，「為人處世」與「投資策略」各有斬獲，但「人文學」還是略占優勢。

隨著國民中大學生所占比例越來越高，作為職業的「人文學」相對萎縮，而作為修養的「人文學」，將有可能獲得更為廣闊的發展空間。這與先由政府主導、後有媒體接棒的「國學熱」，形成某種奇異的「良性互動」。對於帶有意識形態色彩的以「讀經」為中心的「國學熱」，很多學者不以為然；但對近幾年以傳播文史知識為主的「講座熱」，則多持肯定態度。儘管有些文化活動資本介入太深，作秀成

---

37 《〈文津演講錄〉前言》，見任繼愈主編：《文津演講錄》，1-5卷，北京，北京圖書館出版社，2002-2005。

分太重（最典型的是「紅樓選秀」[38]）；有些電視講座的娛樂化及商業化傾向過於明顯，因而受到學界的猛烈批評[39]，但總的來說，近年中國社會上及媒體中的「書香氣」還是略有回升。

與氣勢如虹、有國家戰略做支撐、同時又成為一種文化產業的「國學熱」不同[40]，以「講座」為中心的文史知識傳播，其受眾更多立足於個人趣味。而且，與二十世紀八〇年代的「文化熱」主要由大學教授推動不同，這回的主要動力來自大眾傳媒。十年前，北京大學中國傳統文化研究中心與中央電視臺合作，製作了一百五十集系列電視片《中華文明之光》，內容涉及哲學、宗教、文學、藝術、語言、文字、歷史、考古、民俗、天文、地理、科技以及中外文化交流等[41]，播出後，叫好而不叫座。與這種學院派趣味很濃的「文化普及」不同，如今的電視講座（以「百家講壇」為代表），都是以媒體為主，邀請大學教授以個人的名義加盟，接受其「專業培訓」，且按照導演的意圖「演出」。不再扛著「啟蒙」的大旗，講究商業運作，因而，此類講座更多地迎合公眾趣味，叫座但不叫好。

所謂的「國學熱」，應該區分大眾的欣賞趣味以及主事者的主觀

---

38 劉彥：《以紅樓的名義》，載《中國新聞周刊》，2007-06-26；俞亮鑫：《「紅樓夢中人」將成一場夢——「胡玫風波」導致選秀無法兌現承諾的危機》，載《新民晚報》，2007-07-09。

39 張法：《從百家講學到百家說書——央視〈百家講壇〉現象的文化思考》，載《社會科學報》，2007-05-31。

40 北京大學哲學系教授樓宇烈稱：「上個世紀初國學的湧現是從我們民族文化自身發展的需求出發的。……但是我們當前的國學熱卻有不同。國學熱中的某些形式內容恰恰是考慮了功利性的。比如說使中國的管理更具有一些中國的色彩，於是國學便滲透在這樣的需求裡，因而勢必使其帶有功利色彩。這時的國學便是作為一項文化事業在運作。」李健亞：《樓宇烈：當下的國學只是文化產業》，載《新京報》，2006-05-10。

41 《〈中華文明之光〉出版說明》，見袁行霈主編：《中華文明之光》，2版，北京，北京大學出版社，2004。

意圖──政府有政府的設想（如何實踐「中國特色的社會主義」），民間有民間的願望（如何提高「民族自信心」），主辦單位則很可能還有實際利益的盤算（如何在商品經濟大潮中「生產自救」[42]），不宜一概而論。總的趨勢是，「啟蒙」或「愛國主義」等宏大敘事，日漸讓位於個人利益的講求。說白了，在這場帶有明顯表演色彩的「國學熱」中，不管是「演員」還是「受眾」，都顯得「心有旁騖」；可也正是因為講求個人趣味以及實際利益，使此風得以突破「運動式」的提倡，有可能長久地延續下去（最有趣的，莫過於冷門的「考古學」，借助於日漸升溫的「收藏熱」，居然也都成了熱門話題）。我曾提及，在「倉廩實則知禮節，衣食足則知榮辱」的背後，還有一個不該被一筆抹殺的「附庸風雅」[43]；小民百姓半真半假對於「國學」（中國文化）的熱愛或炫耀性消費，也應該獲得尊重。另外，我讚賞那些堅持自家立場，對各種社會現實採取批判性思考的公共知識分子，但也不鄙薄那些走到聚光燈下，降低身段，以謀求個人利益的「明星學者」。理由是，正是由於他們的不懈努力（不管是「學術說書」，還是「心靈雞湯」），使得原本專深的文史知識或社科理論，開始走出學院圍牆，為越來越多的平民百姓所接納。對於已經「出走」校園的學者來說，為求合時、有用，不能不媚俗，也不能不「語不驚人死不休」──在「發行量」或「收視率」這根大棒的催逼下[44]，其「表演」必定越來

---

42 開辦各種面向董事長的「國學班」，是最新的生財之道。以北大為例，前些年哲學系已著先鞭，開辦「乾元國學教室」；今年歷史系急起直追，創辦「北京大學中國國學大講堂董事長高級研修班」。好在中文系還按兵不動。如此「生產自救」，可以理解，但似乎不宜提倡。

43 陳平原：《大學校園裡的「文學」》，第四節「何妨附庸一下『風雅』」，載《渤海大學學報》，2007（2）。

44 與工科教授靠發明專利入股、經濟學家成為大公司的獨立董事不同，人文學者走出校園，最大的可能性是與大眾傳媒結盟。實際上也正是如此──從高蹈的救國宏

越商業化，這是無可奈何的宿命。[45]

在我看來，來勢極為兇猛的「大學擴招」，留下了很多後遺症，比如，學界變得急功近利，論文頗多造假作偽，師道尊嚴全線潰敗等；但有一個好處，那就是接受高等教育的人數倍增，民眾對人文學的興趣轉濃。因此，單以教育及文化立論，八〇年代引人注目的是思想解放與文化熱，九〇年代眾說紛紜的是商業大潮與學術調整；至於新世紀，大學擴招與國學熱之互為犄角，或許能給人文學者創造某種「絕地反攻」的機會。

三 素質教育與通識課程

與大學擴招相呼應，對於人文學來說，還有另外兩個「利好消息」：一是教育部對於素質教育的提倡，二是各級政府對於科研項目的支持。二者都是政府主導，但又夾雜很多學界（民間）的聲音，十幾年間，不斷發展壯大，以至當你討論當代中國學術時，已不能完全繞開這些制度性設計——包括其具體運作（並非一帆風順）與實際效果（很可能利弊參半）。

所謂「素質教育」，最初是個很籠統的提法，包括「思想道德素質」「文化素質」「業務素質」和「身體心理素質」等四個方面。如此無所不包的「素質教育」，實在難以展開並落實；好在主事者「明修棧道，暗度陳倉」，真正關注的是「文化素質」，直接針對中國大學重

論，到中端的形象設計，再到實際的房地產廣告，縱覽全國各地的報刊電視，到處可見大學教授的身影。

45 有一首在網上頗為流行的民謠，叫《這年頭》，其中有這麼一段：「這年頭，教授搖唇鼓舌，四處賺錢，越來越像商人；商人現身講壇，著書立說，越來越像教授。醫生見死不救，草菅人命，越來越像殺手；殺手出手麻利，不留後患，越來越像醫生。」

理輕文以及專業過於狹窄之「時弊」。[46]可與原國家教委副主任（後改為教育部副部長）周遠清的以上說法相呼應的，是「素質教育」的積極推動者、原華中理工大學（後改名華中科技大學）校長楊叔子的深切感慨：「過弱的文化陶冶，使學生人文素質不高；過窄的專業教育，使學生的學術視野不寬，學術基礎不牢；過重的功利主義導向，使學生的全面素質培養與基礎訓練不夠；過強的共性制約，使學生的個性發展不夠。」[47]有鑑於此，歷來以工科見長的華中理工大學，一九九四年春創辦了系列「人文講座」；第二年秋天，又組織全校新生參加「中國語文水平測試」，且規定「過了語文關，方可拿文憑」。[48]以此為契機，一九九五年九月，原國家教委在該校召開了「高等學校加強文化素質教育試點工作研討會」，來自北大、清華等四十九所院校的代表，達成了進一步加強「文化素質教育」的共識。會後，各大學「八仙過海，各顯神通」。到了一九九八年，試點結束；總結經驗後，在全國所有大學推開。教育部更為此發布專門檔，明確規定：「我們所進行的加強文化素質教育工作，重點指人文素質教育。主要是通過對大學生加強文學、歷史、哲學、藝術等人文社會科學方面的教育，同時對文科學生加強自然科學方面的教育，以提高全體大學生的文化品位、審美情趣、人文修養和科學素質。」此後，很多理工科

---

46 參見周遠清一九九五年在第一次全國大學生文化素質教育試點院校工作會議上的講話。此講話後改為《中國大學人文啟思錄》的「代序」，題為《加強文化素質教育，提高高等教育品質》，見《中國大學人文啟思錄》，1卷，武漢，華中理工大學出版社，1996。

47 楊叔子：《永必重求真，今應更務善》，見《中國大學人文啟思錄》，2卷，15頁，武漢，華中理工大學出版社，1998。

48 一九九五年九月十八日《人民日報》發表《人文精神與現代科技對話──記華中理工大學的人文教育》，稱華中理工大學的人文講座如何受到學生們的熱烈歡迎，以至「逐步建構起了講座、交流、讀書三位一體的『人文工程』」。

大學的「人文講座」，開始向「選修課」過渡；而綜合大學則努力提升選修課的數量與品質。[49]至此，「素質教育」與「通識教育」之間的異同或者交叉，開始浮出海面，並引起學界的關注。

作為觀察者，你很可能將大陸的「素質教育」與美國的 Liberal Arts Education、香港的「博雅教育」、臺灣的「通識教育」直接等同起來，理由是，所有這些，「雖出自不同的教育理念和實際需求，但是各方都一致認為，在傳授專業知識的同時，高校應該注重通識教育，提供人文訓練，培養人文素質」。[50]此說可以找到一些有力的佐證，比如，原清華大學副校長（現任校長）顧秉林在強調「人文素質與科學素養密不可分」時，特別表彰美國各著名大學如何「重視通識教育」，並希望國內大學以此為榜樣。[51]以北京大學校長許智宏為編委會主任、中文系主任溫儒敏為執行主編的《名家通識講座書系》（即「十五講」叢書），同樣將「素質教育」與「通識課程」直接掛鉤：因「素質教育正在成為當今大學教育和社會公民教育的趨勢」，各學校紛紛開設「通識課」，可又苦於缺乏通盤考慮，課程不夠正規，課量嚴重不足等，北京大學出版社方才推出這套「採用學術講座的風格」「將學問深入淺出地傳達出來」的書系。[52]至於東南大學將歷年「人文大講座」的講稿結集成書，總題乾脆就叫作「人文通識講演錄」。[53]

---

49 參見教育部一九九八年二號文件《關於加強大學生文化素質教育的若干意見》，以及周遠清：《在更高水平上推進文化素質教育》，見《中國大學人文啟思錄》，6卷，V頁，武漢，華中科技大學出版社，2003。

50 李若虹：《人文學和高等教育》，載（臺灣）《當代》，193期，2003年9月。

51 顧秉林：《人文教育與一流大學的人才培養》，載《清華大學學報》，2001（2）。顧文對於美國各著名大學中通識課學分所占比重之大感到驚訝：哈佛大學38%，麻省理工學院25%，耶魯大學44%，斯坦福大學33%，普林斯頓大學（理工學院）22%。

52 溫儒敏：《〈名家通識講座書系〉總序》，見《語文課改與文學教育》，66-68頁，南京，江蘇教育出版社，2007。

53 陸挺等編：《人文通識講演錄》（八冊），北京，文化藝術出版社，2007。

　　也有對此說持異議者，如原國家教委高等教育研究中心主任王冀
生便主張，「素質教育與通識教育既有深刻聯繫又有質的區別」。說聯
繫，那是指二者都強調教育的目的是「為了培養、造就全面發展的
人」；說區別，則是因為：「素質教育作為一種價值追求、一種教學
觀，是以全面提高人的綜合素質為宗旨的，它必須貫穿於人才培養，
即教學活動的全過程，包括通識教育和專業教育兩個部分」。我贊同
王先生對於「素質教育」與「通識教育」的分辨，但不認同其結
論——「素質教育是西方的通識教育在我國當代的繼承和發展」。[54]
相反，正因為「素質教育」的提法過於籠統（包括中小學的教學宗
旨、大學的課程設計以及終身教育目標等），不具備可操作性，因
此，在具體實踐中，才逐漸轉變為對於美國大學通識教育的借鑒。或
者說，這十多年來中國大學「素質教育」的摸索，正呈現越來越向
「通識教育」靠攏的趨勢。

　　這與此舉在正式推行前，並沒有經過充分的社會醞釀與專家論
證，更多的是教育部官員以及大學校長們的「果敢決策」有關。跟當
代中國許多改革措施一樣，此類「摸著石頭過河」的決策卓有成效，
但必須不斷地自我調整。有學者認定，「在宣導通識教育的過程當
中，我國著重利用了文化知識精英資源的廣泛影響力」。我同意教育
部之提倡「素質教育」，是「有針對性地克服五〇年代後中國高等教
育過分專業化的傳統與局限」之說；但不認為過去十幾年間波瀾壯闊
的「通識教育」的理念構建與制度建設，是一個「政府與文化精英主
導的共識訴求過程」。[55]恰好相反，正因為知識精英群體沒能盡早介

---

54 王冀生：《通識為本，專識為末》，載《教育發展研究》，2002（3）。

55 李曼麗：《中國大學通識教育理念及制度的構建反思：1995-2005》，載《北京大學教
　育評論》，2006（3）。另外，關於「通識教育」的內涵、淵源與發展、理念與實踐
　等，李曼麗在其專著《通識教育——一種大學教育觀》（北京，清華大學出版社，
　1999）中有詳盡的論述，可參閱。

入，製造輿論，並從事必要的理論建構[56]，當教育部主動出擊時，顯得既倉促又粗糙。這一點，比照此前香港、臺灣地區的大學建立通識課程的過程，可以看得很清楚。讀金耀基一九八〇年所撰《從「兩個文化」談到通識教育》，其目標很明確，即追摹原芝加哥大學校長赫欽斯（R.M. Hutchins）的通識教育理念，借鑒哈佛大學文理學院院長羅梭夫斯基（H. Rosovsky）主持的「核心課程報告」。[57]所謂「香港中文大學自創校以來，即承認通識教育的價值，並且特別把通識教育的責任賦予各個學院」，金先生的以上說法，為一九八七年刊於《高等教育研究》上的《香港中文大學的通識教育及啟示》所證實。至於臺灣的高等院校如何自一九八四年九月起，全面推動通識教育，「從點滴蔚為潮流」，黃俊傑的《全球化時代的大學通識教育》以及郭為藩的《轉變中的大學：傳統、議題與前景》二書，也都有專門的介紹。[58]反觀大陸學界，雖然也譯介了赫欽斯和羅梭夫斯基的著作，可那個關鍵字眼——與「專才教育」（professional education）相對的「通識教育」（general education）[59]，尚未真正定型，或譯為「通才教育」，或稱作「普通教育」[60]；至於與此相關的「名著閱讀」以及「核心課程」等，更沒有引起足夠的重視。

---

56 上述李曼麗文章中，提及一九九五年前中國學界關於通識教育的若干文獻；但相對於如此重大改革，這寥寥數文，實在少得可憐。

57 金耀基：《從「兩個文化」談到通識教育》，見《大學之理想》，52-61頁，北京，生活・讀書・新知三聯書店，2001。

58 黃俊傑：《全球化時代的大學通識教育》，44-55頁，北京，北京大學出版社，2006；郭為藩：《轉變中的大學：傳統、議題與前景》，109-110頁，北京，北京大學出版社，2006。

59 另一對概念是博雅教育（liberal education）與職業教育（vocational education）。

60 〔美〕亨利・羅梭夫斯基：《美國校園文化》，謝宗仙等譯，第六章「通才教育的標準」，85-97頁，濟南，山東人民出版社，1996；〔美〕羅伯特・M・赫欽斯：《美國高等教育》，汪利兵譯，第三章「普通教育」，35-51頁，杭州，浙江教育出版社，2001。

　　並非接著「西方的通識教育」往前走，中國人另起爐灶搞起來的「素質教育」，其實是走了若干彎路的。正因為學界沒有未雨綢繆，做好必要的輿論準備，教育部主導的「素質教育」，即便有心學美國，也都必須「猶抱琵琶半遮面」；更何況，當事者很可能真的沒有如此視野。「素質教育」的起步階段，未能從歷史悠遠的「美國通識教育的演進」中吸取經驗教訓[61]，實在有點可惜。

　　也正因為「第一推動力」來自政府主管部門，在論證「素質教育」的合理性以及具體的展開方案時，始終小心翼翼地護著那根「紅線」，不敢有絲毫懈怠——那就是，「文化素質課」的開設，不能衝撞作為意識形態象徵的「政治課」。大學的課程設置，牽一髮而動全身。總學時不能隨意更改，「彼長」便意味著「此消」；所謂「加強素質教育」，必然擠壓原先的專業課與政治課。原北京大學常務副校長王義遒主張「人文精神不是生硬地加到專業課中去，而是與專業內容融合在一起，浸潤在專業知識中」，希望通過「在專業課程教學中滲透人文精神」，來化解素質課與專業課之間難以避免的對立與緊張。[62]如何協調「專業課」與「通識課」（素質課），是世界各國大學面臨的共同問題；中國大學的特色在於，怎麼看待並妥善處理「通識課」（素質課）與「政治課」的關係。

　　將「政治課」與「通識課」混為一談，或者堅信「中國大學現有的思想政治教育課程與通識教育課程並無矛盾」[63]，如果不是過於天真，就是對於中國國情太不了解。在第一次全國文化素質教育試點院

---

61 關於美國大學的通識教育傳統與演進軌跡，參見黃坤錦：《美國大學的通識教育》，第一章「大學的發展與通識教育的演進」，3-29頁，北京，北京大學出版社，2006年。

62 王義遒：《在專業課程教學中滲透人文精神》，見《中國大學人文啟思錄》，3卷，109-114頁，武漢，華中理工大學出版社，1999。

63 李曼麗：《通識教育——一種大學教育觀》，233-236頁；李曼麗：《中國大學通識教育理念及制度的構建反思：1995-2005》，載《北京大學教育評語》，2006（3）。

校工作會議上，原國家教委副主任周遠清便強調：「我們的文化素質教育搞好了，會有利於學生學好政治課，二者相輔相成，這樣就拓寬了德育教育的視野」；而清華大學黨委副書記胡顯章也專門撰文，論述人文素質教育與思想政治教育二者是一致的，互相依存，互相補充，甚至建議「在我們的人文教育前冠以社會主義的定語」。[64]幾乎從一開始，主事者就著意自我迴護，怕因「衝擊政治課」而受到嚴厲指責。因為，中國大學裡的馬克思主義理論教育和思想道德教育（簡稱「兩課」），是由教育部和中宣部聯合頒發文件，確定基本內容和教學時數的，各大學不得擅自更動。以文科大學生為例，其必修課程及課時（括弧內標示）為：馬克思主義哲學原理（54）、馬克思主義政治經濟學原理（36）、毛澤東思想概論（54）、鄧小平理論概論（70）、當代世界經濟與政治（36）；思想道德修養（51）、法律基礎（34），合計共必修「兩課」三百三十五個課時。[65]為了通識課程，縮減若干專業課，有時還好商量；至於「兩課」卻是不可動搖的，即便學生不願聽，也不能挪作他用——這就是中國大學提倡「通識教育」者所必須面對的現實。

即使在通識教育開展較早的中國香港和臺灣，此項工作也是一波三折：理念大都認同，實踐起來卻很不容易。原臺灣「清華大學」校長沈君山在《國立清華大學通識教育的展望》中稱：「通識教育最重要的是實踐，不能只是理論。在臺灣，實踐通識教育遠比討論通識教育困難。這些實踐的困難包括：（一）沒有人願意去管；（二）沒有教

---

64 周遠清：《加強文化素質教育，提高高等教育品質》，見《中國大學人文啟思錄》，1卷，3頁；胡顯章：《提高認識，轉變觀念，努力加強大學生的人文素質教育》，見《中國大學人文啟思錄》，2卷，30頁。

65 王英傑等主編：《2005：中國教育發展報告——高等教育的發展、問題與對策》，66-67頁。

授願意去教;(三)沒有學生肯花精神去聽。」[66]這裡所說的「三無」困境,相信所有聽說過或從事過通識教育的人,都會有類似感觸。曾主政香港中文大學的金耀基認為,改變此類將通識課程作為「開胃食品」「營養學分」的狀態,凸顯其「受尊重性」,關鍵在於,大學裡必須請出「享譽崇隆的教授」來主講。[67]可各大學裡名教授畢竟有限,要求他們什麼都做,既帶好研究生,又講好主幹基礎課,還要拿出重大科研成果,最後,還得盡量多上通識課,實在有點為難。靠名教授的「人氣」,撐起「通識課程」一片天,似乎不太現實。

經過十幾年的努力,奮起直追的中國大學裡,作為通識課程的「通選課」,其範圍及數量迅速擴張,這無疑值得慶賀。但與此同時,也蘊藏著一個巨大的危機,那就是,將通識課程視為大學校園裡無傷大雅且又不無小補的「點綴」──課程的涉及面極廣,但多泛泛之談(如「京劇與中國文化」「民樂欣賞」「中國畫藝術」「太極文化的理論與實踐」「外事禮賓禮儀」等),強調的是趣味性,「頗有日趨逸樂化之傾向」。[68]如何使素質教育或通識課程從「甜點」轉變成值得認真經營的「正餐」,是個難題。臺灣「通識教育學會」名譽理事長黃俊傑主張通過「講座課程的推動」以及「原典的研讀」,來「深化通識教育」[69];甘陽則提醒我們,美國通識教育最值得我們借鑒的是「普遍採取深度經典閱讀的方式」,以及「討論課嚴格要求小班制」。[70]過多地講授「概論」與「通史」,缺少經典閱讀與小班討論,導致大學

---

66 沈君山:《國立清華大學通識教育的展望》,轉引自金耀基:《大學之理念》,150頁。

67 金耀基:《大學之理念》,143-155頁。

68 王英傑等主編:《2005:中國教育發展報告──高等教育的發展、問題與對策》,56頁;黃俊傑:《全球化時代的大學通識教育》,46頁。

69 黃俊傑:《全球化時代的大學通識教育》,46、65-68頁。

70 甘陽:《大學之道與文明自覺》,見胡顯章等編:《大學理念與人文精神》,249頁,北京,清華大學出版社,2006。

生「不讀書而好求甚解」，這是整個中國大學教育的問題，不僅僅屬於通識課程。此類弊病，隨著教育觀念的轉變以及大學校園建設的展開[71]，正逐步得到改善。

辦好通識課程，比教學方式更難解決的是學生的來路與出口。美國的中學教育兼及人文、社會、自然，學生進入大學後，對學習通識課程一般沒有什麼牴觸情緒；而中國的中學教育實行文理分科，過分早熟的「專業化思想」，使得走進校園的大學生，很難對「無關學業」的「通識教育」產生強烈的認同。更重要的是，中國現有的教育體制，鼓勵發展實用性質的法商學院，而沒有給傾向於「素質教育」的「文理學院」保留足夠的發展空間。

最近十幾年，中國高等教育忙於從專科「學院」向綜合「大學」轉變，最初的本意，是想扭轉一九五二年院系調整的後遺症，即師法蘇聯，注重實用，將大學辦成「工程師的搖籃」。對此，我是持歡迎態度的，只是感歎不該一哄而上。[72]而後興起的波瀾壯闊的「大學合併」，將此「改制」推向了一個新高潮——不再滿足於「學院」改

---

71 開設小班討論課，不僅牽涉教育觀念，還有教室等實際問題。在《「學術文」的研習與追摹——「現代中國學術」開場白》（載《雲夢學刊》，2007（1））中，我曾提及：「在北大，由於實行比較徹底的學分制，學生可以自由選課，加上好多慕名而來的其他大學的教師及研究生，著名教授為研究生開設的專題課，往往變成了系列演講。對此，我深感不安。……想改變這個狀態，很難。不說別的，教室就設計成這個樣子，椅子是固定的，你只能站在凸起的講臺上演講，無法坐下來跟學生一起討論。我不只一次說過，北大要想成為一流大學，先從一件小事做起，那就是徹底改變後勤部門決定教學方式的陳規。呼籲了好些年，最近才得到校方的允諾，在新建的教學樓裡，預留眾多可以上Seminar的小教室。」

72 十幾年前，在答日本《文》雜誌問時，我稱那時剛剛興起的單科性質的「學院」向綜合性質的「大學」轉向，是對於一九五二年院系調整的反撥——「體現了中國教育路線的改變：由師法蘇聯轉向借鑒歐美」；「在單科制的學院裡，文理滲透以及科際整合無法展開，難以適應現代學術發展的需要」。《中國教育之我見》一文日文本見《文》1994年夏季號，中文本見《學者的人間情懷》146-151頁，珠海，珠海出版社，1995。

「大學」，而是將好幾所性質不同的大學合併成「航空母艦」，以便「爭創世界一流」。[73]這一最近方才逐漸平息的「風潮」，不但沒有落實由「實用教育」向「通才教育」的轉變，相反，工科及社會科學在大學中的強勢地位，得到了進一步的凸顯。這跟美國大學從不輕易放棄通過「人文學」來發展通才教育，形成了鮮明的對照。

美國的大學之所以重視對學生進行人文學科方面的訓練，那是因為其制度設計：「本科大學生是沒有資格專修企業管理、法律、醫學和建築等職業傾向和專業性極強的學科的。學生必須先打好全面的知識基礎以後才能進入研究生院攻讀這類專業。」[74]正是有感於此，甘陽主張「法商學院應該成為後本科教育」。因為，這是中美兩國高等教育設計的巨大差異，也是「通識教育」能否在中國順利推展的關鍵所在。[75]我承認甘陽的建議是「治本」，但此舉實現的可能性很小。因為，中國大學的本科教育，最近十年擴張得最厲害的，正是商學院與法學院。要求占強勢地位的商學院與法學院拱手讓出本科教育的權力，近乎與虎謀皮。除非政府主管部門深謀遠慮，痛下決心，一舉扭轉晚清以降中國大學過於講求「實用」的傾向[76]，否則，只靠大學內部的自我反省，最多也只能是增加若干「通識課程」，而無法真正達成「素質教育」的目標。

---

73 一九九八年，原浙江大學與杭州大學、浙江農業大學、浙江醫科大學合併，成為當時辦學規模最大、學科覆蓋面最廣的高層次綜合性大學。浙大此舉，開啟了大學合併的風潮。

74 李若虹：《人文學和高等教育》，載（臺灣）《當代》，193期，2003年9月。

75 甘陽：《通識教育在中國大學是否可能》，載《文匯報》，2006-09-17。

76 中國古代教育強調的是「博雅」，比較接近今天所提倡的「通識教育」。但晚清以降，國勢衰微，以救亡圖存為要務，亟需專業人才；以往的博雅教育，因「不切實用」而備受責難。此後開啟的「新教育」，雖有蔡元培、梅貽琦等之提倡「學理」與「通才」，但總的發展趨向是越來越講求實用。先有船堅炮利的刺激，後有戰爭烽火的催逼；扭轉了一九五二年院系調整的後遺症，又迎來了「與市場接軌」的新需求。

　　即便如此，「素質教育」的提倡，以及「通識課程」的逐漸落實，還是為人文學預留了巨大的發展空間。此舉實際上兼及「社會思潮」「學院政治」以及「經濟利益」，可雅也可俗，不能等閒視之。表面上，在高等教育中「淡化專業」「突出修養」，追求人的全面發展，應該是文科理科「利益均沾」；但在實際操作中，所謂「素質教育」或「通識課程」，都是以加強「人文學」為核心。主持哈佛大學通識教育課程的文理學院院長羅梭夫斯基在《美國校園文化》中，列專章介紹哈佛大學的六類「核心課程」：文學藝術、科學、歷史研究、社會分析、外國文化、道德理性。[77]單看課程名稱，就能明白人文學所占據的重要位置。而在談論通識教育宗旨時，羅梭夫斯基強調「閱讀經典」的重要性──自然科學變化最快，社會科學次之，最有可能被長久閱讀品味的，往往是人文學：「具有永恆價值的經典著作幾乎僅僅限於今天我們所說的人文學科了。《聖經》、莎士比亞、柏拉圖、孔子以及托爾斯泰還是像當時寫作時一樣地具有現實意義。人類道德取向的基本問題──如公正、忠誠、個人責任等等──仍然沒有變化，而在這些問題上的當代思想的品質還不能輕易地表現出它們比古代更加優越。」[78]換句話說，所謂「通識教育」，所謂「參加進有教養的人們行列中去」[79]，都意味著以「人文學」為知識傳授的重心。實際上，近年中國各大學的「素質教育」或「通識課程」，也都主要是圍繞人文學來展開；至於相關圖書，如北京大學出版社的《名家通識講

77　〔美〕亨利‧羅梭夫斯基：《美國校園文化》，謝宗仙等譯，第七章「基礎課程概述」，98-112頁；黃坤錦：《美國大學的通識教育》，第一章十節「哈佛核心課程的影響與通識教育的改革」以及作為全書附錄的「羅梭夫斯基論通識教育核心課程」，24-27、249-272頁。

78　〔美〕亨利‧羅梭夫斯基：《美國校園文化》，謝宗仙等譯，88頁。

79　「在每一次畢業典禮上，哈佛大學校長都要歡迎新畢業生『參加進有教養的人們行列中去』。」見〔美〕亨利‧羅梭夫斯基：《美國校園文化》，謝宗仙等譯，90頁。

座書系》（已刊五十種）、新世界出版社的《在北大聽講座》（已刊十六輯）、華中科技大學出版社的《中國大學人文啟思錄》（已刊六卷），以及剛剛推出的由東南大學「人文大講座」結集而成的《人文通識講演錄》（文化藝術出版社，共八冊），更是無一例外地「弱化科學」而「凸現人文」。

四　學術工程與評審文化

對於大學的存在與發展，至關重要的，一是教學水平，二是科研業績。與此相對應，便是今日中國大學正熱火朝天開展的「素質教育」與「學術工程」（建設以及評審）。二者一主廣博，一求專精，表面上風馬牛不相及，卻構成了大學發展的「兩翼」，或者說「生命線」，值得格外關注。

與「素質教育」之多說少做，潛力豐厚，但效果不太理想相反，「學術工程」（建設以及評審）得到校內外有關各方的鼎力支持，幾乎所有的「承諾」全都落到了實處。因為，此乃大學排名或職稱晉升中「最為過硬」的指標，教授及校方無不奮勇當先，全力以赴。不討論大學裡「教學與科研」何者優先，二者又該如何協調發展；這裡希望探究的是，近年中國政府及各高校聯手推動的「學術工程」，如何影響到整個學界的風氣，以及制約著人文學的進一步發展。

十五年前，我曾撰文，談及北大教師薪水在北京市職工收入平均線以下，大約只有計程車司機的八分之一。[80]這種「腦體倒掛」現象，現在已徹底改變。基本上不必為生存而煩惱的大學教授，本該一心治學才是，可這時又冒出了新的「歧路」。不是說欲望已被調動，教授們對於金錢的渴求永無止境；而是因近年中國政府之「獎勵學

---

80 陳平原：《當代中國人文學者的命運及其選擇》，載《東方》，1993（1）。

術」，衍生出無數「魚與熊掌不可兼得」的難題。報項目，做課題，發文章，填表格，參與各種各樣的「評比」與「打擂」，於是成了大學教授們的日常功課；熙熙攘攘，熱熱鬧鬧，再也沒有時間坐下來，安安靜靜地讀書，認認真真地思考問題了。別的學科我不懂，對於人文學者來說，這絕對是個「致命的誘惑」。

大學教授薪水不高，但各種明暗補貼不少（包括崗位津貼、勞務費以及科研經費提成等），甚至可能大大超過其基本工資。而後者不是「自然而然」就能得到的，必須努力「爭取表現」。所謂的「表現」，主要不是講課（講課效果如何，很難評定），而是發文章。與老一輩學者的沉潛把玩、述而不作截然相反，當今的中國學者，大都是「讀書少」而「著述多」。之所以如此重數量而輕品質，那是因為，領導希望有所作為，且普遍堅信「管理出效益」。各級行政主管部門（從教育部到大學到院系領導），為了體現自己的存在價值，也為了「公平」起見，亟需通過計算成果，獎勤罰懶[81]，來提高生產效率。這一「學術遊戲」，雖備受詬病，但因便於管理，且總有獲益者；一旦啟動，便很難自動停止。明知如此處置不太合適，背離了獨創性原則，但主事者也自有其苦衷：憑數字定英雄，是沒有辦法的辦法，誰讓你生活在一個權威缺失的時代。

這樣一來，出現幾個有趣的現象。第一，在中國，凡在學校教書的，無不努力撰寫並爭取發表「學術論文」。我曾提及「學界同樣存在生態平衡的問題」，不同類型的學校，應該有不同的考核標準；連幼稚園阿姨都在寫論文，絕非好現象。[82]第二，正因為誰都在寫論

---

81 有錢的學校注重「獎」，沒錢的學校強調「罰」；但就效果而言，「獎」比「罰」好，更能調動教師們的積極性。不少學校明文規定，每在《中國社會科學》發表一篇論文，獎勵人民幣一萬元；在《文學評論》《歷史研究》等發表一篇論文，獎勵五千元。同是學術刊物，按主辦單位的級別，分為三六九等，這也是中國特色。

82 陳平原：《誰來監督中國學界》，載《南方周末》，2002-01-24。

文，而且「多多益善」，出現了不少令人瞠目結舌的高產戶。第三，
「全民搞學術」的結果，很可能是吃力不討好。據教育部統計，單是
二〇〇三年，全國高校教師共發表人文學方面的論文十九萬篇、著作
九千部；但在國際上被引用的次數，卻很不成比例。[83]第四，跟「垃
圾論文」相映成趣的，是各種替人花錢消災的「學術中介」之繁榮。
問題在於，確實存在著不少審查很不嚴格、只要交費就能發表、專門
用來對付職稱評審的「學術刊物」，這就難怪有人熱心經營此等「學
術生意」。[84]第五，因強制研究生在學期間發表一定數量的論文（各大
學規定不一，有僅限於博士生，也有含碩士生者），否則即便論文答
辯通過，也不發給學位證書，導致學生們不得已「託人」或「交錢」
發文章。第六，因有關部門規定，所謂「論文」，必須在三千字以
上；而刊物又是按頁收費，目前中國學術期刊的一大奇觀，便是出現
了大批不好不壞的「雙面」（two pages）論文。

　　體現大學的學術品質與社會名望，進而影響各種「排行榜」的，
除了兩院院士（5.0，括弧中的數字表示指標權重，下同）、長江學者
特聘教授（4.0）、國家重點學科（4.6）、重點實驗室（4.2）、國家人
文社科重點研究基地（4.2），再就是科研經費（6.0）和學術成果──
理科重 SCI（8.1）和 EI（5.5），文科則是 SSCI（6.2）和 CSSCI
（2.2）。[85]大概是基於理工科的思維及趣味，評估體系中，只有期刊

---

83 「統計數字顯示，從一九九三年到二〇〇三年十年間，按照國際人文科學索引，被
　　引用最多的前二十篇文章中，沒有一篇是中國學者的；在被引用最多的一百篇中，
　　有兩篇是中國學者的；前一千篇中，有四篇是中國學者的。」楊玉聖：《讓學術回
　　歸學術》，載《民主與法制》，2006-02-28。

84 在批評收費期刊、論文槍手以及購買論文和版面者的同時，是否還得追究那些「製
　　造論文畸形需求」的權力部門的責任？參見劉縣書：《誰製造了對論文的畸形需
　　求》，載《中國青年報》，2007-07-12。

85 此乃「網大」最新修正的「指標體系」，見網大：《2007中國大學排行榜》，14頁，

論文而沒有學術專著的位置──人文學者大概都會對此「深表遺憾」。[86]其實，比起文章數目來，各大學更關注的是科研項目，因其既是金錢，也是名譽。而且，只要有了「國家課題」，不愁不能在「核心期刊」上發文章。

對於人文學者來說，影響最大的學術基金，一是「國家哲學社會科學基金」，一是「教育部重大科學研究項目」。此外，由教育部主管的，還有「博士學科點專項科研基金」「留學回國科研啟動基金」「霍英東教育基金」「新世紀優秀人才支持計劃」「創新團隊發展計劃」等。至於各省市、各大學，也都有專門支持人文學者從事研究的「基金」或「計劃」。若申請到了國家級科研基金，各大學一般都還有配套經費。人文學者獲得資助的數目與金額，當然不能跟理工科或社會科學相比（因工作性質不同，需要花錢的地方也迥異），但已經大幅度提升，今非昔比了。資助的經費遠比過去多，申請起來也不是特別困難，只是並非每個學者都有志於此。

作為學者，你可能強調「學術性」；至於出資人，則對「政治正確」有更多的考量。像「新時期的文學創作與社會主義核心價值體系」「中國文學與和諧社會建設」「以人為本與文學精神」「文學藝術發展與和諧文化建設研究」這樣的「重大課題」[87]，不是每個人都願意或有資格接手的。布林迪厄在《自由交流》中曾談及，獲得獎金資

深圳，網大教育研究中心，2007。「網大」的中國大學排行榜，被認為是「到目前為止，商業型大學排名中最為全面、也比較科學的大學評估指標體系」，參見王英傑等主編：《2005：中國教育發展報告──高等教育的發展、問題與對策》，127頁。

86 「臺灣」中央研究院歷史語言研究所」所長王汎森也斷言：「人文學科不適用SSCI的指標」「在人文領域，專書是一個非常重要的表現方式，切忌因為過度重視論文而忽略了專書的重要性。」王汎森：《學人寄語》，載《中國文化》，24期，2007年5月。

87 此乃二○○七年頒布的《國家社會科學基金項目指南》中，有關「中國文學」部分的前四項。

助者難保不受出資人的控制：「文藝資助是一種微妙的統治形式，它
之所以起作用正是因為人們沒有覺察這是統治。」「社會科學面臨的
問題之一，是如何能得到必不可少的研究經費（社會學是很費錢
的……），同時又能保持獨立性而不蛻化。」[88]對於中國的人文學者來
說，隨著科研基金和獎勵體系的日漸完善，這種體會將越來越深刻。

　　傳說北京大學重「成果」而不重「項目」，評職稱時，若條件相
同，優先考慮沒有國家課題的（理由是「少花錢而多辦事」）。之所以
出現如此「美麗的誤會」，根源於學者們對許多大學將「報課題」與
「評職稱」直接掛鉤強烈不滿，於是拿北大「說事」。做研究可以憑自
己的努力，報課題則有很大的偶然性——除了中宣部把關的「重大項
目」確實「政治掛帥」，在其他項目的評審中，也無法完全杜絕拉幫結
派、投桃報李以及走後門送禮等「違規動作」。任何制度都有漏洞，都
可能被迂迴突破，以中國人的聰明才智以及誠信水平，再嚴格的規章
制度，也沒能阻止利益輸送和學術腐敗。因而，越來越「成龍配套」
的學術評審[89]，催生出不少長袖善舞的「學術掮客」。正是有感於此，
曾獲菲爾茲獎的美國哈佛大學教授邱成桐，近年來屢次在報刊中公開
批評中國的大學制度，直指中國之所以沒有「一流大學」，很大原因在
於「整個學術評審制度很不健全」。邱教授特別舉了實在太離譜的「漢
芯」事件，主張不僅懲罰造假者，也得追究到底是誰做的評審。[90]

88　〔法〕皮埃爾・布林迪厄、〔美〕漢斯・哈克：《自由交流》，桂裕芳譯，53頁，北
　　京，生活・讀書・新知三聯書店，1996。

89　今日中國，各種名目繁多的「學術評審」，讓人眼花繚亂。從評著作、評學者，到
　　評學科、評大學。評過了博士點，再評一級學科；評過了研究基地，再評重點學
　　科——諸如此類的活動，已發展成一種自足的「評審文化」。近幾年教育部大力推
　　行的「普通高等學校本科教學評估工作」，更是引起很大爭議，參見李北方：《高校
　　教學評估在爭議中進行》，載《南風窗》，2007年6月（下）。

90　胡迭：《邱成桐：中國為什麼沒有一流大學》，載《同舟共進》，2007（5）。

　　在教育主管部門的積極引導下，今日中國的大學教授，整日裡昏天黑地，不是你評我，就是我評你。作為個體的學者，你可以拒絕參加這種遊戲[91]；可作為學校，則不能不在意各種評審指標。明知學問是「冥思苦想」做出來的，而不是「巧舌如簧」評出來的，可事關學校、院系、學科的未來，再清高的學者也無法完全置身度外。面對日漸熱鬧的大學校園，還有越看越像「老闆」的教授們（尤其是科研課題主持人）[92]，我實在有點擔心，政府對於人文學的重視（此乃人文學者不斷呼籲的結果），固然令人欣慰，可用管理工科或社會科學的方式來領導人文學，很可能徹底改變人文學的性質及人文學者的趣味，從長遠來看，不但無益，甚至可能有害。

　　最明顯的例子是人文學的「工程化」。現在大家比較反感的，是中國大學的「行政主導」以及日益官僚化。可還有一種潛在的危險，人們往往習焉不察，那就是，大學變成效率很高的「跨國公司」。逼迫人文學者盡量外出承攬各種「工程」──最好是「國家重點工程」，這其中，錢是一個因素，但更重要的是便於控制和管理。是工程就有立項、設計、經費、人員、工作進度、項目驗收等，好檢查，好管理，也能體現上級主管部門的權威性。這對於工科或社會科學來說，或者是天經地義；可對於人文學來說，卻不見得很合適。人文學有腳踏實地的，也有天馬行空的；有大兵團作戰的，但更多的是千里

91　「我承認『重獎之下，必有勇夫』；但不太相信評審之舉，能長學問。對於人文學者來說，獨立思考的權利、淡定讀書的心境，以及從容研究的時間，是最為重要的。」參見陳平原：《學問不是評出來的》，載《中國書評》，1輯，桂林，廣西師範大學出版社，2005。

92　以前只有工科的研究生稱自己的導師為「老闆」，後逐漸延伸到理科以及社會科學；最近，連人文學教授也都「榮獲」此稱號。許多大學開始改革（北大略有變通），規定人文學科的教授必須跟工科教授一樣，用自己的課題費來「養博士生」；錢多多招，錢少少招，沒錢則別招。這對於破除傳統的師道尊嚴，實現導師的「老闆化」，將起很大作用。

走單騎。強調項目管理、步步為營的「工程化」效果，必定壓抑各種「奇思妙想」；而力主「造大船」，追求所謂「標誌性成果」，勢必大團體、跨學科、國際化。最著名的例子，莫過於夏商周斷代工程、清史工程以及《儒藏》工程等。照常理推斷，工程越大，受重視程度越高，國家撥款也就越多；但錢多不見得就一定能辦好事，更不能保證其成果必然「傳世」。後兩者仍在進行中，不好妄加評論；一九九六年五月十六日正式啟動，到二〇〇〇年九月十五日通過國家驗收的「夏商周斷代工程」，其操作方式及具體結論，已然引來不少質疑的聲音。[93]

我關心的不是具體工程的得失，而是國家撥鉅款，眾學校組成攻關隊伍，在限定的時間內拿出「創新成果」，然後經過專家評定結項，出版相關著述，這種研究模式是否值得大力推廣。所謂「上有所好，下必甚焉」，現在很多人文學者爭相承攬的國家重點課題（或曰「重大項目」），雖沒有「夏商周斷代工程」那麼大的氣魄與規模，但操作方式卻很相像——從設計立項、批准實施，到彙報施工進度，提交階段性成果，再到工程如期完成，恭請專家評審驗收等，一應行禮如儀。如此盲目追求、互相攀比項目規模與資助金額，在我看來，不是好風氣。尤其是此類「大工程」，必須尋求多方合作，實際上是層層轉包，各項目負責人就像一個個包工頭，參與「打工」的，包括在校研究生，還有需要銀子和名分的不太著名的教授。

我承認，即便在人文研究領域，也有若干「重大課題」需要如此操作；但問題在於，我們已經形成一種「共識」——假如你只有一個

---

93 關於夏商周斷代工程的進展及反響，可參見楊鷗：《李學勤與夏商周斷代工程》，載《人民日報（海外版）》，2000-11-15；李學勤：《夏商周斷代工程的新發現與新探索》，載《中華讀書報》，2000-12-13；蔣祖棣：《西週年代研究之疑問——對「夏商周斷代」工程方法論的批評》，見彭振坤主編：《古史考》，9卷，海口，海南出版社，2003；陳寧：《「夏商周斷代工程」爭議難平》，載《社會科學報》，2003-11-27。

人，沒有「團隊合作」與「科際整合」，而且不在東西方南北極之間無數次來回奔跑，是不可能作出「標誌性」的重大科研成果的。於是，流行的做法是：為了適應評審指標，大家都往一起靠，截長補短，互相遷就，弄成一種「捆綁式銷售」狀態。不說「重大項目」更多體現國家意志，也不說評審過程中可能存在著權力尋租和利益輸送，就算一切正常，你已經用問心無愧的手段、如願以償地拿到了國家重點課題，在接下來的實際操作中，還必須面臨如何協調各方利益以及趕工程進度等難題；到頭來，好題目也都做不出好文章。因為，這年頭，學者們全都急匆匆趕路，沒人有心情停下腳步，欣賞你如何「十年磨一劍」。這似乎是「盛世危言」，不過，你要是到書店走走，看看琳琅滿目的學術圖書，大凡標明「國家重大項目」的叢書、套書，十有八九做得不好，還不如那些沒有經費支持的「小而可貴」的個人專著。[94] 理由很簡單，前者先天不足（有時間限制，必須盡早完工；集體著述，難免良莠不齊），後天失調（有「重大項目」之美名，加上補貼出版經費，出版社一般懶得認真審稿，落得做個人情）；至於出版社方面經過嚴格審查、願意賠錢推出的「個人著述」，反而可能蘊藏著真才實學。

換句話說，我以為人文學的真正危機，很可能不是其在大學中的地位相對下降，而是被教育主管部門按照工科或社會科學的模樣進行「卓有成效」的改造。這種「閹割」，因有金錢作為誘餌，當事人沒有任何痛苦，有可能還是自願上鉤、自覺上套。再也沒有「不計成本」地「神遊冥想」的苦行僧、獨行俠或讀書人，即便有，也早就被時代拋棄；放眼望去，「長安道上」，萬馬奔騰，塵土飛揚，全都被納入既定的發展軌道。經過這麼一番「積極扶持」，大學裡的人文學

---

94 陳平原：《懷念「小書」》，載《中國新聞周刊》，2006-10-23。

者，錢多了，氣順了，路也好走了。只是原本強調獨立思考、注重個人品味、擅長沉潛把玩的「人文學」，如今變得平淡、僵硬、了無趣味，實在有點可惜。在我心目中，所謂「人文學」，必須是學問中有「人」，學問中有「文」，學問中有「精神」、有「趣味」。但在一個到處生機勃勃而又顯得粗糙平庸的時代，談論「精神超越」或「壓在紙背的心情」，似乎有點奢侈。

　　或許，這就是中國式的發展道路——不是「小車不倒只管推」，而是只要你我肯「推」，這「小車」很可能就不會倒下去。今天的中國大學，積弊甚多，問題成堆，好像很快就要垮掉；可你儘管放心，雖則搖搖晃晃，它還能繼續往前走。但願中國的人文學，也會有如此命運。之所以持如此「謹慎樂觀」態度，那是因為，我記得魯迅曾在瑜兒的墳上憑空添上了一個花環，還有，胡適也曾動情地講述「鸚鵡救火」的故事。

「五方雜處」說北京[*]

一　為什麼是北京

在我心目中，毫無疑問，「北京研究」將成為中國學界的熱門話題。會有這樣的「大書」出現，但非我所能為。故此處只能「小引」，不敢「導論」，更談不上「正文」。這樣一來，我的任務很簡單，那就是引起諸位的興趣，然後全身而退，等待著觀看後來者的精彩表演。意識到的歷史責任與實際能力之間存在太大的差距，這種痛苦，非幾句自嘲所能掩蓋。就好像古語說的，「挾泰山以超北海，不能，非不為也」。十年後，你再讀我這篇「小引」，很可能會譏笑其「太不專業」。

正因為不是專業著述，不妨從瑣碎處講起。二十世紀八〇年代的北京，市民生活還比較艱難，市場上沒有活魚，洗澡也很麻煩。不斷有人勸我回廣州工作，那裡的生活明顯舒適多了。別看北京城市規模很大，現在整天談論如何成為國際性大都市，但很長時間裡，在上海人、廣州人看來，此地乃「都市裡的村莊」。你問我，為什麼捨不得離開北京？報刊電視上，常有名人談論選擇杭州、深圳、廣州或上海居住的十大理由，北京呢？我還沒見到過標準答案。說天安門，有些硬，太政治化了，像是二十世紀六〇年代中學生的口吻；說琉璃廠，又有點酸，太書生氣了，擱在三〇年代悠閒的大學教授口裡還差不多。

*　本文初刊《書城》，2002（3）。

幾年前，曾建議朋友以「天安門」為題，將都市建築、歷史陳述、政治符碼、文學想像等摻和在一塊，作一綜合論述。後來讀耶魯大學史景遷（Jonathan D.Spence）教授的《天安門：知識分子與中國革命》[1]，感覺上不是很過癮。只討論康有為、魯迅、瞿秋白、徐志摩、沈從文、老舍、丁玲等人的作品，藉以剖析其心路歷程，沒將「天安門」作為主角來認真經營，實在有點可惜。天安門既是閱盡人間滄桑的獨特視角，也是中國近現代政治和歷史的象徵，本身便應該是歷史與審美的對象。

至於孫殿起輯《琉璃廠小志》[2]，博採詩文筆記，藉以呈現「北京數百年來舊書業的全貌」，是很有用的資料集。可所選資料不及於新文化人，且以書業興衰為關注點，未免忽略了諸如魯迅的尋碑、錢玄同的購書、鄭振鐸的訪箋等對於現代中國文化建設的意義。討論作為「文學場」（literary field）的北京，琉璃廠同樣是不可或缺的重要角色。

說開去了，我還是沒講清楚為什麼喜歡北京。專業研究那是以後的事情，不會是因為課題需要而選擇居住地，只能是相反。那就說是因為圓明園、頤和園、故宮、長城吧，可這些都是旅遊勝地，幾年走一遭就足夠了，何必整日廝守？實在要給出一個答案，我就說：喜歡北京冬天的清晨。

人常說第一印象很重要，決定你對此人此物此情此景的基本判斷。我沒那麼堅定的立場，不過，時至今日，還是清楚地記得二十年前初春的那個清晨，大約是六點，天還沒亮，街燈昏黃，披著借來的軍大衣，步出火車站，見識我想念已久的北京。你問我第一印象是什

---

1 〔美〕史景遷：《天安門：知識分子與中國革命》，尹慶軍等譯，北京，中央編譯出版社，1998。

2 孫殿起輯：《琉璃廠小志》，北京，北京古籍出版社，1982。

麼，那就是空氣裡有一股焦糊味，很特別。大約是凜冽的北風，乾冷的空氣，家家戶戶煤爐的呼吸，熱騰騰的豆漿油條，再加上不時掠過的汽車尾氣，攪拌而成的。此後，也有過多次淩晨趕路的經驗，如果是冬天，深感北京破曉時分所蘊涵的力量、神秘與尊嚴。這種混合著蕭穆、端莊、大度與混亂的「北京氣象」，令人過目不忘。

半個多世紀前，已經在北京住了二十個年頭的周作人，也曾碰到過類似的追問，在《北平的好壞》裡，周是這樣作答的：「我說喜歡北平，究竟北平的好處在那裡呢？這條策問我一時有點答不上來，北平實在沒有什麼了不得的好處。我們可以說的，大約第一是氣候好吧。據人家說，北平的天色特別藍，太陽特別猛，月亮也特別亮。習慣了不覺得，有朋友到江浙去一走，或是往德法留學，便很感著這個不同了。」[3]這話很讓我懷念，也很讓我嚮往，因為，今天生活在北京的人，如果到過德國、法國，或者到江浙一帶轉一圈，很少再有膽量誇耀北京的天色特別藍。今日的北京，有很多值得誇耀的地方，唯獨空氣品質不敢恭維，起碼沙塵暴的襲擊便讓人膽戰心驚。

為什麼是北京，對於很多人來說，其實不成問題。住了這麼多年，有感情了，就好像生於斯長於斯，沒什麼道理好講。當初只是憑直感，覺得這城市值得留戀。久而久之，由喜歡而留意，由留意而品味，由茶餘酒後的鑒賞而正兒八經的研究。

在北京居住十年後，我一時心血來潮，寫了則短文《「北京學」》，題目挺嚇人的，不過是打了引號的。大意是說，近年北京古籍出版社刊印的明清文人關於北京史地風物的書不好銷，而京味小說、舊京照片、胡同遊、北京縮微景觀等卻很受歡迎。可見「北京熱」主

3　周作人：《北平的好壞》，見《周作人自編文集·瓜豆集》，77頁，石家莊，河北教育出版社，2002。

要局限於旅遊業和文學圈，學界對此不太關心。為什麼？很可能是因為北京學者大都眼界開闊，更願意站在天安門，放眼全世界。上海學者關注上海的歷史與文化，廣州學者也對嶺南文化情有獨鍾，而北京學者更希望談論的是中國與世界，因此，有意無意間，遺漏了腳下同樣精彩紛呈的北京城。

常聽北京人說，這北京，可不是一般的大城市，是中華人民共和國的首都。這種深入骨髓的首都（以前叫「帝京」）意識，凸顯了北京人政治上的唯我獨尊，可也削弱了這座城市經濟上和文化上的競爭力。首都的政治定性，壓倒了北京城市功能及風貌的展示，世人喜歡從國家命運的大處著眼，而忘記了北京同時還應該是一座極具魅力的現代大都市，實在有點可惜。對於自己長期生活的城市沒有強烈的認同感，這可不是好事情。上海學者研究上海，那是天經地義；北京學者研究北京，則似乎是地方課題，缺乏普遍意義，低一檔次。其實，作為曾經是或即將成為的國際性大都市，北京值得學者、尤其是中國學者認真對待。不管是歷史考古、文學想像還是現實規劃，北京都不是可有可無的小題目。

文章發表後，不斷有人催問，希望拜讀我的「北京學」研究成果。說來慚愧，雖然一直在收集資料，不過有一搭，沒一搭，並未真正用心。像這樣的大題目，三心二意是做不好的。原來的計劃是，退休以後，假如還住在北京，那時我才全力以赴。之所以改變主意，現在就談北京，一是由於學生的再三催促；二是明白自己其實只能打敲邊鼓，當當啦啦隊；三是北京變化太快，曾經讓許多文化人夢魂縈繞的「老北京」，很快就會從地平線上消失。與其日後整天泡圖書館、博物館閱讀相關圖像與文字，不如邀請年輕的朋友提前進入現場，獲得若干鮮活的感覺，即便日後不專門從事北京研究，起碼也保留一份溫馨的記憶。

二　作為旅遊手冊的北京

在當今中國，北京作為政治中心、文化中心的地位，一時還沒有受到嚴峻的挑戰。其實，北京的優勢還在於其旅遊資源極為豐厚——這可不只是面子問題，更直接牽涉文化形象與經濟實力。談論北京，不妨就從這最為世俗而又最具魅力的側面說起。

對於一個觀光城市來說，旅遊手冊的編撰至關重要，因那是城市的名片，決定了潛在遊客的第一印象。對於初到北京的人來說，街頭以及書店裡隨處擺放著的中外文旅遊手冊，制約著其閱讀北京的方式。所謂「酒香不怕巷子深」，這種不合時宜的思路，在商品經濟時代，幾無立足之地。廣而告之，深恐「養在深閨人不識」，這種推銷方式，不要說旅遊局，就連各級政府官員，也都駕輕就熟。現在全都明白過來了，發展號稱「綠色經濟」的旅遊業，需要大造聲勢。同樣是做廣告，也有高低雅俗之分。所謂「雅」，不是文縐縐，而是切合對象的身份。諸位上街看看，關於北京的眾多旅遊讀物，有與這座歷史文化底蘊十分深厚的國際性大都市相匹配的嗎？不要小看這些實用性讀物，此乃一城市文化品位的標誌。

這些年，利用開會或講學的機會，拜訪過不少國外的著名城市。只要稍有閒暇，我都會像在圖書館讀書一樣，認真閱讀一座座充滿生機與活力的城市。轉化成時尚術語，便是將城市作為「文本」來解讀。用腳，用眼，用鼻子和舌頭，感覺一座城市，了解其歷史與文化、風土與人情，是一件沒有任何功利目的、純屬個人享受的業餘愛好。我相信，很多人有這種雅趣。不只是到處走走，看看，也希望通過閱讀相關資料，提高旅遊的「知識含量」。這時候，旅遊手冊的好壞，變得至關重要。

十年前，客居東京時，我對其歷史文化產生濃厚興趣，不時按圖

索驥，靠的是東京都歷史教育研究會集合眾多學者共同撰寫的《東京都歷史散步》（三冊，東京，山川出版社，1992）。去年七八月間，有幸在倫敦大學訪學，閒暇時，常踏勘這座旅遊業對國民生產總值貢獻率極高的國際性大都市。書店裡到處都是關於倫敦的書籍，少說也有近百種，真的是琳琅滿目。隨著對這座城市了解的日漸深入，顧客很可能從一般介紹過渡到專業著述；而這，盡可左挑右揀，「總有一款適合您」。在我所選購的幾種讀物中，最欣賞的當屬 Michael Leapman 主編的「目擊者旅行嚮導」叢書本《倫敦》（*London*, Dorling Kindersley Limited, 2000），因其含有大量歷史、宗教、建築、藝術等專門知識。儘管英文半通不通，依舊讀得津津有味，因此書編印得實在精彩。而且，日後好些活動，都是因為這一閱讀而引起。

不經意間，在手頭這冊精彩的《倫敦》封底，發現一行小字：Printed in China，不禁大發感慨，為什麼在北京就沒有見到過這樣既實用又有學問，還裝幀精美的旅遊書？當然，主要不在印刷品質，而在編纂水平。坦白地說，即便不說文化傳播，單從商業運營的角度，北京的「自我推銷」也說不上出色。國外大都市的旅遊手冊，你翻翻作者介紹，撰稿者不乏專家學者，且多有相關著述墊底。雖是大眾讀物，卻很有專業水平。但在中國，旅遊局不會請大學教授編寫旅遊手冊，而如果我寫出一本供旅遊者閱讀的關於北京的書，在大學裡很可能傳為笑柄。說句玩笑話，如果我當北京市旅遊局局長，第一件事，便是組織專家，編寫出幾種適應不同層次讀者需求的圖文並茂的旅遊手冊。我相信，這對於提高北京的文化形象以及遊客的觀賞水平，會大有幫助的。

單有大部頭的《北京通史》，或以文字為主的《北京名勝古蹟辭典》《北京文化綜覽》《古今北京》等，還遠遠不夠。因為以上著作，根本無法攜帶上路。而若干「生活手冊」，又未免過於直白，缺乏歷

史文化韻味。既要實用，又要有文化，將遊覽與求知結合起來，不是
輕而易舉的小事。一九九七年，北京燕山出版社重印馬芷庠編著、張
恨水審定的《北平旅行指南》（1935），讓你感到驚訝的是，這冊半個
多世紀前的舊書，還比今天的許多同類讀物精彩。沒有好東西，再吆
喝也沒用；而像北京這樣歷史文化底蘊極為豐厚的城市，沒能讓初見
者「驚豔」，實在不應該。之所以再三強調包括四合院在內的「歷史
文化」，而不是摩天大樓等現代建築，就因為作為至今仍煥發青春的
八百年古都，北京獨一無二的魅力在此。

　　日本學者木之內誠曾編著《上海歷史導遊地圖》（東京，大修館
書店，1999），借助「地圖編」與「解說編」，再加上野澤俊敬執筆的
「上海近代史年表」，將上海一百五十年歷史呈現給讀者。即便對於
像我這樣苛刻的專業研究者，此書仍很有用。需要查找晚清以降發生
在上海的某重要事件或學校、報館、醫院的所在地，此書能幫你手到
擒來。很慚愧，做這種書的，不是中國的學者和出版家；至於對象，
也不是歷史文化遺跡遠比上海豐富的北京。曾在不同場合煽風點火，
希望有人步木之內先生後塵，為北京編著「歷史導遊地圖」，可惜至
今沒人接這個茬兒。

　　容易與旅遊結盟的，一是歷史，二是文學。借旅遊觸摸歷史或感
悟文學，也算是當代都市人忙裡偷閒馳騁想像的一種技巧。見識過
「沈從文湘西之旅」或「老舍北京之旅」的計劃，再拜讀以下兩種書
籍，說不定能讓你茅塞頓開：原來文學竟如此有用！Ian Cunningham
編纂的《作家的倫敦》（*Writers' London, London*, Prion Books Ltd.,
2001），按倫敦街區的劃分，依次介紹曾經居住在此的著名作家，連
帶引錄若干短小的精彩篇章，讓旅遊者得以沿途吟詠。瑪律坎・布萊
德貝里（Malcolm Bradbury）的《文學地圖》（臺北，昭明出版社，
2000）則在「引言」裡稱，幾乎所有的文學作品都可能成為旅遊指

南。因此，此書採用活潑生動的筆調，「探索從中世紀以來，存在於
作家與作品，還有景物、城市、島嶼、大陸之間，許許多多不同的關
連。」「它著眼於文學中顯在或隱藏的地圖，無論是過去的或現在
的，現實的或想像的。作家與作品和地方與景物之間，存在密切的聯
結，而在小說的脈絡或文學的盛世中，我們可以捕捉到某個城鎮或地
區風貌。」從但丁的世界，喬叟時的英國，一直說到柏林牆倒塌後的
世界文學風貌，作者的野心夠大的。看看喬伊絲時的都柏林或者眾多
作家筆下的好萊塢，確實有趣。可更有趣的是，你可以讀到「孟買的
夢想家」，也可觀賞「日本：大地之靈的國度」，可就是找不到任何關
於中國文學的蹤跡。這樣也好，與其用五千字的篇幅來描述從屈原到
魯迅的中國文學（就好像談論日本文學之從《源氏物語》說起）——
還得兼及地圖的功能，真的不如暫時空缺。不過，你也得承認，這種
將文學史與旅遊指南結合起來的敘述方式，也算是一種有趣的嘗試。

三　作為鄉邦文獻的北京

　　常見這樣的報導，說某某人讀書很刻苦，居京二三十年，從沒去
過故宮、頤和園和八達嶺長城。自然科學家不好說，但如果是人文學
者或社會科學家，不說有問題，也是很遺憾。古人云，讀萬卷書，行
萬里路。連本地的名勝古蹟你都沒興趣，歷史感和想像力必定大打折
扣，心靈也容易流於乾枯。你可以邊走邊罵，這地方怎麼這麼髒這麼
亂，這樣陳列如何沒文化沒品味；但你還是得走，得看，得遊覽。一
句話，如果長住北京的話，你最好對這座城市的歷史與現狀感興趣。
作為現代都市人，我們目睹了大規模城市建設中眾多成功的考古發
掘，這固然激動人心，但並非每個人都能介入。因此，我更看重都市
裡私人性質的、「愛美的」（amateur）「田野調查」——用你的眼睛，

用你的腳步，用你的學識，用你的趣味，體會這座即將變得面目全非的城市。

不但到處走，到處看，最好還業餘做點研究，那樣的話，生活會變得更有趣些。有心人滿眼都是「風景」，到處都有值得訪問的「古蹟」——尤其在八百年古都北京，不難流連忘返。大規模的城市建設，已經讓很多古蹟銷聲匿跡，或者移步變形。現在看，還有點樣子；再過十年，只有到圖書館和博物館裡看展覽翻文獻了。最多也就在原址樹一小塊標誌牌，供有心人憑弔。在東京時，我走訪過芥川龍之介的出生地，那裡有一小牌；也查找過小林多喜二被關押並殺害的警察局，那裡也是同樣的標記。二者都在高樓底下，馬路旁邊，如不是特意留心，且有書籍指引，根本看不出來。好不容易在東京大學見到比較像樣的「朱舜水終焉之地」碑，周圍還算寬敞，可以從容瞻仰；可仔細一看，此碑也是移動過的。不用說，全都是為高樓讓路。

諸位還年輕，精力旺盛，週末騎車在北京城到處走走，挺有意思的。當然，最好別張揚，一張揚，有炫耀雅趣的嫌疑，那可就有點「酸」了。缺乏實用價值的「尋幽探勝」，乃古來中國文人的同好，既不值得誇耀，也沒必要嘲笑。讀有關北京的詩文筆記等，你會發現，希望親手觸摸這座古都的脈搏，明清文人如此，五四以後的新文化人也不例外。而且，這種興之所至的觸摸，很容易一轉就變成專深的學問。

清代學者對鄉邦文獻的搜集整理極為熱心，成績也很大，影響及於整個學術潮流。梁啟超在《中國近三百年學術史》第十五章裡，提及清人之大規模網羅遺佚，往往從鄉邦文獻入手。魯迅《會稽郡故書雜集》之「敘述名德，著其賢能，記注陵泉，傳其曲實」，走的也是這條路。輯佚只是初步的工作，就像梁啟超說的，此舉利用世人恭敬鄉梓的心理，通過表彰鄉邦先賢的人格與學術，以養成一地的風氣；

而地方風氣的養成，甚至可能催生某一學派。這一點，討論明清學術史的多有涉及。

現代社會流動性大，籍貫不像以前那麼重要，反而是長期居住地，這第二甚至第三故鄉，潛移默化地影響著你的生活和思想。周作人《故鄉的野菜》中有一段話，很得我心：「我的故鄉不止一個，凡我住過的地方都是故鄉。故鄉對於我並沒有什麼特別的情分，只因釣於斯游於斯的關係，朝夕會面，遂成相識，正如鄉村裡的鄰舍一樣，雖然不是親戚，別後有時也要想念到他。我在浙東住過十幾年，南京東京都住過六年，這都是我的故鄉；現在住在北京，於是北京就成了我的家鄉了。」[4]周氏時常評述紹興先賢的撰述，但也有不少談論北京的文字，如《北京的茶食》《北平的春天》等。

談論北京，並非「老北京」的專利。舉例來說，鄧雲鄉祖籍雖非北京，但祖上三代已在京居住，撰寫《增補燕京鄉土記》《文化古城舊事》，似在情理之中；而編纂《北京史蹟風土叢書》《清代燕都梨園史料》的張次溪，卻是道地的廣東東莞人。對故鄉以及第二故鄉的熱愛，加上文史方面的濃厚興趣，很容易誘使你關注北京的史地風物乃至詩詞歌賦。等到有一天你發現自己竟然在意北京的一顰一笑，甚至熱衷於傳播你對這座城市的「獨特感受」，那就證明你已經入迷了。對於真正的「北京迷」來說，當然是「英雄不問出處」。

假如你不只是入迷，還想加入關於北京的想像與表述，那麼，不妨翻閱前人描述或談論北京的文字與圖像。關於這方面的史料，可參考王燦熾編《北京史地風物書錄》，此書收錄有關北京的書目六千三百餘種，截止日期是一九八一年年底。凡編年譜、全集、書目者，都

4　周作人：《故鄉的野菜》，見《周作人自編文集・知堂文集》，97頁，石家莊，河北教育出版社，2002。

容易失之於泛，這書也不例外。連《大清會典》《中華民國開國史》都收，那樣的話，很容易將「都市研究」混同於中國歷史。二十年後的今天，此書依然有用，只是規模應該大為擴展。

許多人可能會覺得，只是關心北京，眼界未免有點狹窄。因此，更願意談論國家大事乃至世界風雲。可我更願意承認，在家庭與國族之間，還有一個與你日常生活密切相關，深刻地影響著你的喜怒哀樂的「本地風光」。說「鄉邦文獻」，更多地是為了遷就過去的思路；說「都市研究」，又有點趕時髦的嫌疑；就其強調「本埠新聞」與「在地經驗」，挑戰傳統的一元化知識觀和科學觀，以及突出包含權利、義務、情感、趣味的「文化認同」而言，我的想法更接近文化人類學意義上的「地方性知識」。

四　作為歷史記憶的北京

感慨「北京學」之不受重視，說的不是新聞界，也不是文學界，而是史學家。「旅遊熱」裡的北京，比如胡同遊、風味小吃，比如保護四合院、重建城牆，還有老舍茶館的曲藝、正乙祠的京劇，以及電視臺之推介名勝古蹟、出版界的展示「舊京大觀」等。諸如此類的活動，當然也有專家介入，但學院派似乎不肯再往前走一步，將其轉化為學術課題。

二〇〇〇年江蘇美術出版社順應懷古思潮，推出《老城市》系列，其中《老北京》一冊被指責為硬傷多多[5]。出版社很聰明，馬上發表公開信，感謝批評，並稱正抓緊修訂，將與第二部、第三部合成三部曲一併推出，相信「會讓讀者更加滿意的」。也就是說，以下的

5　危兆蓋：《〈老北京〉硬傷舉例》，載《中華讀書報》，1999-04-14。

更精彩，更值得選購——由檢討一轉而成了廣告，實在妙不可言。其實，問題出在作品的定位上：「這套書的文字和說明應該是鮮活的、生動有趣的，通俗易懂的而又散文化的。」[6]這似乎是通例，出版社都更願意將詮釋都市的責任交給文學家，而不是史學家。倘若用的是文學筆法，又不肯下史學的工夫，其談論歷史悠久的「老城市」，很容易華而不實。

北京作為城市研究具有巨大的潛力。西安作為古都，上海作為新城，都有其獨特的魅力，可北京橫跨古今，更值得深入研究。二十世紀八〇年代以來，美國加州大學等學術機構通力合作，使得「上海」成為歐美漢學界的熱門話題。上海開埠百餘年，其「西學東漸」的足跡十分明顯，歷史線索清晰，理論框架也比較容易建立。可對於中國的現代化進程來說，上海其實是個特例。相對來說，作為古老中國的帝都，加上又是內陸城市，北京的轉型更為痛苦，其發展的路徑也更加曲折，很難套用現成的理論。讀讀西方關於城市研究的著述，你會感到很受啟發，可用來研究北京，又總有些不太適用——在我看來，這正是北京研究的潛力所在。「北京學」必須自己摸索，因而更有理論創新的餘地——這裡所說的，乃理想的境界。

我所關注的「北京學」，不是古已有之的南北學術歧異，或者二十世紀蔚為大觀的京派海派之爭；也不是柯文《在中國發現歷史》中所描述的美國學界七〇年代以後崛起的「中國中心取向」的第二個特點：「以區域、省份或是地方為中心」展開考察與論述。[7]關於京派小說的藝術成就，或中國現代化的區域研究，目前在國內外已有不少研究成果。我更關心的是作為「都市想像」的北京。

---

6 江蘇美術出版社《老城市》叢書編委員：《關於〈《老北京》硬傷舉例〉——致危兆蓋同志信》，載《中華讀書報》，1999-04-28。

7 〔美〕柯文：《在中國發現歷史》，林同奇譯，142-152頁，北京，中華書局，1989。

　　都市研究可以注重歷史地理，比如侯仁之先生的眾多研究成果[8]，也可以側重城市規劃與建築設計，社會與人口變遷等。侯先生大名鼎鼎，不用我多說，這裡想推薦的是兩部相對年輕學者的著述，一是史明正的《走向近代化的北京城——城市建設與社會變革》[9]，討論二十世紀前三十年北京的街道鋪設、排污管道、供水照明交通等市政建設方面的問題；一是韓光輝的《北京歷史人口地理》[10]，討論從遼代到二十世紀四〇年代北京的戶籍制度、人口規模、人口增長過程與人口控制等。此類專業著述目前數量不多，據說北京出版社有志於此，準備以「北京學書系」的形式，陸續推出文史方面的撰述，走出純粹的文獻整理與懷古感慨。

　　北京是個有歷史、有個性、有魅力的古老城市，正迅速地恢復青春與活力，總有一天會成為像倫敦、巴黎、紐約、東京那樣的國際性大都市。觀察其轉型與崛起，是個很有趣味的課題。施堅雅在《中華帝國晚期的城市》裡說，中世紀的長安、開封、杭州，都曾是世界最大城市，南京和北京也都有此光榮。「南京在明太祖改建後的十年左右，趕上開羅成為世界最大城市，至十五世紀某一時期為北京所接替。除了十七世紀短時間內亞格拉、君士坦丁堡和德里曾向它的居首地位挑戰外，北京一直是世界最大的城市，直到一八〇〇年前後才被倫敦超過。」[11]城市不是越大越好，私心希望北京成為像倫敦、巴黎那樣適合於人類居住而又能吸引大量遊客的「歷史文化名城」——首

8　侯仁之主編：《北京歷史地圖集》，北京，北京出版社，1988；侯仁之：《侯仁之文集》，第二部分「城市歷史地理研究」，北京，北京大學出版社，1998。

9　史明正：《走向近代化的北京城——城市建設與社會變革》，北京，北京大學出版社，1995。

10　韓光輝：《北京歷史人口地理》，北京，北京大學出版社，1996。

11　〔美〕施堅雅主編：《中華帝國晚期的城市》，葉光庭等譯，32頁，北京，中華書局，2000。

先是對於本地民眾的精神與物質需求的滿足程度,而後才是對於投資者與觀光客的吸引力。施堅雅此書二○○○年才由中華書局出版中譯本,整整遲到了二十年。可這也有好處,那就是我們有了觀察的距離與評判的能力,對其熱衷於使用計量方法,突出城市研究的社會性與經濟性,而相對忽略城市的人文性,會有所反省。

近年翻譯出版的西方關於城市研究的著作,主要集中在建築方面,比如我手頭有的意大利學者 L・貝納沃羅的《世界城市史》[12],以及美國學者凱文・林奇的《城市意象》和《城市形態》[13]。建築作為凝固的歷史,可以給我們提供很多有用的信息。解讀古老的教堂(宗教)、宮殿(政治)、城堡(軍事)、市場(經濟)、學校(文化),以及連接外部世界的港口與橋梁,確實能讓我們貼近歷史;可倘若沒有「舊時王謝堂前燕,飛入尋常百姓家」這樣物是人非的淒婉故事,單是一堆石頭,無法激起讀者強烈的好奇心與想像力。也許是出於私心,我希望將建築的空間想像、地理的歷史溯源,與文學創作或故事傳說結合起來,藉以呈現更具靈性、更為錯綜複雜的城市景觀。若陳學霖的《劉伯溫與哪吒城——北京建城的傳說》之以史家學養處理一則表面看來荒誕無稽的傳說,將民俗學、人類學、社會學和宗教學等眼光重迭起來,雖然結論「傳說所見大小傳統的交融」並沒多大震撼力,但其選材之巧妙,以及步步為營的論證,還是很令人愉悅。[14]

---

12 〔意〕L・貝納沃羅:《世界城市史》,薛鍾靈等譯,北京,科學出版社,2000。

13 〔美〕凱文・林奇:《城市意象》,方益萍、何曉軍譯,北京,華夏出版社,2001;《城市形態》,林慶怡等譯,北京,華夏出版社,2001。

14 陳學霖:《劉伯溫與哪吒城——北京建城的傳說》,臺北,東大圖書公司,1996。

五　作為文學想像的北京

　　討論北京人口增長的曲線，或者供水及排污系統的設計，非我所長，估計也不是諸位的興趣所在。我的興趣是，像本雅明所描述的「遊手好閒者」那樣，在擁擠的人群中漫步，觀察這座城市及其所代表的意識形態，在平淡的日常生活中保留想像與質疑的權利。偶而有空，則品鑒歷史，收藏記憶，發掘傳統，體驗精神，甚至做夢、寫詩。

　　略微了解北京作為都市研究的各個側面，最後還是希望落實在「歷史記憶」與「文學想像」上。其實，歷史記憶很大程度必須依賴文學作品，比如，談論早期北京史的，多喜歡引用荊軻的「風蕭蕭兮易水寒，壯士一去兮不復還」，或者陳子昂的「前不見古人，後不見來者，念天地之悠悠，獨愴然而涕下」。對於非專業的讀者來說，荊、陳二詩的知名度與影響力，一點也不比曾發生在這片土地上的眾多波瀾壯闊的歷史事件弱。因此，閱讀歷代關於北京的詩文，乃是借文學想像建構都市歷史的一種有效手段。

　　清人編《人海詩區》，分都城、宮殿、苑囿、驛館、園亭、坊市、寺觀、歲時、風俗十六類，收錄從南北朝到清初的詩作近兩千首，給今人的閱讀提供了很大方便。一九四〇年著名藏書家傅增湘見到此書稿後，撰有一跋，稱「余謂錄燕京之詩，宜以燕地建都之時為斷」「若遠溯晉唐，似於名實未符」。我同意這一見解，做歷史地理的考辨，可以而且必須從燕國說起；但如果討論都市想像，則高適、蘇轍、汪元量等，其實都幫不上什麼忙。因為，直到一一五三年金中都建成，海陵王下詔遷都，北京方才正式成為一代王朝的首都，並一直沿續到元、明、清三代。一四〇三年明成祖朱棣改北平為北京，此後作為都城的北京發展神速，很快取代南京而成為其時中國乃至世界上首屈一指的大都市。

　　我關注的是成為世界性大都市以後的北京之「文學形象」。原因是，討論都市的文學想像，只憑幾首詩是遠遠不夠的。我們能找到金代的若干詩文以及寺院遺址，也知道關漢卿等雜劇名家生活在元大都，但此類資料甚少，很難藉以復原其時的都市生活場景。而十五世紀起，情況大為改觀，詩文、筆記、史傳，相關文字及實物資料都很豐富。從「公安三袁」的旅京詩文、劉侗等的《帝京景物略》，一直到二十世紀的《駱駝祥子》《春明外史》《北京人》《茶館》等小說戲劇，以及周作人、蕭乾、鄧雲鄉關於北京的散文隨筆，乃至二十世紀八〇年代後重新崛起的京派文學，關於北京的文學表述幾乎俯拾即是。成為國都的八百年間，北京留存下大量文學及文化史料，對於今人馳騁想像，是個絕好的寶庫。這一點，正是北京之所以不同於香港、上海、廣州的地方。作為一座城市，地層過於複雜，意蘊特別深厚，隨便挖一鋤頭都可能「破壞文物」，容易養成守舊心理，不利於時下流行的「與世界接軌」；但從長遠來看，此乃真正意義上的「無形資產」，值得北京人格外珍惜。

　　了解都市研究的一般狀態，進入我們的正題「文學北京」，你會發現許多有趣的話題。比如王士禎的遊走書肆，宣南詩社的詩酒唱和；西郊園林的江南想像，廠甸的新春百態；沙灘紅樓大學生們的新鮮記憶，來今雨軒裡騷人墨客的悠然自得；還有二十世紀三〇年代的時尚話題「北平一顧」，六〇年代唱遍大江南北的紅色歌曲「我愛北京天安門」……所有這些，都在茶館裡的縷縷幽香中，慢慢升騰。

　　臺灣學者逯耀東有一奇文《素書樓主人的寫作環境》[15]，說的是史學家錢穆的寫作與其生存空間的關係。因錢穆《朱子新學案》最後

---

15 逯耀東：《素書樓主人的寫作環境》，見《胡適與當代史學家》，臺北，東大圖書公司，1998。

一章提及「朱子出則有山水之興，居復有卜築之趣」，作者於是追問「更喜一襲長衫徜徉於山水間」的錢先生，是如何經營自家的寫作環境的。其實，比起學者來，文學家的創作，無疑更受周圍環境的影響。對於文學家來說，所謂「寫作環境」，絕不僅僅是書房外的風景，或深巷裡的市聲，更包括其躑躅街頭、遙望城樓、混跡市井等生活閱歷。

　　幾年前在布拉格遊覽，見卡夫卡紀念館裡出售《卡夫卡與布拉格》，以為是旅遊介紹，後才發現是很嚴肅的學術專著。我相信，極少有遊客對這四五百頁的專業著述感興趣，回過味來，反而欽佩起紀念館的眼光。去年在倫敦參觀狄更斯紀念館，更是讓我驚訝不已，那裡同時出售三種出自不同作者手的《狄更斯與倫敦》。這才明白，探討作家與其生存的城市之關係，原來可以如此「雅俗共賞」。在漢學研究範圍內，我只記得二〇〇〇年在東京開過一次「中國作家的東京體驗」專題研討會，會後還出版過集子。

　　其實，討論文學與城市的關係，除了作家的生活體驗，還有思潮的崛起、文體的變異、作品生產及傳播機制的形成、擬想讀者的制約等，所有這些，美國加州大學出版社一九九八年出版的 Richard Lehan 所著《文學中的城市》（The City in Literature），均多少有所涉及。該書將「文學想像」作為城市存在的利弊得失之「編年史」來閱讀，從「啟蒙時代的倫敦」，一直說到「後現代的洛杉磯」，既涉及物質城市的發展，更注重文學表現的變遷。作為現代都市人，我們在閱讀關於城市生活的文學作品中成長；正是這一對城市歷史的追憶或反省，使我們明白，城市的歷史和文學文本的歷史，二者之間不可分割。作者討論啟蒙運動以降西方文學史上的城市，側重小說中的人物及其寓意的分析，也關注生產方式的改變對於文學潮流與文學形式的深刻影響。但因太受「文學」二字拘牽，毫不涉及對於都市想像來說

同樣至關重要的繪畫、建築、新聞、出版、戲劇等（即便作為參照係），其筆下的城市形象未免太「單面向」了。另外，相對於精彩的城市功能抽象分析，「文學城市」倫敦、巴黎、紐約等的獨特魅力沒能得到充分的展現，實在有點可惜。

漢語世界裡關於都市與文學的著作，我最欣賞的，當屬趙園的《北京：城與人》和李歐梵的《上海摩登——一種新都市文化在中國，1930-1945》。不僅僅是北京、上海這兩座城市的魅力，更由於兩位作者的獨具慧眼。前者一九九一年便由上海人民出版社印行，只是當初讀者寥寥，且常被誤歸入地理或建築類。趙書談論的，基本上還只限於城市文學；李書視野更為開闊，以都市文化為題，涉及百貨大樓、咖啡廳、公園、電影院等有形的建築，以及由此帶來的文人生活方式及審美趣味的改變，更討論印刷文化與現代性建構、影像與文字、身體與城市等一系列極為有趣而複雜的問題。

六　作為研究方法的北京

借用城市考古的眼光，談論「文學北京」，乃是基於溝通時間與空間、物質文化與精神文化、口頭傳說與書面記載、歷史地理與文學想像，在某種程度上重現八百年古都風韻的設想。不僅於此，關注無數文人雅士用文字壘起來的都市風情，在我，主要還是希望藉此重構中國文學史圖景。

談論中國的「都市文學」，學界一般傾向於從二十世紀說起；可假如著眼點是「文學中的都市」，則又另當別論。在《〈十二個〉後記》中，魯迅稱俄國詩人勃洛克為「現代都會詩人的第一人」：「他之為都會詩人的特色，是在用空想，即詩底幻想的眼，照見都會中的日常生活，將那朦朧的印象，加以象徵化。將精氣吹入所描寫的事象

裡，使它蘇生；也就是在庸俗的生活，塵囂的市街中，發見詩歌底要素。」至於中國，魯迅說得很肯定：「中國沒有這樣的都會詩人。我們有館閣詩人，山林詩人，花月詩人……沒有都會詩人。」[16]

周作人或許不這麼看，因其在《陶庵夢憶序》中，已經給張岱奉上「都會詩人」的桂冠：「張宗子是個都會詩人，他所注意的是人事而非天然，山水不過是他所寫的生活的背景。」[17]對鮮衣美食、華燈煙火、梨園鼓吹、花鳥古董等民俗文化和都市風情有特殊興趣的張岱，確實與傳統中國文人對於山水田園的誇耀大異其趣。假如我們不將都市詩人與現代主義直接掛鈎，那麼，周作人的意見未嘗沒有道理。

再進一步推論，考古學意義上的都市，幾乎與文明同步；文學家對於都市的想像，當然也應十分久遠。為何歷史學家與經濟學家所津津樂道的都市，在文學史家那裡基本缺席？並非古來中國文人缺乏對於都市的想像，而是此等文字一般不被看好。

一部中國文學史，就其對於現實人生的態度而言，約略可分為三種傾向：第一，感時與憂國，以屈原、杜甫、魯迅為代表，傾向於儒家理想，作品注重政治寄託，以宮闕或鄉村為主要場景；第二，隱逸與超越，以陶潛、王維、沈從文為代表，欣賞道家觀念，作品突出抒情與寫意，以山水或田園為主要場景；第三，現世與欲望，以柳永、張岱、老舍為代表，兼及諸子百家，突出民俗與趣味，以市井或街巷為主要場景。如此三分，只求大意，很難完全坐實，更不代表對具體作家的褒貶。如果暫時接受此三分天下的假設，你很容易發現，前兩者所得到的掌聲，遠遠超過第三者。

王佐良《並非舞文弄墨──英國散文名篇新選》選了小品文大家

---

16 魯迅：《〈十二個〉後記》，見《魯迅全集》，7卷，299頁。

17 周作人：《陶庵夢憶序》，見《周作人自編文集・苦雨齋序跋文》，114頁，石家莊：河北教育出版社，2002。

蘭姆一八〇一年致湖畔詩人華茲華斯的信，開頭便是：「我的日子是全在倫敦過的，愛上了許多本地東西，愛得強烈，恐非你們這些山人同死的大自然的關係可比。」而在中國，很長時間裡，文人不願意承認自己對於都市生活的迷戀，在城鄉對立的論述框架中，代表善與美的，基本上都是寧靜的鄉村。

　　一直到二十世紀，現當代文學史上的諸多大作家，乃至近在眼前的第五代電影導演，對鄉村生活的理解與詮釋，都遠遠超過其都市想像。這裡有中國城市化進程相對滯後的緣故，但更緣於意識形態的引導。很長時間裡，基於對商人階層以及市井百姓的蔑視，談論古代城市時，主要關注其政治和文化功能，而相對忽略了超越職業、地位乃至種族與性別的都市裡的日常生活。歷史上中國的諸多城市（如所謂「六大古都」，還有揚州、蘇州等）都曾引領風騷，並留下數量相當可觀的詩文筆記等。可惜文學史家很少從都市文學想像角度立論，而更多地關注讀書人的懷才不遇或仕途得志。

　　都市裡確實存在著宮殿或衙門，讀書人的上京或入城，確實也主要是為了追求功名。可這不等於五彩紛呈的都市生活，可以縮寫為「仕途」二字。明人屠隆《在京與友人書》中極力醜化「風起飛塵滿衢陌，歸來下馬，兩鼻孔黑如煙突」的燕京，對比沒有官場羈絆的東南佳山水，感歎江村沙上散步「絕勝長安騎馬沖泥也」。這裡有寫實──比如南人不喜歡北地生活；但更多的是抒懷──表達文人的孤傲與清高。歷代文人對於都城的「厭惡」有真有假，能有機會「致君堯舜上，再使風俗淳」，而心甘情願地選擇「採菊東籬下，悠然見南山」的，為數不是很多。更吸引人的，其實還是陸游所描述的「小樓一夜聽春雨，深巷明朝賣杏花」。晚清以前，中國農村與城市的生活品質相差不大，特別是戰亂年代，鄉村的悠閒與安寧更值得懷念。但總的說來，都市經濟及文化生活的繁榮，對於讀書人來說，還是很有

吸引力的。「大隱隱朝市」，住在都市而懷想田園風光，那才是最佳選擇。基於佛道二家空寂與超越的生活理想，再加上山水田園詩的審美趣味，還有不無反抗意味的隱士傳統，這三者融合，決定了歷代中國文人雖然不乏久居都市者，一旦落筆為文，還是傾向於揚鄉村而抑都市。

朝野對舉的論述框架，既可解讀為官府與民間的分野，也隱含著城市與鄉村、市井與文人的對立。引進都市生活場景，很可能會使原先的理論設計複雜化。比如，唐人的曲江遊宴，宋人的瓦舍說書，明人的秦淮風月，清人的宣南唱和，都很難簡化為純粹的政治符號。

同樣遠離作為審美理想的「山林氣」，官場的污濁與市井的清新，幾不可同日而語。隨著學界的視野及趣味逐漸從士大夫轉移到庶民，都市生活的豐富多彩會日益吸引我們；對中國文學的想像，也可能因此而發生變化。以都市氣象來解讀漢賦的大氣磅礴，以市井風情來詮釋宋詞之別是一家，以市民心態來評說明人小說的享樂與放縱，應該不算是領異標新。除了關注城市生活中的文人情懷，比如《桃花扇》裡風月無邊的秦淮河，或者《儒林外史》之以隱居鄉村的王冕開篇，以市井四奇人落幕；更希望凸顯作為主角的都市，以及其催生新體式、新風格、新潮流的巨大魔力。

這方面的著作，我能推薦的，一是日本學者石田幹之助的《長安之春》[18]，一是已譯成漢語的法國學者謝和耐的《蒙元入侵前夜的中國日常生活》[19]。前者借助唐詩及唐人文章，描述唐代長安春天百花鬥豔、令人心曠神怡的景象；後者則以《夢粱錄》《武林舊事》《都城紀勝》等筆記為主要素材，構建南宋都城杭州的日常生活。對於歷史

---

18 〔日〕石田幹之助：《長安之春》，東京，平凡社，1967。
19 〔法〕謝和耐：《蒙元入侵前夜的中國日常生活》，劉東譯，南京，江蘇人民出版社，1995。

學家來說，帝都北京固然好看，市井北京或許更值得認真開掘。在這個意義上，上述二書不無參考價值。

假如有朝一日，我們對歷代主要都市的日常生活場景「瞭若指掌」，那時，再來討論詩人的聚會與唱和、文學的生產與知識的傳播，以及經典的確立與趣味的轉移，我相信會有不同於往昔的結論。起碼關於中國文學史的敘述，不會像以前那樣過於注重鄉村與田園，而蔑視都城與市井。

二〇〇二年二月二十六日於京北西三旗

作者說明：我為北京大學中文系的研究生開設一選修課，題為「北京文化研究」。此文乃依據二〇〇一年九月十二日的「開場白」整理而成。完稿之日，恰逢元宵佳節，家居京城北郊，不在禁放之列，於是鞭炮震耳聾，禮花迷人眼，好一派都市風光。鈔兩首乾隆年間楊米人所撰《都門竹枝詞》助興：「雪亮玻璃窗洞圓，香花爆竹霸王鞭。太平鼓打冬冬響，紅線穿成壓歲錢」；「燈市元宵百樣燈，燒來火判焰騰騰。黃鸝紫燕全無影，三月街頭早賣冰」。

北京記憶與記憶北京[*]
——《北京：都市想像與文化記憶》序

一　在「記憶」與「忘卻」之間

　　作為名詞的記憶，乃是保留在腦海裡的關於過去事物的印象；作為動詞的記憶，則是追想、懷念、記住某人與某事。當你說「昔遊再到，記憶宛然」時，指的是前者；當你說「醒來記憶，譜入管絃」時，指的則是後者。所有曾遊歷過或居住在北京的人們，都有關於這座城市的或濃或淡或深或淺的記憶；但並非每個人都能將這種自然生成的零散漂浮的印象，變成一種自覺的文化活動。將「記憶」從名詞轉為動詞，意味著一個人物、一件史事或一座城市有可能從此獲得新生。

　　不妨借用魯迅的兩篇文章，闡發「記憶」之如何成為重要的文化生產與創作動力。在《憶韋素園君》中，魯迅用文學化的語言，談論其對於往事以及故人的記憶：

> 　　我也還有記憶的，但是，零落得很。我自己覺得我的記憶好像被刀刮過了的魚鱗，有些還留在身體上，有些是掉在水裡了，將水一攪，有幾片還會翻騰，閃爍，然而中間混著血絲，連我自己也怕得因此污了賞鑒家的眼目。[1]

---

* 本文初刊《北京社會科學》，2005（1）。
1　魯迅：《憶韋素園君》，見《魯迅全集》，6卷，63頁。

除了對「賞鑒家」的譏諷別有幽懷外,「零落得很」的記憶,乃是人間常態。至於「像被刀刮過了的魚鱗」,如此比喻,妙不可言。

所有對於往事的記憶,必定都是殘缺不全,有因時間侵蝕而斷裂,也有因人為破壞而損耗。面對往日生活的破碎印象,必須有足夠的想像力與理解力,方能很好地復原那些遠去了的歷史場景,並對其作出準確的價值評判。殘片很美,也頗能打動我們;可更美妙的,還是如何將殘片連綴成文。文學家和學問家的努力,就是搜尋失落的中間環節,填補諸多空白,呈現一個相對完整的已經消逝了的世界,並發掘其深藏的意義。

像《朝花夕拾》那樣的散文,不用說,是「從記憶中抄出來的」[2];可就連小說,也在某種程度上得益於對往日生活的追憶。這一點,《〈吶喊〉自序》說得很清楚:

> 所謂回憶者,雖說可以使人歡欣,有時也不免使人寂寞,使精神的絲縷還牽著已逝的寂寞的時光,又有什麼意味呢,而我偏苦於不能全忘卻,這不能全忘的一部分,到現在便成了《吶喊》的來由。[3]

其實,文學史以及文化史上的諸多名篇,都是建立在對於往事的精彩記憶,以及對於記憶的深度闡發上。在這過程中,由於回憶者的文化立場以及審美趣味,可能會污染證據,也可能會誤入歧途,更可能過度詮釋;但無論如何,人類無法抵禦回憶往事的巨大誘惑。

哈佛大學教授斯蒂芬・歐文(即宇文所安)在論述「中國古典文學中的往事再現」時,有這樣的說法:

2　魯迅:《〈朝花夕拾〉小引》,見《魯迅全集》,2卷,230頁。

3　魯迅:《〈吶喊〉自序》,見《魯迅全集》,1卷,415頁。

> 如果說，在西方傳統裡，人們的注意力集中在意義和真實上，
> 那麼，在中國傳統中，與它們大致相等的，是往事所起的作用
> 和擁有的力量。[4]

西方我不敢說，但要說古代中國人對於再現往事的興趣，以及對於追憶這一行為的敬重，那我信。人類無法進入「時間隧道」，去修補不盡如人意的歷史；但回憶往事的誘惑，卻實實在在地存在。

說國人常常沉湎於對往事的記憶，其實不太恰當。不錯，中國有十分豐富的歷史著述，也不乏召喚往事的詩文；但另一方面，在現實生活中，中國人又很健忘——尤其是對於那些慘痛的往事。

作為動詞的「記憶」，構成了人類重要的生活方式，其直接對應物，則是有意無意的「忘卻」。在魯迅筆下，「記憶」與「忘卻」之間的巨大張力，幾乎構成了一部現代史。對中國人之「記性不佳」，擅長忘卻，魯迅很是痛心疾首：

> 人們因為能忘卻，所以自己能漸漸地脫離了受過的苦痛，也因為能忘卻，所以往往照樣地再犯前人的錯誤。[5]

國人常說「前車之鑒」，可實際上，對那些過於慘烈的往事，往往不堪回首。戰死在黃花崗頭的烈士，先是被當作茶餘酒後的談資，接著，便被尋求歡樂的人們所忘卻。因為，「久受壓制的人們，被壓制時只能忍苦，幸而解放了便只知道作樂，悲壯劇是不能久留在記憶裡的」。[6]讀讀魯迅那些飽蘸血淚撰寫的文章，比如《紀念劉和珍君》

4　〔美〕斯蒂芬·歐文：《追憶》，鄭學勤譯，2頁，上海，上海古籍出版社，1990。

5　魯迅：《娜拉走後怎樣》，見《魯迅全集》，1卷，162頁。

6　魯迅：《黃花節的雜感》，見《魯迅全集》，3卷，409頁。

《為了忘卻的紀念》《白莽作〈孩兒塔〉序》等，你能理解作者的悲憤之情。與「遺忘」抗爭，不斷回憶並努力發掘那些被統治者刻意抹煞的歷史印記，在任何時代都是悲壯的舉動。

追憶往事，並不僅僅是為今日的決策提供某種借鑒；那樣的思路，實在太狹隘，且乏味得很。你會為往事所感動，也能從中獲得啟示，但就像歐文所強調的：「古代的東西並不是可以任意擺布的工具，它們是價值的具體體現」「如果僅僅把過去應用於現在，我們就永遠掌握不了完整的過去和有生命的過去」。[7]即使我們目不轉睛，即便我們萬分虔誠，依然無法完全擺脫以今人的眼光和趣味去剪裁歷史，如果再添上「借古諷今」的創作意圖，焉能不處處陷阱？其實，我們只能記憶我們願意記憶的——外在的限制以及內心的恐懼，使得我們所談論的文明史——包括北京城，永遠只能殘缺不全。

就拿北京城來說，經由一代代作家及學者不懈的努力，其形象正日漸清晰，其魅力也正日漸呈現。追憶往事，抗拒遺忘，盡可能多地呈現豐富複雜的歷史面相，這就是我所說的由自發的「北京記憶」，轉向自覺的「記憶北京」。

二 城市歷史與文學想像

二十年前，作家蕭乾在《人民日報》上發表文章，稱「該有座北京市的博物館了」。為什麼？理由很簡單：

> 今天，年輕的市民連城牆也未必見過。他們可知道民國初年街上點的是什麼路燈？居民怎麼買井水？糞便如何處理？花市、

---

7 〔美〕斯蒂芬‧歐文：《追憶》，鄭學勤譯，17-19頁。

　　豬羊市、騾馬市，當年是個什麼樣子？東四、西單還有牌樓？

　　至於老北京的民俗，比如婚喪禮儀、還有雍和宮的「打鬼」，國子監的祭孔，以及一年到頭舉行的廟會，「真有說不盡的熱鬧」。蕭乾認定：「這麼一座以古老城市的政治史和社會史為內容的博物館，不但會吸引外國旅遊者，更有助於本地市民的『尋根』。」[8]也就是說，在二十世紀八〇年代的「尋根」熱潮中，北京人終於發現，我們需要找到自己跟這座城市之間的血肉聯繫。而這，無疑比吸引遊客賺取外匯還要重要得多。

　　第二年，蕭乾又在《北京晚報》上連續發表十則《北京城雜憶》，除了新舊北京的衣食住行、人情世態、歷史掌故、京白與吆喝、布局和街名，還提到二十世紀二〇年代在北京做寓公的英國詩人奧斯伯特·斯提維爾所撰《北京的聲與色》、三〇年代在北大教書的英國作家哈樂德·艾克敦的自傳《一個審美者的回憶錄》、老舍的《龍鬚溝》、傳統相聲《賣布頭》《大改行》等。或許，在蕭乾眼中，文學的文本跟城市的歷史，二者互相交織，密不可分。而這，正是關注都市生活的文學史家所要討論的問題。

　　美國加州大學洛杉磯校區教授 Richard Lehan 在其所著《文學中的城市》中，將「文學想像」作為「城市演進」利弊得失之「編年史」來閱讀；於是，既涉及物質城市的發展，更注重文學表現的變遷。

　　隨著物質城市的發展，她被用文學措辭再描述的方式（特別是在小說方面）也得到了不斷的演進：喜劇的以及羅曼蒂克的現實主義帶我們穿越商業城市；自然主義和現代主義帶我們進入工業城市；後現

8　蕭乾：《一個北京人的呼籲·向城市建設部門進三言》，見《北京城雜憶》，41頁，北京，生活·讀書·新知三聯書店，1999。

代主義則帶我們洞察後工業城市。城市和文學文本共有著不可分割的歷史，因而，閱讀城市也就成了另一種方式的文本閱讀。這種閱讀還關係到理智的以及文化的歷史：它既豐富了城市本身，也豐富了城市被文學想像所描述的方式。[9]

在某種程度上，我們所極力理解並欣然接受的北京，同樣也是城市歷史與文學想像的混合物。

陳橋驛在推薦施堅雅主編的《中華帝國晚期的城市》時，稱揚其超越了傳統的「人文學性的歷史記述」，而成為「歷史社會科學的比較城市研究」。前者「從敘述城市的歷史沿革，考證城市的地名由來，探究城市的人物掌故以至坊巷俚語、市井逸聞，面面俱到，無所不有」，因此不可能有「深入的分析」。我基本同意陳先生的看法，只是希望略作補充。我並不認為只有「通過城市的社會經濟的研究」，才能揭示城市發展的規律性的東西[10]；文學想像與文化記憶，同樣可以幫助我們進入城市。

談到北京，我一再堅持，必須把「記憶」與「想像」帶進來，這樣，這座城市才有生氣，才可能真正「活起來」。「舊時王謝堂前燕，飛入尋常百姓家。」只有斑駁的百姓家，只有來去匆匆的燕子，還不夠，還必須把「舊時王謝」的歷史記憶帶進來，這個畫面才完整，才有意義。把人的主觀情感以及想像力帶入都市研究，這個時候，城市才有了喜怒哀樂，才可能既古老又新鮮。另一方面，當我們努力用文字、用圖像、用文化記憶來表現或闡釋這座城市的前世與今生時，這座城市的精靈，便得以生生不息地延續下去。[11]記憶與實錄之間，固

---

9 Richard Lehan, The City in Literature, University of California Press, 1998, p.289.

10 陳橋驛：《〈中華帝國晚期的城市〉後記》，見〔美〕施堅雅主編：《中華帝國晚期的城市》，葉光庭等譯。

11 陳平原：《「五方雜處」說北京》，載《書城》，2002（3）；《想像北京城的前世與今

然存在很大的差異；文學創作與歷史著述，其對於真實性的界定，更是不可同日而語。可「馳騁想像」，這個讓歷史學家深感頭痛的話題，很可能在文化史家那裡如魚得水——解讀諸多關於北京的「不實之辭」，在我看來，意味無窮。因為，關於城市的「集體記憶」，不管虛實真假，同樣值得尊重。學者的任務，不是讚賞，也不是批判，而是理解與分析。

走出單純的風物掌故、京味小說，將「北京城」帶入嚴肅的學術領域，這很重要。但同是都市研究，主旨不同，完全可能發展出不同的論述策略。注重歷史考證與影響現實決策，思路明顯不同。倘若將城市作為文本來閱讀、品味，則必須透過肌膚，深入其肌理與血脈，那個時候，最好兼及史學與文學、文本分析與田野調查。也正因此，本書的取材，涉及了考古實物、史書記載、口頭傳說、報章雜誌等。雖說無法呈現完整的歷史圖景，各論題之間互相搭配，參照閱讀，起碼讓我們意識到，所謂的「北京記憶」，竟可以是如此豐富多彩。

三　穿越諸多科學科領域

在我看來，閱讀北京，最好兼及學者的嚴謹、文人的溫情以及漫遊者的好奇心。這方面，德國的文化史及文藝理論家瓦爾特‧本雅明是個很好的例子。比如，在《發達資本主義時代的抒情詩人》一書中，借助遊手好閒者的眼光來觀察巴黎：

在波德賴爾那裡，巴黎第一次成為抒情詩的題材。他的詩不是

生》，載《北京師範大學學報》，2005（1）；《文學的北京：春夏秋冬》，見《文學的周邊》，1-41頁，北京，新世界出版社，2004。

> 地方民謠;這位寓言詩人以異化了的人的目光凝視著巴黎城。
> 這是遊手好閒者的凝視。他的生活方式依然給大城市人們與日
> 俱增的貧窮灑上一抹撫慰的光彩。[12]

學者本雅明一如詩人波德賴爾,在擁擠的人群中漫步,觀察這座城市及其所代表的意識形態,這種兼具體貼、溫情與想像力的「漫遊」,既不同於市民的執著,也不同於遊客的超然,而是若即若離,不遠不近,保留足夠的馳騁想像的空間,還有獨立思考以及批判的權利。

「遊手好閒者」之觀察城市,注重瞬間、偶然以及破碎的現代體驗,其關於都市場景的描述以及社會現象的觀察,不以完整性誘人,而以深刻性見長。一方面,這是本雅明特有的寫作方式——為各種新穎的城市意象所吸引,注重個人體驗,喜歡寓言與象徵,使用詩一樣的語言,因此言不盡意,引誘閱讀者參與對話;另一方面,理解城市,我們確實需要在歷史地理、建築藝術、社會經濟等專業分析之外,添加對於詩歌等文學文本的解讀。後者的多義性、象徵性、深刻性,表面上不太好把握,可更容易引起「震驚」的感受。如果超越實際決策,談論「北京記憶」時,希望深入歷史、人生、精神、文化層面,則本雅明的思路不無借鑒處。

如何將被動的「北京記憶」,轉化為主動的「記憶北京」,無論是作家還是學者,都必須在回憶之外,添加聯想、分析、思考與裁斷。這是一個充滿激情而又相當艱苦的過程。在《柏林紀事》中,本雅明談及記憶的意義和方法:

---

12 〔德〕瓦爾特・本雅明:《發達資本主義時代的抒情詩人》,張旭東等譯,189頁,
　　北京,生活・讀書・新知三聯書店,1989。

必須不憚於一遍又一遍地回到同一件事情上。將它揉碎就像揉
碎土塊；將它掀起，就像掀起土壤。因為，那事情本身只是一
種儲存，一個層次，只服從於最細微的檢視，檢視土壤中埋藏
的真正的寶貝……因此，記憶一定不能以敘述的方式進行，更
不能以報導的方式進行；而應以最嚴格意義上的史詩和狂想曲
的方式進行。要將鐵鍬伸向每一個新地方；在舊的地方則向縱
深層挖掘。[13]

記憶政治上的史事人物，也記憶地理上的高山大川，還有就是介於自
然與歷史之間、兼及人與物的都市。解讀博物館裡收藏的「斷肢殘
片」，需要想像力，也需要科學精神。挖掘者的那把鐵鍬，既指向深
不可測的過去，也指向遙不可及的未來；既指向宏大敘事的民族國家
想像，也指向私人敘事的日常生活細節。

在《世紀末的維也納》一書的「導論」部分，原普林斯頓大學教
授卡爾·休斯克曾這樣介紹自己的研究方法：拒絕「預先接受一個抽
象的範疇來作為分析的工具」（比如黑格爾的「時代精神」），而是主
張「對多元的現象予以經驗的觀察，再基於這些觀察來形構文化類
型」。具體論述時，既有歷時性的歷史溯源，也有共時性的文本分
析──後者借助人文學科的內在分析方法，用以「捕捉二十世紀那些
不屬於科學範疇的文化創造者的內在世界」。全書並不呈現完整的歷
史圖像，而是在各章中分別討論「世紀末的維也納」的文學與政治、
都市規劃與建築風格、貴族文化傳統與現代大眾政治、《夢的解析》
中的政治與弒父、繪畫以及自由派自我的危機、文化秩序的瓦解以及

---

13 〔德〕瓦爾特·本雅明：《莫斯科日記·柏林紀事》，潘小松譯，221-222頁，北京，
東方出版社，2001。

表現主義的誕生等。每個章節各自獨立,分別從不同的領域來探討同
一個主題,「而貫串各章節的基調,乃是政治與文化的互動關係」。為
什麼這麼處理?那是因為作者意識到,學科的分野越來越清晰,專業
化的結果,導致知識支離破碎,研究者在論述中「無法兼顧領域與領
域之間的互動關係」。而在作者看來,「共同的社會體驗,乃是孕育文
化元素的沃土,也是文化藉以凝聚的基礎」。所以歷史學家必須學會
「評估一個思想內容與跟它同時的其他文化分支的關係」,穿梭於文
學、政治學、藝術史、哲學、建築等不同領域。[14]

關於北京的論述,完全可以、而且必須有多種角度與方法。雖然
本書論述的對象包括北京的文學(小說、詩歌、小品文)、藝術(繪
畫、戲劇、音樂)、教育、傳媒、宗教、建築、生活環境以及民族意
識等,穿越諸多學科領域,但仍有很大的拓展空間。[15]就像所有的回
憶,永遠是不完整的,既可能無限接近目標,也可能漸行漸遠——正
是在這遺忘(誤解)與記憶(再創造)的巨大張力中,人類精神得以
不斷向前延伸。總有忘不掉的,也總有記不起的,「為了忘卻的紀
念」,使得我們不斷談論這座城市、這段歷史。在這個意義上,記憶
不僅僅是工具,也不僅僅是過程,它本身也可以成為舞臺,甚至構成
一種創造歷史的力量。

---

14 〔美〕卡爾‧休斯克:《世紀末的維也納》,黃煜文譯,36-46頁,臺北,麥田出版股
　　份有限公司,2002。

15 原先建議與會者考慮的問題包括:「明清以降北京的社會生活、民俗風情、建築風
　　格、語言變遷」「明清以降北京的文化生產,如教育、出版、文學、藝術等」「明清
　　以降不同時代、不同媒介、不同文類所呈現的『北京』」「明清以降作家們的帝都
　　(首都)體驗與文學表現之關係」「作為思想主體與作為表現對象的『北京人』」
　　「從知識考掘的角度反省『北京史』的建構」六個方面。一次會議不可能解決這麼
　　多問題,但這個規劃,大致體現了我們的研究思路,日後會進一步深入拓展。

四 並不存在一個統一的「北京」

大概是害怕被人批評為「懷舊」，二十年前，蕭乾在雜憶北京時，不斷強調自己並非「發懷古之幽思」。[16]在應日本學者要求所撰的《〈雜憶〉的原旨》中，蕭先生再三辯解：「我是站在今天和昨天、新的和舊的北京之間，以撫今追昔的心情，來抒寫我的一些懷念和感觸。」[17]飽含深情地談論「老北京」，這樣一來，很難避免「今不如昔」或「借古諷今」的大帽子。二十年後的今天，我們或許很難體會蕭乾當初談論此話題時的如履薄冰：

> 從大的方面，我當然更愛今天的北京。……所以當我眼睜睜看著我爬過的城牆和城樓給拆成平地時，我一邊往心裡掉眼淚兒，一邊寬慰著自己說，只要能讓人人都吃上飯，拆什麼怎麼拆都成。[18]

不全是外在的壓迫，現代中國的知識分子，多有此平民意識，不敢以自家的審美趣味來衝撞百姓的日常生活。很久以後，我們方才醒悟到，拆城牆無益於國計民生，純屬「歷史的誤會」。

二〇〇三年出版的《城記》，直言五十年來北京城市改造的缺失，不但沒有受到批判，反而成為暢銷書，可見時代潮流的變化。作者王軍自稱嚴守記者職責，主要以各種口述及文字資料說話，但入手處是那完整保存北京古城、在古城外建設中心區的「梁陳方案」，對

---

16 蕭乾：《北京城雜憶·昨天》，見《北京城雜憶》，11頁。
17 蕭乾：《〈雜憶〉的原旨》，見《北京城雜憶》，33頁。
18 同上書，33-35頁。

五十年來北京城的營建，自然是批評多於讚許。[19]而絕大部分欣賞此書的讀者，也都跟作者一樣，對於「梁陳方案」的被擱置「扼腕長歎」。如此明目張膽地「發懷古之幽思」，不怕別人扣帽子，足證二十年間思想文化界的進步。

實際上，隨著舊城改造的積極推進，「老北京」已走上了不歸之路。古都風貌的迅速失落，與北京記憶的日漸清晰，二者之間不無聯繫。也正是因為痛感逝者不可追，才突然間出現那麼多關於老北京的追憶——如果連「追憶」都沒有了，那「老北京」可就被徹底埋葬了。

在某種意義上，我們永遠生活在對於過去的記憶之中。一方面，今人的性格、情緒、言談、舉止等，被無數的「舊時風物」所纏繞；另一方面，我們對於未來的想像，乃是「舊時風物」的續寫或反寫。歷史就像一個幽靈，以片斷（而非全景）的方式，進入我們的視野——不是歷史學家和教科書裡所談論的井然有序的知識體系，而是充斥在日常生活中的「文明的碎片」。如此陰魂，召之不來，揮之不去，嚴重影響著我們的現實規劃以及未來想像。過去提「新舊雜陳」，往往帶有諷刺的意味；現在，我們終於意識到，抽刀斷水水更流——這才是真實的歷史。

在這個意義上，「懷舊」乃天底下再正常不過的個人情緒與社會行

---

19 王軍稱：「對這段歷史我不敢妄加評說，我所做的只是盡可能尋找並整理史料，它們來自老報紙、老期刊、尚未面世的文字資料、當事人的口述以及與之相關的史籍論著。全書分為十章，從北京的現實入手，以五十多年來北京城營建史中的歷次論爭為主線展開敘述，其中又以20世紀五六十年代為重點，將梁思成、林徽因、陳占祥、華攬洪等一批建築師、規劃師的人生故事穿插其間，試圖廓清『梁陳方案』提出的前因後果，以及後來城市規劃的形成，北京出現所謂『大屋頂』建築、拆除城牆等古建築的情況，涉及『變消費城市為生產城市』『批判復古主義』『大躍進』『整風鳴放』『文化大革命』等歷史時期。」王軍：《城記》，1頁，北京，生活‧讀書‧新知三聯書店，2003。

為，既沒那麼偉大，也沒那麼不堪。追憶往事，可以是家國興亡（如杜甫《江南逢李龜年》），也可以是一己悲歡（如杜牧《遣懷》）[20]；可以是兒時趣聞（如沈復《浮生六記・閒情記趣》），也可以是老來感傷（張岱《陶庵夢憶・自序》）。[21]共同的動機或舉措，甚至使用同一文類或題材，都不能保證回憶的品質。

談論家國興亡與追憶城市盛衰，二者頗多相通處。實際上，有些重要的「城記」，倘若你「凝神寂聽」，同樣寫盡歷史滄桑與人間悲歡。比如，同是極盡鋪張描寫之能事，班固的《兩都賦》對比東西兩京的宮殿苑囿，頌揚後漢的崇尚禮樂、修明法度；鮑照的《蕪城賦》則借廣陵一城的今昔盛衰，感歎「天道如何，吞恨者多」。表面上，無論是城池宮闕，還是殘垣斷壁，都無言地屹立在天地間，但對於閱讀者來說，除了視覺上的衝擊，更有情感上的震撼。這就是歷史，也是「追憶」的魅力所在。

同樣長期生活在北京，女作家冰心讀了《北京城雜憶》後，對蕭乾滿懷眷戀地描寫七十年前北京城的色香味不大以為然，因為：

> 那時的「姑娘」和「學生」，就沒有同等的權利！他和我小弟坐過的「叮噹車」——有軌電車，我就沒有為了嘗試而去坐過。我也沒有在路邊攤上吃過東西。我在上學路上聞到最香的烤白

---

20 杜甫《江南逢李龜年》：「岐王宅裡尋常見，崔九堂前幾度聞。正是江南好風景，落花時節又逢君。」杜牧《遣懷》：「落魄江湖載酒行，楚腰腸斷掌中輕。十年一覺揚州夢，贏得青樓薄幸名。」

21 沈復《浮生六記・閒情記趣》：「余憶童稚時，能張目對日，明察秋毫，見藐小微物，必細察其紋理，故時有物外之趣。」張岱《陶庵夢憶・自序》：「雞鳴枕上，夜氣方回，因想余生平，繁華靡麗，過眼皆空，五十年來，總成一夢。今當黍熟黃粱，車旅蟻穴，當作如何消受？」

　　薯和糖炒栗子，也是弟弟們買來分給我吃的。[22]

　　蕭乾所記憶的那些「老北京一般的孩子所能享受到的」，對冰心來說都很陌生，這就難怪她對那有著「塵土飛揚的街道」以及「泥濘的小胡同」的老北京，實在很不喜歡。因此，當她說起「灰色的城牆不見了，流汗奔走的人力車夫也改行了」時，由衷地感慨：「我對北京的喜愛是與日俱增的。」談及拆城牆，蕭乾往心裡掉眼淚兒，冰心卻沒有這種痛楚的感覺。我欣賞蕭乾的誠摯，也感謝冰心的直言。讀冰心的文章，起碼讓我們明白，對於老北京，並非每個人都有好感。換句話說，並不存在一個統一的北京——因階級不同、種族不同、性別不同、年齡及文化水平不同，導致了各自「北京想像」的巨大差異。

　　現實世界中的都市，有著巨大的內在矛盾，所謂「渾然一體」，只是一種假象。就好像以胡同為代表的老北京，與以大院為代表的新北京，存在著裂縫；紫禁城的皇家政治與宣南的士大夫文化之間，也有巨大的差異。富貴東城與幽雅西山、王公貴族與平民百姓，並不享有共同的記憶。同一座城市，新舊、貧富、高低、雅俗，同時存在，互相制約。如果再考慮到時間這一軸，還有文體（比如小說、詩歌、散文、專著）本身的規定性，關於北京的諸多記憶，其面貌可能截然不同。正是這「多重變奏」，使得北京作為八百年古都兼國際性大都市，其形象與魅力得到了極好的呈現。

五　引而未發的「雙城記」

　　原哈佛大學教授李歐梵在談論現代史上的「雙城記」時，提及二

---

22 冰心：《讀了〈北京城雜憶〉》，見蕭乾：《北京城雜憶》，31頁。

十世紀早期的北京和上海：「只是大家提起所謂的『京派』和『海派』，對前者似乎略帶敬意，而對後者頗加揶揄。」在李先生看來，北京的「唯我獨尊式的中心主義太強」，讓人感覺很不舒服；更有文化意義的，其實是上海與香港。[23]在一個標榜「邊緣」成為時尚的時代，北京作為政治文化中心，難逃被批評的命運。可要說世人談論此話題時，多褒京貶海，這倒未必。

二十世紀三〇年代挑起京海之爭的沈從文，確實看不大起商業色彩較濃、或油滑或消閒的海派文人[24]；可並非所有人都這麼看。對上海文壇多有批評的魯迅，面對京海這一話題時，馬上讀出「北人的卑視南人，已經是一種傳統」的弦外之音。[25]比起北人厚重南人機靈之類古已有之的說法，京派近官而海派近商的分辨，無疑更有現代色彩。在《「京派」與「海派」》中，魯迅稱，北京是明清的帝都，上海乃各國之租界，文人之在京或沒海，不免各有依靠：

> 要而言之，不過「京派」是官的幫閒，「海派」則是商的幫忙而已。……而官之鄙商，固亦中國舊習，就更使「海派」在「京派」的眼中跌落了。[26]

熟悉魯迅關於「幫忙文學」與「幫閒文學」的論述[27]，當不難明白其

23　李歐梵、季進：《李歐梵季進對話錄》，40-41頁，蘇州，蘇州大學出版社，2003。

24　見沈從文《文學者的態度》（載《大公報‧文藝副刊》，1993-10-18）、《論「海派」》（載《大公報‧文藝副刊》，1934-01-10）等文。

25　魯迅：《上海文藝之一瞥》，見《魯迅全集》，4卷，291-303頁；《北人與南人》，見《魯迅全集》，5卷，435-436頁。

26　魯迅：《「京派」與「海派」》，見《魯迅全集》，5卷，432-433頁。

27　魯迅：《幫忙文學與幫閒文學》，見《魯迅全集》，7卷，382-384頁；《從幫忙到扯淡》，見《魯迅全集》，6卷，344-345頁。

對此二者均無好感。可仔細品味，你會發現，並非各打五十大板，魯
迅對京派的反感，似乎還在海派之上。所謂北平的學者文人，其「研
究或創作的環境，實在是比『海派』來得優越的，我希望著能夠看見
學術上，或文藝上的大著作」，其實是語含譏諷的。不是有五四運動
的光榮嗎？可惜當時的戰士，功成名遂後，身退者有之、身隱者有
之、身升者更有之，難得再有願意舉起匕首與投槍的。

　　後世的史家，早就超越了二十世紀三〇年代的京海之爭；可由於
文化立場及學術興趣不同，對這兩座城市依舊各有褒貶。統而言之，
談論近代中國的關注上海，談論現代中國的關注北京；喜歡都市景觀
的關注上海，喜歡鄉土記憶的關注北京；研究經濟的關注上海，研究
政治的關注北京；國外學者更關注上海，國內學者更關注北京……現
實生活中爭強鬥勝此起彼伏的「雙城記」，儼然已經蔓延到學術領
域。

　　我曾多次提到，國內外學界以上海為視角，探討中國現代化進程
的努力，已經取得了很大成績。相對來說，作為八百年古都，北京的
現代化進程更為艱難，從抵抗、掙扎到追隨、突破，其步履蹣跚，更
具代表性，也更有研究價值。可惜的是，大有發展潛力的「北京
學」，目前遠不及「上海學」輝煌。

　　作為一次國際學術會議的論文結集，本書的出版，只能說是為崛
起中的「北京學」添磚加瓦。至於磚瓦之是否優美、結實、合用，編
者說了不算，最好還是留給讀者評斷。

　　於是，勒住馬頭，虛晃一槍，留下這不太離題的「讀後感」。

城闕、街景與風情[*]
──晚清畫報中的帝京想像

　　從漢晉的《二京賦》《三都賦》，到宋元的《東京夢華錄》《武林舊事》，再到明清的《帝京景物略》《燕京歲時記》等，兩千年的中國文學史上，曾經出現過大量關於帝京的宮殿園囿以及日常生活場景的詳細描述。而《清明上河圖》等風俗畫的存在，更是提醒我們，對於帝京形象的塑造，畫家同樣起了至關重要的作用。值得注意的是，到了晚清畫報那裡，這兩條線索開始合併。當然，這裡主要指的是觀賞對象，而不是技術手段。隨著時代的變遷，視角在轉變，焦點在推移，辭藻和筆墨也都不再墨守成規，但帝京風光依舊。

　　在晚清畫報中，「帝京」仍是熱門話題。只不過由於大眾媒體的發達以及政治思潮的湧動，畫報中的「帝京」，逐漸喪失了神聖感與神秘性。具體表現是：政治的、軍事的北京迅速消退，而經濟的、文化的北京逐漸占據主導地位。四時節序、飲食男女、世態人情、舊雨新知等都市生活的各個層面，因畫報的日常敘事性質，得以充分展開。如此騷動不安、雜花繽紛的帝京景象，既是晚清社會的真實寫照，也蘊涵著某種變革的動力。對照同時期「文字的帝京」與「圖像的帝京」，探討新興的畫報與都市日常生活之間的良性互動，可以從另一個側面解讀晚清的文化變革。

　　不同於「景物略」或「風俗畫」的靜態描述，作為連續出版物的

---

* 本文初刊《北京社會科學》，2007（2）

「畫報」，首先從屬於「新聞」，這就決定了其「帝京形象」必定充滿動感。不管是文字撰寫還是圖像製作，其工作方式，已經不可能再像晉人左思那樣，「其山川城邑，則稽之地圖；其鳥獸草木，則驗之方志」[1]，而必須關注瞬息萬變的政局，以及發生在街頭巷尾的大小事件。當然，面對如此變動不居的帝京想像，你依然能夠感覺到「傳統」的巨大存在。不僅僅是因為晚清北京的社會變革不如西學東漸的前哨上海那麼激烈，更因畫報製作者的知識背景以及欣賞趣味，限制了其視野。在這裡，中心與邊緣、歷史與現實、傳聞與記憶、舊學與新知、文字與圖像等，決定了上海、北京兩地的畫報，在「帝京想像」方面存在著明顯的差異。

在晚清，閱讀及刊行畫報最為積極的城市，除了上海，就是北京。上海肇始在先（最有代表性的《點石齋畫報》創刊於1884年），北京奮起於後（發軔之作當推創辦於1902年的《啟蒙畫報》），且頗有後來居上之勢。這就應了《京話日報》主筆彭翼仲的說法：「北方風氣開的慢，一開可就大明白，絕沒有躲躲藏藏的舉動。較比南方的民情，直爽的多。」[2]畫報固然可以流通到其他城市（每種畫報的流通範圍，從其開列的「發行處」大致可以猜測出來），但本城讀者的閱讀趣味，毫無疑問必須優先考慮。將京滬兩地畫報互相比照，看看上海人是如何看待北京，以及北京人怎樣談論自己的城市（有趣的是，那時的北京畫報，不太喜歡講述上海的故事），分析各自的「洞見」與「不見」，凸顯「帝京想像」的豐饒與繁雜。在這一內部視角與外部視角的交匯與對話中，東坡先生「橫看成嶺側成峰，遠近高低各不同」的天才預想，得到了很好的落實。

1　左思：《三都賦序》，見北京大學中國文學史教研室選注：《魏晉南北朝文學史參考資料》，上冊，305頁，北京，中華書局，1962。

2　彭翼仲：《北方人的熱血較多》，載《京話日報》，1906-05-15。

　　本文選擇《點石齋畫報》《時事報圖畫旬報》《圖畫日報》等六種
上海畫報，以及《啟蒙畫報》《北京畫報》《開通畫報》《星期畫報》
等十七種北京畫報[3]，探討其關於帝都北京的記憶、想像、窺視與重
現，尤其集中在「城闕」所凝聚著的歷史意識，「街景」所體現的空
間布局，以及舊俗新知所表露出來的萬種「風情」。在我看來，正是
這三者的縱橫交錯，構成了古都北京的獨特魅力，同時也使得讀者的
「按圖尋訪」或「臥遊披覽」成為可能。[4]

一　帝國風雲與個人遊歷

　　作為八百年古都，北京不同於一般商業城市，其最大特色，在於
承載著帝國的盛衰與皇權的威嚴。帝制時代，這座城市不以市廛繁
華，也不以生活便捷著稱，甚至連文化發達、古蹟遍地，也都不是其

3　本文選擇《點石齋畫報》（1884-1898）、《飛影閣畫報》（1890-1894）、《時事報館戊
申全年畫報》（1907-1908）、《輿論時事報圖畫新聞》（1909）、《時事報圖畫旬報》
（1909）、《圖畫日報》（1909-1910）六種上海畫報，以及《啟蒙畫報》（1902）、《北
京畫報》（1906）、《開通畫報》（1906-1908）、《星期畫報》（1906）、《益森畫報》
（1907）、《日新畫報》（1907）、《（北京）時事畫報》（1907）、《兩日畫報》
（1908）、《北京日日畫報》（1908）、《淺說日日新聞畫報》（1908-1912）、《（北京）
白話畫圖日報》（1908-1909？）、《新銘畫報》（1909）、《醒世畫報》（1909）、《正俗
畫報》（1909）、《燕都時事畫報》（1909）、《（新）開通畫報》（1910）、《菊儕畫報》
（1911）十七種北京畫報，作為主要論述對象。晚清畫報散落世界各地，且多為斷
簡殘編，搜集齊全談何容易，這裡所論，僅限於所見部分。關於《時事報館戊申全
年畫報》《輿論時事報圖畫新聞》《時事報圖畫旬報》和《圖畫日報》之間的關聯，
參見馮金牛為1999年上海古籍出版社復刊本《圖畫日報》所撰寫的《序》；至於晚
清北京各畫報的編輯及出版情況，參見陳平原：《流動的風景與凝視的歷史——晚
清北京畫報中的女學》，載《中華文史論叢》，2006（1）。
4　1920年由商務印書館出版的《實用北京指南》（徐珂編），其《凡例》稱：「本書附
有北京風景畫二十四幀，已至京者可得按圖尋訪之樂，未至京者亦有臥遊披覽之
樂。」在晚清，這一功能很大程度靠畫報來實現。

主要標誌。對於「帝京」來說，最值得誇耀的，還是皇家建築之恢弘，以及各種儀禮、慶典的無限榮光。《萬聖盛典初集》（1717）、《御製圓明園四十景詩圖》（1745）、《八旬萬聖盛典插圖》（1792）等紀實性的宮廷版畫，其器物之繁多、場面之雄偉，讓人歎為觀止；而那些曾經有幸目睹皇家威嚴並享受京師奢靡的退隱官吏，也都念念不忘其在京師的仕宦與遊歷，因而採用圖文並茂的形式，將這一記憶落實在「壽於金石」的紙面上。若張寶繪撰的《泛槎圖》、張維屏編寫的《花甲閒談》、麟慶的《鴻雪因緣圖記》以及陳夔龍的《水流雲在圖記》等，便是其中的佼佼者。[5]幕下士吳闓生在論及陳書時稱：「舉凡夔巫之險，帝都之麗，黃流之迅，江淮之勝，湘沅之幽，黔關之雄，渤澥之巨，莫不遐探極覽，盡入胸羅。」（《水流雲在圖記序》）可實際上，無論是作者還是讀者，最希望玩味的，不是「湘沅之幽」，而是「帝都之麗」。

　　同樣是用圖像方式描摹帝都，皇朝的自我誇耀與官吏的記錄勝遊，二者之間，無論在規模還是視角上，都有很大的差異。晚清畫報因其兼及「新聞」與「記憶」，恰好將這兩者統一起來。《點石齋畫報》上，描述左宗棠出處的《勳舊殊榮》《侯相出京》和《靈回籍》，談論外交事務的《中法換約》《中外好會》[6]，還有《時事報館戊申全

5　《泛槎圖》共六集，總一百〇三圖，張寶（1763-1832）繪撰，1819-1832年陸續刊行。此君喜旅行，能詩文，善繪畫，廣交遊，各集多名人題跋；《花甲閒談》16卷，張維屏（1780-1859）撰，1839年刊本，葉春塘繪圖，凡32圖；《鴻雪因緣圖記》三集，麟慶（1792-1846）撰，1847年刊本，每集80圖，共240圖，繪圖汪英福、胡駿聲等。1879年，上海點石齋曾刊行此書的英譯選本；《水流雲在圖記》，陳夔龍（1857-1948）撰，圖寫生平遊覽七十餘事，一直寫到辛亥六月津沽留別。此君庚子事變中被任命為留京辦事八大臣之一，後歷任漕運總督、江蘇巡撫、湖廣總督、直隸總督兼北洋大臣等要職。

6　《勳舊殊榮》，載《點石齋畫報》，甲九，1884；《侯相出京》，載《點石齋畫報》，乙五，1884；《靈回籍》，載《點石齋畫報》，戊八，1885；《中法換約》，載《點石齋畫報》，己二，1885；《中外好會》，載《點石齋畫報》，辛十，1886。

年畫報》中的《恩賞達賴品物》《袁世凱出京》《壽辰志盛》等[7]，在
在體現「政治的北京」在內政以及外交方面的重要性。這種帝國政治
對於個體生命的絕對影響力，借助《點石齋畫報》上這幅《宮門謝
恩》[8]，得到淋漓盡致的表現──撇開具體人事，正叩頭謝恩的官
員，面對巍峨森嚴的紫禁城，必定是戰戰兢兢，誠惶誠恐。如此混雜
著感恩、驚悚、惶惑與愧疚，乃那個時代有幸接近皇宮者的普遍心
態。光緒年間極為流行的旅遊指南《朝市叢載》，其「都門雜詠」中
有一則《皇城宮殿》：「巍巍帝闕令森嚴，咫尺天顏不易瞻。四海昇平
真氣象，九霄湛露喜同占。」[9]於此可見，國人對於「巍巍帝闕」的
極端崇拜，確實是根深蒂固。

　　由達官貴人的遊歷，帶出讓人讚歎不已的「帝都之麗」，這還只
是表面文章；倘若這「貴人」牽涉到一段驚心動魄的歷史，則其關於
個人出處的圖寫，便具有了「史」的意義。庚子事變時任京兆尹併兼
留京辦事大臣的陳夔龍[10]，其《水流雲在圖記》雖以生平遊覽為線
索，繪製圖像並綴以短文，七十餘事中，當以庚子年間的「京兆走
馬」「嚴城決策」等，最值得後人品鑒。

　　當然，談論庚子年間的炮火連天，飽受煎熬的民眾以及秉筆直書
的史家，比起擅長自我表彰的大吏來，更有發言權。一九〇二年，北
京的《啟蒙畫報》（第五冊）連續刊載二十六幅關於「拳匪之禍」的
圖說，從遽然禍起一直說到如何慘澹收場。而一九〇九年上海的《圖
畫日報》，更是從一四九號到二二八號，逐號連載《庚子國恥紀念

7　《恩賞達賴品物》《袁世凱出京》《壽辰志盛》分別載《時事報館戊申全年畫報》
　　（上海，時事報館，1909）之「圖畫新聞」卷十一、「圖畫新聞」卷十四、「圖畫新
　　聞」上冊。
8　《宮門謝恩》，載《點石齋畫報》，癸一，1887。
9　李虹若：《朝市叢載》，134頁，北京，北京古籍出版社，1995。
10　參見魏開肇等輯：《清實錄北京史資料輯要》，527頁，北京，紫禁城出版社，1990。

畫》，在第一幅「團匪之緣起」前，有一段「引言」：

> 庚子團匪之變，為我中國歷來所未有，卒之創深痛巨，受恥實
> 多。華人事過情遷，至今日已有淡然若忘之慨。因仿泰西國恥
> 畫法，追思當日各事，摹繪成圖，並於每幅下係以說略一則。
> 閱者披覽之餘，如能激發精神，永不忘此慘劇，亦未始非愛國
> 之一助也。[11]

不同於個人榮辱，帝都之沉浮，象徵著國家的興衰；因而，庚子年間
北京人之「創深痛巨，受恥實多」，更值得後人永遠銘記。

這麼說來，帝京裡那些輝煌的城闕與宮殿，也不見得都那麼值得
誇耀，說不定還隱含著若干歷史的創痛以及民族的屈辱。就好像《時
事報圖畫旬報》上的《正陽門城樓》，作者除了稱讚其如何雄偉壯麗
（「登樓遠眺，全城風景，如在目中；俯視車馬，幾同蟻陣」），更提
及：

> 逮庚子之役，聯軍入京，城樓遭毀，城牆炮彈之跡，或如蜂
> 窩。和議既成，籌款重建，僅一城樓，而報銷聞至百萬。說者
> 謂其實不過二十餘萬已足。然工料之堅實，局面之堂皇，與庚
> 子前有過之而無不及焉。[12]

據《清實錄》，光緒二十九年（1903）五月二十一日，直隸總督袁世
凱等奏：「估修正陽門樓工程」，「共需銀四十二萬九千餘兩」；六月初
七日，皇上諭內閣：「此項工程，著仍派袁世凱、陳璧切實勘估。俟

---

11 《庚子國恥紀念畫》（一），載《圖畫日報》，149號，1909。
12 《正陽門城樓》，載《時事報圖畫旬報》，2期，1909年2月。

正陽門修竣後，所餘之款，即行分別輕重，陸續修理。」[13]借戰後帝京的重建，大發國難財，這很容易想像；至於具體帳目[14]，遠在天邊的畫報人，只能依靠傳聞，而無法真正查清。我更關心的是，對於如此飽經炮火摧殘的巍巍城樓，再好的修繕，也都抹不平歷史的印記。所謂「局面之堂皇，與庚子前有過之而無不及焉」，不過是自欺欺人。

與帝國命運密切相關，而又具有觀賞性的街頭活動，莫過於皇上的選美以及狀元的遊街。《點石齋畫報》上，述及皇上「選美」的，除了《旗女應選》，還有一幅《上林春色》，其文字部分相對有趣：

> 敬聞皇上於今春親政，即舉行大婚典禮。是以八旗外任各官，文職五品以上，武職四品以上，皆送女入都備選。上年入冬以來，寶馬香車之取道津沽者，絡繹不絕。輿邊插有黃旗，大書「奉旨入選」字樣，煌煌乎巨典也。[15]

與上海妓女的珠光寶氣招搖過市，並藉此引領時尚潮流不同，京城裡的「美女」與「香車」，屬於那些隨時準備奉獻給皇上的「大家閨秀」。車邊插上「奉旨入選」的黃旗，當事人非常認真，而且很得意，旁觀者——尤其是上海的讀者——則可能覺得有點好笑。

另一種別有風情的遊街，則與延續千年的科舉考試聯繫在一起。從唐代長安的曲江遊宴，到晚清北京的鼎甲遊街，構成了不同朝代京城裡有著特殊政治意味的風俗畫。楊靜亭初刊於道光二十五年

---

13 參見魏開肇等輯：《清實錄北京史資料輯要》，562-563頁。

14 光緒二十九年（1903）工藝官局印書科刊行的《正陽門樓工程奏稿》（袁世凱、陳璧撰，鉛印本，共4冊），內附正陽門樓工程清單。

15 《旗女應選》，載《點石齋畫報》，丁四，1885；《上林春色》，載《點石齋畫報》，己七，1886。

（1845）的《都門雜詠》，開篇第一首便是《傳臚》：

> 掄材天子重文章，金殿臚傳姓字香。
> 分道紅旗來謁廟，滿街爭看狀元郎。[16]

所謂的「狀元郎」，有文也有武，而且，各自遊街的方式不同。《點石齋畫報》上的《一元大武》，介紹武狀元如何在唱完名後，換上盔甲，簪上金花，在榜眼、探花的陪伴下騎馬過午門、端門、天安門、金水橋，然後出西安門，歸寓。而大眾比較熟悉的文狀元，在《鼎甲遊街》中，插花披紅，由旗傘鼓樂開道，前往吏部文選司求賢科魁星閣，拈香行禮畢，再由榜眼、探花護送到他居住的貴州會館。兩相比較，武狀元飛揚跋扈，而文狀元則儒雅風流；前者稱：「功名者，國家使令人才之具，而亦賢豪所藉為進身之階也，人可不自勉乎？」後者則是：「春風得意馬蹄疾，一日看遍長安花。自昔美談，於今勿替。」[17]

鼎甲遊街，確實是千古美談；可「美談」中，還是隱約透露出時代風氣的變化。之所以將狀元送到貴州會館，那是因為，光緒丙戌科（1886）狀元趙以炯是貴州人氏。光緒十五年進士、久任京官的高樹，在其《金鑾瑣記》中，留下這麼一首小詩：

> 江浙文風本最優，盛時鼎甲帝恩稠。
> 轉移邊省翁師去，卻少甘家一狀頭。

---

16 路工編選：《清代北京竹枝詞》，72頁，北京，北京古籍出版社，1982。

17 《一元大武》，載《點石齋畫報》，壬一，1886；《鼎甲遊街》，載《點石齋畫報》，庚八，1886。

詩後小注：「清末年，鼎甲漸及邊省，蓋以籠絡天下士人之計。」[18]科舉風氣之變遷，不是因各地人才起伏，而是老大帝國權力平衡的需要。光緒一朝十三科中，歷來文化落後的貴州、廣西，各有二人高中榜首，而歷來文風鼎盛的浙江，竟無一名狀元，這與此前江浙占絕對優勢的科考形勢，形成了鮮明對比。[19]不過，晚期帝國的狀元，大多在政治上無所作為，仕途上也頗多曲折。久居京師、熟悉掌故舊聞儀禮制度的夏仁虎，在其《舊京瑣記》中稱：「光緒一朝，所取狀元皆不得意」「以視先代鼎甲由清貴而直躋清要，蓋不可以道里計，殆科舉將廢之先兆歟？」[20]即便有幸成為「狀元郎」，日後也都很難大顯身手，留給公眾的記憶，於是更多的是遊街時的「無限風光」。

帝京不愧是權力中心，在《侯相出京》中，我們看到了封疆大吏的春風得意；在《宮門謝恩》中，我們看到了戴罪立功者的感激涕零；而在《上林春色》與《鼎甲遊街》中，那種至高無上的政治遊戲，則被賦予了某種俏皮而歡愉的娛樂色彩。正是這種政治之沉重與娛樂之輕佻的混合，為晚清畫報表現帝京開啟了一個巨大的空間。

二　作為「景物」的宮闕

對於北京城來說，最具代表性的建築，無疑是巍峨的宮闕。這不僅代表國人的審美及建築才華，更象徵著皇權的至高無上。這就難怪，無論外國媒體還是在華傳教士，提及「帝城勝景」，都會首先將目

---

18 吳士鑒等：《清宮詞》，127頁，北京，北京古籍出版社，1986。

19 光緒朝十三狀元，山東、福建、江蘇、貴州、廣西各二，順天、四川、直隸各一。參見商衍鎏：《清代科舉考試述錄》，153-162頁，北京，生活・讀書・新知三聯書店，1958。

20 史玄、夏仁虎等：《舊京遺事・舊京瑣記・燕京雜記》，79頁，北京，北京古籍出版社，1986。

光聚集在天壇（《瀛寰畫報》，1877）或紫禁城（《花圖畫報》，1881）。與新興工商業城市上海不同，北京缺少《申江勝景圖》中的娛樂色彩，呈現在《點石齋畫報》中的帝京城闕以及皇家慶典，其「政治性」召之即來，揮之不去。而到了《時事報圖畫旬報》和《圖畫日報》，情況為之一變，專門描摹皇家建築的圖像，開始大量湧現。

紫禁城固然雄偉壯觀，但有機會「登城北望，見林中宮闕隱現，屋瓦皆作黃色，觀之不禁肅然」者[21]，畢竟是少而又少。因此，無論國內還是國外，絕大部分讀者，都對此類圖像心馳神往。由於國勢衰微，朝廷懦弱，晚清北京城裡，外國人的活動範圍遠比一般中國人要大得多；再加上照相技術的日漸普及，千姿百態的皇家園林以及宮殿建築，很自然地成為介紹中國的書籍之極好點綴。法國傳教士樊國梁（Alph.Favier, 1837-1905）一八九八年刊行於北京的《北京：歷史和記述》（PEKING: Histoire et Description），便包含大量精美的皇家建築照片。而此類外文書籍以及風景明信片的大量流通，使得遠在上海的畫家，也都很容易「想像帝京」。

一九〇九年八月十六日，上海環球畫報社創辦了《圖畫日報》，開門見山，就是大名鼎鼎的「太和殿」，其圖中文曰：

> 謹按：太和殿，基高二丈，殿高十一丈，廣十一間，縱五間。前後金扉四十，金瑣窗十有六，列鼎十有八，銅龜銅鶴各二，日圭、嘉量各一。丹墀為文武官行禮位，範銅為山形，鑴正從一品至九品東西各二行，行有十八，列於御道兩旁。每歲元旦、冬至、萬壽三大節及大慶典，則御殿受賀。凡大朝會、燕

---

21 《帝京勝景》（含插圖「北京阜城門」「恭親王小像」「紫禁城北面」「紫禁城午門」和「大石橋」），見《花圖新報》，11卷，上海，清心書館，1881年2月。

饗、命將出師、臨軒策士及百僚除授謝恩皆御焉。殿額曰「建
極綏猷」，為高宗皇帝御題。

這段關於太和殿的描述，基本上摘抄自《日下舊聞考》卷十一「國朝
宮室」，只是中間部分略作刪節。[22]不僅《圖畫日報》，晚清畫報中關
於皇家建築的文字介紹，大都不難找到其所本。至於圖像，單看是否
使用明暗與透視，也能約略猜出其到底是臨摹自照片、銅版畫，還是
取法於原有的宮廷版畫。

　　不僅僅是第1號上有《太和殿》，所謂「大陸之景物」，是《圖畫
日報》貫穿始終的主打欄目，每期一幅，全都置於卷首。而總共404
號畫報中，涉及京師的「景物」還有《瀛臺》（3號）、《正大光明殿》
（8號）、《南海》（12號）、《玉橋》（15號）、《壽皇殿》（36號）、《京師
盧溝橋》（39號）、《保和殿》（79號）、《中和殿》（82號）、《五塔寺》
（163號）、《玉泉山》（172號）、《京師豐臺》（211號）、《京師大覺
寺》（214號）等。這麼說來，所謂的「帝京勝景」，似乎很榮耀。其
實不然，你仔細看看，就在前十期中，除了上述三幅北京城裡的皇家
建築，還有《法國路易十四王宮全景》（2號）、（倫敦）《皇家美術科
學館》（4號）、《浙江普陀山》（5號）、（倫敦）《國家圖書樓》（6號）、
《蘇州玉帶橋》（7號）、《倫敦橋》（9號）、《浙江之太湖》（10號）。將
太和殿和普陀山、玉帶橋並列，同稱「大陸之景物」，顯而易見是帶
著俯瞰、觀賞、把玩的眼光。換句話說，皇家宮殿不再是高山仰止，
畫家和讀者都將其作為「臥遊」的對象。此舉一方面讓平民百姓對無
法身歷的太和殿、保和殿、中和殿的建築形式以及殿內布置「瞭若指
掌」；另一方面，將皇家宮殿日常化、旅遊化、商品化，也使其失去

22 于敏中等編纂：《日下舊聞考》，148頁，北京，北京古籍出版社，1983。

了原先的神秘感與崇高感。

只是靜止地介紹某某建築，其實有違畫報的新聞性質。這點，《點石齋畫報》做得比較好——即便對皇家宮殿感興趣，也都是借慶典場面來展開，如《萬壽盛典》《普天同慶》《九重高拱》《祝嘏情殷》《郊祀紀盛》[23]等——後者講的是冬至祀天，皇上未能親政，特派睿親王代行大禮，儀式照舊。畫家關注的，正是這一切照舊的「儀式」；因其帶有表演性質，可以馳騁想像，把畫面弄得很漂亮。同樣熱鬧紅火的，還有兼及內政與外交的《西藏入貢》《大賓貢使》等。因戰爭失利而簽約，最好在室內進行（如《中法換約》《中外好會》）；至於有人前來朝貢，或有機會居高臨下地賞賜來使，對於已經相當衰弱的王朝來說，不啻一劑強心針。如此有面子的事情，當然非在光天化日之下大張旗鼓地進行不可。將「屈辱」鎖在室內，將「光榮」呈現屋外[24]，同是「交涉」，如此風景迥異，目的無非想證明王朝的威嚴還在。

可經過了甲午戰敗以及庚子慘禍，原先至高無上的皇權，正日漸失去光芒；尤其是在民族主義思潮湧動的南方，輝煌依舊的皇家宮殿，已不再是高不可及，而是可供百姓賞玩的「勝景」。

有趣的是，約略同一時期，刊行於北京的畫報，基本上不涉及皇家宮殿。站在遠處觀望的上海畫師，正殫精竭慮地刻畫皇城的威嚴；而生活在帝京的北京人，則對於皇城幾乎是視而不見——不是不知道，而是普通人根本進不去，故「漠不關心」。整個北京城的基本格

---

23 《萬壽盛典》，載《點石齋畫報》，乙一，1884；《普天同慶》，載《點石齋畫報》，乙十，1884；《九重高拱》，載《點石齋畫報》，乙十二，1884；《祝嘏情殷》，載《點石齋畫報》，丙四，1884；《郊祀紀盛》，載《點石齋畫報》，丙四，1884。

24 《西藏入貢》，載《點石齋畫報》，乙七，1884；《大賓貢使》，載《點石齋畫報》，乙九，1884。

局，早在明代永樂年間就已經定型了——城市被分隔為外城、內城、皇城以及皇帝理朝和居住的紫禁城等幾個功能完全不同的區域。王朝對於城市空間的使用，有嚴格的控制，不完全是等級差別，還包括民族區隔。到了清末，雖說控制已稍為鬆弛，但大多數漢人仍然只能居住在外城；至於皇城和紫禁城，普通百姓無論滿漢都不允許進入，更不要說參觀遊覽了。這就使得辛亥革命以前，北京城裡的皇家園林、祭壇和廟宇，全都處在封閉狀態。普通的北京市民，只有在廠甸、什剎海等民間廟會的場合，才能體會那種熔商業、娛樂與文化於一爐的樂趣。[25]至於皇家宮殿，雖近在咫尺，實則遠在天邊，何勞你我掛心？

上海的畫家和讀者並非不明白這一點，只是出於好奇，還是對各類皇家建築情有獨鍾。稍早於《圖畫日報》的《時事報圖畫旬報》，就刊有筆觸相當細膩的《頤和園》《正陽門城樓》《萬壽山》《景山雪景》等。若《萬壽山》一圖，除渲染其「皇家氣象」，更提醒諸位，如此風光，與你我無緣：

> 萬壽山在京師西二十餘里，自馬路築成後，由順治門而出，康莊大道，直達海甸，而山景乃歷歷在目。不特奇峰秀巘，佳氣蔥蘢，且昆明湖一碧無涯，適與山光掩映成趣，尤占林泉幽勝。昔年每值盛夏，顯皇后萬幾之暇，恆駐蹕於此，為消夏計。山中樹木干霄，亭臺畫甍，雖遊人不能偶入，而長安道上客，如驅車偶過其地，蓋撲盡俗塵萬斛矣。[26]

---

25 「這些廟會在某些方面與今日的現代公園活動類似，融文化、商業、社會和娛樂活動於一體，通常是每年、每季或每月一次，有的甚至更經常一些。」史明正：《走向近代化的北京城——城市建設與社會變革》，135頁。

26 《萬壽山》，載《時事報圖畫旬報》，2期，1909年2月。

既然「遊人不能偶入」，為何還是念念不忘？只能解釋為強烈的「好奇心」。但有一點，將《萬壽山》等皇家建築與眾多國內外風景名勝並置，實際上已經消解了皇權至高無上的政治內涵。即便「驅車偶過其地」的「長安道上客」，其眺望如此「林泉幽勝」，也只是為了「撲盡俗塵萬斛」。

同樣號稱以下層民眾為擬想讀者，京滬兩地的畫報，為何在面對皇家建築時，會有如此差異？身處「城裡」與「城外」，對於這座城市的想像，自然大不相同；但更重要的是，上海畫報的「遊覽者」目光，以及北京畫報的「在地民眾趣味」，同樣對帝京的神聖性構成了挑戰。至於像創刊於一九〇六年的《北京畫報》《開通畫報》《星期畫報》那樣，不約而同地避開輝煌的宮殿，轉入大街小巷，關注民眾的日常生活，這樣一來，畫面上雖不怎麼富麗堂皇，甚至顯得有點零碎與錯亂，但「平民」的目光，卻藉此得以真正浮現。

三　在禁苑與公園之間

談論城市景觀，京海之間，有一個很大的差異——所謂「申江勝景」，基本上可以隨意造訪；而今人所熟悉的諸多帝京名勝，當年卻是禁止平民進入的。京城裡有的是好園林，但不少只供皇家享用，若《點石齋畫報》中的《恭閱欽工》，述說皇上如何躬行孝道，命內府臣工興修豐澤園，恭備皇太后幾餘游幸。[27]畫面上臺榭樓觀，古木參天，確實很清幽，可那絕對不是為了「與民同樂」。

當然，也有皇家無法壟斷的好景色，就像《朝市叢載》所推薦的「西山霽雪」「金臺夕照」「盧溝曉月」「薊門煙樹」等「京都八

27　《恭閱欽工》，載《點石齋畫報》，子九，1887。

景」[28]，就得到了無數文人雅士的極力讚賞。《時事報圖畫旬報》推介天下名勝時，與《巴黎鐵塔》《紐約鐵橋》並列的，就有屬於帝京的《萬里長城》和《金頂妙峰山》──後者包含若干宗教活動，前者則是純粹的「風景名勝」：

> 長城築於秦時，起臨洮，迄遼東，計長四千餘里。牆高三丈，底厚兩丈五尺，頂厚一丈五尺。史載秦始皇使蒙將軍北築長城，卻匈奴七百餘里，胡人不敢南下而牧馬。當時靡財之多，施工之巨，誠為中國數千年來所罕見。自此以後，漢武帝、元魏明帝、北齊文宣帝、周宣帝、隋文帝，歷代屢有增修，皆恃為西北邊防之要點。本朝龍興遼藩，定鼎燕都，東三省均隸入版圖之內，聲教且遠迄內外蒙古焉。是則歷代所經營締造之長城，今皆一無所用，惟令考古者俯仰登臨，留為中國前古之遺跡而已矣。[29]

在熱兵器時代，萬里長城確實早已失去其軍事防禦的功能，「惟令考古者俯仰登臨」，發懷古之幽思。即便如此，將如此歷史悠遠的帝京景致，與剛剛興起的「滬濱百景」放在一起觀賞、讚歎，感覺上還是有點滑稽。

起碼，北京的畫報是不會這麼做的。晚清北京城裡創辦畫報的，不僅對皇家建築視而不見，對歷代文人再三吟詠的「京都八景」等，也都毫無感覺。不是缺乏審美判斷，而是基於堅定的啟蒙立場──比起上海的畫報來，北京畫報整體上顯得更為平實、厚重，這與經營者

---

28 李虹若：《朝市叢載》，114-115頁。

29 《萬里長城》，載《時事報圖畫旬報》，1期，1909年2月。

的心態有關。幾乎每種畫報，都會見縫插針地表達自家「開通民智」
的強烈願望。這裡僅以一九○九年創辦的《正俗畫報》和《燕都時事
畫報》為例，看看北京人是怎麼看待自己的畫報事業的。

《正俗畫報》第一期上有一則《代發刊詞》，說的是：「本報同人
為挽救時局起見，組織這種畫報，以期糾正人心。然而一小小的畫
報，能有多大力量？無非盡我們一分苦心。」[30]第二期打頭的，是友
人的賀辭：「故組織報館，命名『正俗』，以整飭風俗為宗旨，以通達
民隱為其責，借繪事而傳神，藉不律以宣化，使朝野無壅蔽之弊，俾
上下有通融之歡。」[31]第六期上，又以「代演說」的名義，發表友人
對於該報的祝辭：「貴報出版，又多一種開通智識改正風俗的利器，
實在是國民的幸福哇。而且，畫報婦孺閱看，尤有益處。蓋婦女為國
民之母，若是一開通，那還愁國不強嗎？」[32]至於第七期上的「蟄鴻
來稿」，更是一則視野宏闊的「畫報論」：

> 國家之強弱，每視乎報紙之多寡為正比例。何也？蓋報紙之宗
> 旨不一，無論其為贊襄政治，矯正風俗，或研究學術，鼓吹文
> 明，要無非促國勢之進行，道人民之開化。是報之有關係於國
> 家者大矣重矣。而畫報其尤要者也。夫畫報與風俗人心有密切
> 之關係，既為教育之一助，又為美術之一端。欲知婦孺之開通
> 與否，社會之改良與否，均視畫報之優劣之漲縮為定衡。所
> 以，關心風化者，不可不維持之推廣之，使之日進於完全美滿
> 之地位者也。[33]

---

30 《淺說》，載《正俗畫報》，1期，1909。
31 清天一鶴：《祝〈正俗報〉出版詞》，載《正俗畫報》，2期，1909。
32 求是生：《祝本報出版詞》，載《正俗畫報》，6期，1909。
33 蟄鴻：《祝〈正俗報〉出版詞》，載《正俗畫報》，7期，1909。

《燕都時事畫報》第一號上的《本報發刊辭》，首先表白自家辦報的
「四大主義」：第一「條舉時弊」，第二「敷陳時事」，第三「維持公
益」，第四「並不是專以營利為目的」。[34]第六號上的《三祝報界》，提
及開通民智非從辦報入手不可，可惜北京風氣不如南方開通，「又搭
著中國文字困難，多數人缺欠普通教育，所以有報也未必都喜歡
看」。「好在興（新）出各種畫報，一則能引人興會，二則婦孺易解。
這個時代，各種畫報，實在是各報的先導，更是救時的功臣。」[35]第
七、八號連載的《賀〈燕都時事畫報〉出版並論其利益》，區分「議
論激昂」的文話報與「文理淺近」的白話報，以及「更有一番深意」
的畫報。至於何為畫報的長處：

> 譬如有一件新聞，要徒用筆墨述說，任你怎樣兒齊全，也不能
> 夠把當時的情景，說的分毫不差。要是把他畫出來，即時的景
> 致，當場的事況，以及人穿什麼衣裳，怎麼樣打扮，高矮胖
> 瘦，全能畢露紙上。您看完了上頭所以紀的事情，再一看所畫
> 的圖，簡直的如同當場眼見一個樣，豈不比徒紀事情強的多
> 麼？[36]

類似的表彰畫報的文字，《燕都時事畫報》上還有好多。[37]如此「連篇
累牘」地自我宣傳，無論說的、聽的，都很真誠。這或許是北方人的
特點，「知恥近乎勇」，明白在「開通民智」方面落後於南方，於是急

34　《本報發刊辭》，載《燕都時事畫報》，1號，1909。

35　愛新覺羅勛銳：《三祝報界》，載《燕都時事畫報》，6號，1909。

36　玉仲瑩：《賀〈燕都時事畫報〉出版並論其利益》，載《燕都時事畫報》，7、8號，
　　1909。

37　如《燕都時事畫報》9號、12號、13號、51號、52號等。

起直追。可畫報不同於一般的「經世文章」，本是需要一點「遊戲精神」的[38]，太認真、太執著、太沉重，反而做不好。比起上海的畫報來，北京畫報普遍顯得平實有餘，而灑脫不足。另外，還有畫家技藝的問題，畢竟，要做到「所畫的圖，簡直的如同當場眼見一個樣」，不是很容易。因此，晚清北京畫報崛起的多，消逝得也很快。

說到晚清北京畫報之缺乏「娛樂精神」，從其對於時尚女性以及娛樂新聞的處理，可以明顯看出來。在上海畫報中，這兩者占有很大的篇幅，且大都採用「鑒賞」而不是「批判」的態度。《圖畫日報》上的諸多專欄，細說上海灘上的各種風景與娛樂，若《上海社會之現象》《上海曲院之現象》等，多少還帶有「譴責小說」的意味，而像《上海之建築》以及《營業寫真》（後者俗名「三百六十行」，連載於1-228號，每號二幅），熔知識性和趣味性於一爐，基本上沒有什麼道德教誨。至於《三十年來伶界之拿手戲》（229-404號）這樣的好題目[39]，本來應該是北京畫報的囊中之物，可惜竟拱手相讓了。

《點石齋畫報》上有一幅《歌舞昇平》，說的是元旦日皇上臨殿受百官朝拜，然後開戲賀年。演出節目包括唱曲子、跑竹馬、舞獅子以及表演捧跤等，一個月前由禮部衙門嚴格審查，通過的方能上演。[40]如此莊嚴、沉重的「演出」，必定缺乏娛樂色彩，更多的是作為

---

38 晚清國勢衰微，有識之士深感責任重大，即便「遊戲」時，也都自稱：「豈真好為遊戲哉？蓋有不得已之深意存焉者也。」《論〈遊戲報〉之本意》，載《遊戲報》，63號，1897。

39 第404號《圖畫日報》（1910年8月）上，刊有最後一幅《三十年來伶界之拿手戲》，後有「海上漱石生」的「附識」：「記者按：滬上三十年來，京蘇徽陝名伶之多，不可縷計。本報每日錄記，雖已得二百餘人之譜，然近來傑出如……尚不止有百餘人。加以女伶百餘人，屆計尚有十餘月可錄。今因畫報中輟，不得不戛然而止。他日或當編輯作單行本，以就教閱者也。」

40 《歌舞昇平》，載《點石齋畫報》，丙十，1885。

「治國平天下」的工具。從禮部衙門的審查，到愛國志士的品鑒，著眼點都是道德教誨，而不可能顧及所謂的「娛樂精神」。在這個意義上，二者政治立場迥異，思路卻是相通的。

創辦於庚子事變後、肩負著啟蒙重任的北京各畫報，對於純粹的「風花雪月」不感興趣；偶而涉及娛樂業，也都主要是指向其政治意蘊。一般的戲園，必須是上演愛國新劇，或者演出中夾雜政治演說，再不就是為了賑災而義演，否則不值得推介。像《北京畫報》上的《戲園子進化》，說的是廣德樓玉成班主田際雲排演新戲《惠興女士傳》，演出前還專門約請新學人士彭翼仲、王子貞、張展雲登臺演說；而《開通畫報》上的《票友熱心》，則是講述「文韻暢懷」在福壽堂唱《六國合約》，而且賣女座三天，所得款項全部捐助女學。[41]只有這樣充滿政治激情的演出，北京的畫報才會給予特殊的關注。

既具備一定的娛樂性，又有利於思想啟蒙，還能允許普通民眾參與，這樣的公共活動，在晚清北京，大概唯有新興的「公園」。皇家禁苑有很大的排他性，妓院及戲園又缺乏道德感，作為地理學以及文化意義上的公共空間，「公園」的出現，對於古都北京的意義非同尋常。這就難怪，敏感的畫報製作人，會對「小荷才露尖尖角」的「公園」抱有如此濃厚的興趣。

一九〇二年創辦的《啟蒙畫報》，曾對歐西各國已經相當普遍的「公家花園」，做了專門介紹：「這公園因何叫做公家呢？因這一處地方，人亦多了，每逢禮拜日，那裡去遊玩呢？因此造了一所花園，亭臺池沼，鳥獸花木，都可以賞心悅目。飲酒品茶，馳馬下棋，樣樣均備。一人所費，頂多不過一二元罷。北京城十剎海，是玉泉山最好的

---

41 《戲園子進化》，載《北京畫報》，3期，1906年4月；《票友熱心》，載《開通畫報》，3期，1906年9月。另參見夏曉虹：《舊戲臺上的文明戲——田際雲與北京「婦女匡學會」》，載《現代中國》，5輯，武漢，湖北教育出版社，2004。

水，地方極大，極幽雅，真是天生的一個公家花園。」[42]大概嫌說的
不夠仔細，接下來，編者又連續五次專門講述公園。在《敘花園二》
中，說到公園裡便於各種人之間的交往：「這種教化，中土人士見所
未見。現在要是有人照辦，必要鬧出笑話來。風俗輕薄，亦難怪官來
禁止。上海味蒓園，所以必須在租界內也。」而在《敘公園三》中，
又有對於公園情景的精細描述：

> 也有一家團聚閒談的，也有閒步唱歌的，也有領著小孩，坐在
> 椅子上教書的，也有坐著小馬車，穿林遊逛的。各人自樂其
> 樂，天機活潑，沒有一分拘束。這種境界，就是那一字不識的
> 人，走入公園，他的胸襟，亦可以立時開化。……學生們自己
> 想想，若是我們京裡有這公園，逛的人自然不少。[43]

公園讓人放鬆，可以怡情養性；公園有利於教化，可以開闊胸襟；但
最重要的是，公園姓「公」，普通民眾可以自由出入。而這，在皇權
至上的晚清，根本無法實現。

北京城裡建公園，這一良好願望，只能等辛亥革命成功後，才有
逐步實現的可能。民國肇始，頭幾年，皇城內依舊是禁地。另外，因
南北軍代表訂立的清皇室優待條件內明確規定，清帝遜位後遷居頤和
園，等於間接承認頤和園是溥儀的私產。因此，所謂的「公園開放運
動」，雖也在逐漸展開，卻是一波三折。對於拓展北京這座古老城市
地理意義上的「公共空間」，此舉雖步履蹣跚，卻於國民精神與文化
建設大有裨益。[44]當初為此運動而撰寫的眾多宣傳文字，淺顯易懂，

---

42 《公家花園》，載《啟蒙畫報》，7冊，1902年11月。
43 《敘公園三》，載《啟蒙畫報》，7冊，1902年11月。
44 參見史明正：《走向近代化的北京城──城市建設與社會變革》，136-158頁。

切中肯綮，且十分有趣：「現在星期休息，中國已經通行，但是通都大邑，沒有個正當的遊玩地處，因而鬧得多數男子，都趨於吃喝嫖賭的道兒上去……設立公園，便是改變不良社會的一種好法子。」[45]將皇家禁地改造成真正意義上的「公園」，最早的成功例子，便是舊時的社稷壇、今日的中山公園。

一九一四年秋，朱啟鈐建議闢社稷壇為公園，並因此發起募捐。列名發起人的，有段祺瑞、朱啟鈐、湯化龍等，而捐款最多的則屬徐世昌和張勳。其募捐啟事曰：

> 敬啟者：竊以京都首善之地，人文駢萃，圜闠殷繁，向無公共之園林，堪備四民之遊息。卒致城市之居，囂闠為患；幽邃之區，荒蕪無用。果能因地拓建，仿公園之規制，俾都中人士休沐餘暇眺覽其間，蕩滌俗情，怡養心性，小之足以裨益衛生，大之足以轉移風俗，消息至微，影響實巨。[46]

接下來就是引經據典的「考之歐美」云云。作者提議改成公園的，包括「南城先農壇、天壇，北城之積水潭、十剎海」等，而最值得馬上經營的，則是「地址恢廓、殿宇崔巍，其松柏之古茂，即歐美公園亦不多觀」的社稷壇。實際上，在朱啟鈐的積極宣導與親自主持下，一九一四年後，諸多皇家禁地如社稷壇（1914）、先農壇（1916）、天壇（1918）陸續向公眾開放，至於北海以及頤和園之正式成為國家公園，則遲至一九二五年和一九二八年。[47]

---

45 《市政通告》，2卷，1914，轉引自上書，140-141頁。

46 《中央公園廿五週年紀念刊》，2頁，北京，中央公園委員會，1939。

47 關於北京的壇廟與園囿如何轉變為公園，參見湯用彬等：《舊都文物略》，第三章「壇廟略」和第四章「園囿略」，35-79頁，北京，書目文獻出版社，1986；王煒、閻虹：《北京公園開放記》，載《北京觀察》，2006。

　　所謂的「皇家禁苑」，確實是在進入民國後才逐漸開放的；但慈禧太后於「新政」期間，在西直門外滿洲親王三貝子的花園裡賜建的「萬牲園」（即今北京動物園），仍可視為北京最古老的「公園」。提到「萬牲園」，不能不涉及此前北京已有的「萬獸院」。一八七五年的《萬國公報》上，曾刊發主編林樂知（Young J.Allen，1836-1907）的《書〈申報〉創設博物院後》，稱京城裡皇宮西首大主教堂中設有「萬獸院」，搜羅中外奇禽異獸，「大而獅子，小而燕雀，無一不備，即螳螂蚱蜢等物，亦列其中」；但那是「死者如生，枯者轉榮」的標本[48]，而非活物。換句話說，「萬牲園」與「萬獸院」，雖然字面上看起來差不多，其實大相徑庭——後者為博物館，前者則是動物園。

　　據《清實錄》，光緒三十二年（1906）八月二十六日，出使各國考察政治大臣戴鴻慈、端方等奏：「各國導民善法，擬請次第舉辦。曰圖書館，曰博物館，曰萬牲園，曰公園。」[49]其中的籌辦萬牲園，因無關政局，且近乎遊玩嬉戲，得到了慈禧太后等的大力支持，得以迅速展開。一九〇七年六月五日，端方出洋期間訂購的動物抵達天津塘沽，隨後轉運北京，這批動物包括斑馬、花豹、獅子、老虎、袋鼠、駝鳥等，一共裝運了五十九籠。[50]一九〇七年七月十九日，萬牲園正式接待遊客。[51]

　　如此新奇的「萬牲園」，在引起公眾廣泛興趣的同時，很快也進入了畫家的視野。第三十九號的《星期畫報》上，有關於萬牲園的詳實介紹：

48 林樂知：《書〈申報〉創設博物院後》，載《萬國公報》，362卷，1875-11-13。

49 魏開肇等輯：《清實錄北京史資料輯要》，582頁。

50 《選購禽獸裝運入京》，載《大公報》，1907-06-05。

51 劉珊《萬牲園史考》，載《文物春秋》，2003（3）。

> 西直門外三貝子花園，現在改作公園，又叫做萬牲園。裡面安
> 放著各種猛獸，各樣異禽，都是中國人不常見的動物，許各色
> 人入內遊玩。為教華人開開眼，除禮拜日期不放遊人外，其餘
> 單日男子入內，雙日女子入內，每人收資銅元二十枚。開辦以
> 來，遊人很多。[52]

遊園規則同樣見諸其他報刊；此畫報的特出之處在於，追問老虎為何
不咬德國飼養員，而對前來挑逗的中國人很不友好，難道真的是「獸
欺華人」？同期畫報還有一幅《花條馬》，說的是：兩匹斑馬格外好
看，在萬牲園中獨擅大名；記者因此很不服氣，認為那只是皮毛而
已。「竊恐怕伯樂復生，斯馬必無取焉」──如此道德化的解讀，未
免太過迂腐。

變成「時尚」場所，也就會有各種匪夷所思的故事發生。一九〇
八年的《星期畫報》，便曾對闊人「遊園」時之橫衝直撞表示極大的
憤慨：

> 萬牲園定章：凡入園遊逛的人，無論是誰，都不准騎馬坐車進
> 去，人力車自行車也不准自己攜帶。自從開辦，人人遵守。六
> 月中旬，忽然有兩個闊人遊園，楞騎著雙座自行車闖進去了，
> 守門的人也不敢攔。到了園中，還有幾個跟人，前護後擁，大
> 聲喊叫：讓道兒啊！讓道兒啊！這總算個遊園的特色嘍。[53]

連純粹的娛樂活動，都要分出個三六九等，如此「遊園特色」，只能
屬於極端崇拜權力的帝京。

---

52 《獸欺華人》，載《星期畫報》，39號，1907年7月。
53 《遊園特色》，載《星期畫報》，80號，1908年6月。

　　萬牲園的最大特色在珍禽異獸，可偏偏有人看中的是花卉與林木。上海的《輿論時事報圖畫新聞》曾提及，北京女子師範學堂五十學生偕同堂中各教習，乘人力車到萬牲園遊覽，畫面上就只見植物，而沒有任何動物的影子。[54]不能完全歸咎於上海畫家的憑空捏造，《燕都時事畫報》也曾報導：京城裡某校書很是文雅：「日前，獨自一人赴萬牲園遊逛，在竹林中久坐。聽說該校書見天如此，哈哈，可稱好靜啊。」[55]不管是來看異獸，還是來賞花木，萬牲園作為晚清帝京唯一的公園（雖然必須付費），在那個時代，必定凝聚了無數公眾歆羨、讚許的目光，因此也就很容易「入畫」。

四　日漸模糊的風俗畫

　　光緒十年（1884），暮春時節，申報館主人美查（Ernest Major, 1841-1908）為創辦《點石齋畫報》，特意寫下這麼一段話：「爰倩精於繪事者，擇新奇可喜之事，摹而為圖，月出三次，次凡八幀，俾樂觀新聞者有以考證其事，而茗餘酒後展卷玩賞，亦足以增色舞眉飛之樂。」[56]這裡強調的是，「新聞」＋「繪事」＝「畫報」。既然稱「報」，從屬於新聞，似乎沒有任何疑義；問題在於，同一份報章，有各種專欄，所談之事，可以是「新聞」，也可以是「舊知」，只要「新奇可喜」、能「增色舞眉飛之樂」就行了。這就難怪，《點石齋畫報》中存在著大量沒有多少新聞性的畫面，後人為之編輯專門的「時事風俗畫」[57]，或者論述吳友如的貢獻時，兼及其「新聞畫」與「生

---

54 《女學生游萬牲園》，載《輿論時事報圖畫新聞》，1909年12月。

55 《妓女好靜》，載《燕都時事畫報》，72號，1909年7月。

56 尊聞閣主人：《點石齋畫報緣啟》，載《點石齋畫報》，甲一，1884。

57 吳庠鑄編：《點石齋畫報的時事風俗畫》，北京，人民美術出版社，1958。此書以及

活畫」，都是意識到其中的縫隙。[58]

　　表面上，這些圖像也有時間、地點、人物，具備所謂的新聞三要素。可明眼人一看就明白，「事件」本身無關痛癢，作者真正關心的，是作為背景的「風土人情」。具體說來，就是兼採傳統的「歲時記」與「風俗畫」，用文字和圖像呈現某一城市（或區域）的「風俗志」。像《點石齋畫報》中的《京師求雨》《佛寺曬經》《廟祀財神》《驗收駝馬》等[59]，所著力描摹的，便是帝都北京特有的「風情」。

　　自南朝梁宗懍撰《荊楚歲時記》起，歷代文人多有對「歲時紀勝」感興趣的；類似的著述，不說汗牛充棟，起碼也是車載斗量。除了「記」，還有「詩」，宋人蒲積中編《古今歲時雜詠》四十六卷，收詩二千七百餘首，正所謂「非惟一披方冊，而四時節序具在目前，抑亦使學士大夫因以觀古今騷人用意工拙，豈小益哉！」[60]無論雜史、筆記還是詩文，關於「歲時」的文字，讀書人一般都比較熟悉；相對來說，「風俗畫」因流存及傳播較為困難，其發展脈絡便不見得廣為人知。

　　就其對市俗生活的細緻描摹和生動表現，宋人張擇端的《清明上河圖》當然是集大成者──借助於生產、貿易、旅遊等生活場景，將

《點石齋畫報時事畫選》（鄭為編，北京，中國古典藝術出版社，1958），其編輯思路明顯受鄭振鐸的影響。

58 鄭振鐸高度評價《吳友如畫寶》以及吳為《點石齋畫報》《飛影閣畫報》所繪製的諸多「生活畫」，稱其為「中國近百年很好的『畫史』」（參見鄭振鐸：《鄭振鐸藝術考古文集》，193、185頁，北京，文物出版社，1988）。可實際上，吳友如的「生活畫」，並非全都具有「新聞性」；這一點，在《吳友如畫寶》中尤其明顯。

59 《京師求雨》，載《點石齋畫報》，甲十一，1884；《佛寺曬經》，載《點石齋畫報》，甲十二，1884；《驗收駝馬》，載《點石齋畫報》，丙二，1884；《廟祀財神》，載《點石齋畫報》，丁七，1885。

60 蒲積中：《〈古今歲時雜詠〉序》，見《古今歲時雜詠》，瀋陽，遼寧教育出版社，1998。

五百餘口人物，五十餘匹牲畜，與城門、店鋪、街道、橋梁、船隻、車轎等交織在一起，縱橫起伏，錯落有致，實在讓人歎為觀止。可《清明上河圖》並非孤例，更不是自我作古，此類表現意識，起碼漢人畫作中已露端倪。民國初年，陳師曾撰《中國繪畫史》，稱許漢武梁祠等畫像石刻「多畫帝王、聖賢、孝子、烈士、戰爭、庖廚、魚龍雜戲等，刻畫樸拙，亦可想見當時衣服車馬風俗之制度」。[61]對於此說，魯迅定然心有戚戚焉，單看他不斷收集漢唐畫像石，還曾設想「擇其有關風俗者，印成一本」[62]，就可以明白。而最近五十年，考古新發現層出不窮，漢墓壁畫以及畫像石、畫像磚等大量湧現，其對於漢代社會生活的描繪，包括車馬出行、戰爭狩獵、樂舞百戲、農耕紡織以及庖廚宴飲等，幾乎到了「無遠弗屆」的地步。

史家論及「中國人物畫的產生與發展」時，對於「歷史上優秀的風俗畫，可以讓觀者好像親歷於千百年前的市井中」，表示極大的讚賞——若唐代展子虔《長安車馬圖》、韓滉《田家風俗圖》，宋代燕文貴《七夕夜市圖》、李嵩《貨郎圖》，以及大名鼎鼎的《清明上河圖》等，這些「都是宋及其以前有名的風俗畫」。至於晚清吳友如繪《點石齋畫報》，「把『里巷所聞，碼頭所見』，甚至把『洋人洋槍洋貨』都入畫」，在藝術史家王伯敏看來，也應該屬於這個傳統。[63]

其實，在吳友如之前，清代有兩批很成規模的風俗畫，值得關注。乾隆四十五年（1780），弘曆南巡，金德輿奉上請方薰所繪有關兩浙風土人情的《太平歡樂圖》，博得龍顏大悅。光緒十五年（1889），上海刊行該書的石印本，吳塗在序言中稱許該圖「其中負

---

61 劉夢溪主編：《中國現代學術經典・魯迅、吳宓、吳梅、陳師曾卷》，748頁，石家莊，河北教育出版社，1996。

62 魯迅：《致姚克》，見《魯迅全集》，12卷，359頁。

63 王伯敏：《中國繪畫通史》，下冊，573-574頁，北京，生活・讀書・新知三聯書店，2000。

者、戴者、手挈而肩挑者，形神逼肖，百貨駢臻，益以見當時景運之
隆」。正如《三百六十行圖集》編纂者所說的，普通百姓的勞作，文
獻本來就很少記載；即便竹枝詞或通俗小說中有所描寫，單靠文字也
都難盡其幽微，故，「在攝影技術發明之前，這些繪畫，為讀者提供
了最真切、最寫實的社會生活圖景」。[64]約略與此同時或稍後，在廣
州，也有一批外銷畫家正致力於市井生活的描繪。十九世紀三〇年代
庭呱所繪的三百六十幅外銷畫，描繪的是廣州的市井行當；而十八世
紀末蒲呱所繪同一題材的水粉畫，則是一百幅。對於理解特定時代廣
州的街頭生活，這兩批畫作大有裨益，確實當得起「十九世紀中國市
井風情」的大名。[65]

　　《點石齋畫報》中，講述上海街頭的「洋人洋槍洋貨」的，好些
是貨真價實的「新聞畫」；反倒是描述各地民眾日常生活的，更符合
「風俗畫」的定義。那些關於東西南北歲時習俗的精細描摹，不管你
用的是什麼由頭，讀者都將其作為「風俗畫」欣賞。舉個例子，冬天
北京人滑冰或乘冰床，這對於南方的讀者來說，無疑具有很大吸引
力。欣賞下面這幅《冰上行槎》，沒有人會去追問那三個少女姓甚名
誰，大家關注的，都是那「風雪中望之，儼然圖畫」：

　　　　京師近日天氣甚寒，護城河渠積冰厚尺許，冰槎以此均下河。
　　　都人士女乘之往來，疾如飛梭，風雪中望之，儼然圖畫。初三

---

64 王稼句：《〈三百六十行圖集〉前記》，見《三百六十行圖集》，蘇州，古吳軒出版
　　社，2002。此書共選輯關於三百六十行的舊繪十種，《太平歡樂圖》亦在其中；吳
　　塗序言見該書9頁。

65 這些外銷畫現藏美國麻塞諸塞州賽倫市的皮博迪・埃塞克斯博物館，由黃時鑒、〔
　　美〕沙進整理成冊，以《十九世紀中國市井風情——三百六十行》為題，於1999年
　　由上海古籍出版社公開刊行。為幫助讀者了解相關背景，編者還為許多畫幅選配了
　　清人所撰竹枝詞。

日，阜城門外北河，有少女三人，雇之而赴西直門，掣電流
星，快利無比。行至半途，槎忽陷入，幸經別槎救起，始獲無
恙。然而羅襪淋漓，受寒不淺矣。說者曰：河伯殆將娶婦，故
將致意於冰上人乎？[66]

冬天乘冰床遊玩，這是老北京流傳久遠的習俗。潘榮陛刊於乾隆二十
三年（1758）的《帝京歲時紀勝》中，略為介紹了此種「以木作床，
下鑲鋼條，一人在前引繩，可坐三四人，行冰如飛，名曰拖床」的玩
意兒。[67]而富察敦崇刊於光緒三十二年（1906）的《燕京歲時記》，其
「拖床」一節，有更為精細的描寫：

冬至以後，水澤腹堅，則十剎海、護城河、二閘等處皆有冰
床。一人拖之，其行甚速。長約五尺，寬約三尺，以木為之，
腳有鐵條，可坐三四人。雪晴日暖之際，如行玉壺中，亦快事
也。至立春以後，則不可乘，乘則甚危，有陷入冰窟者，而拖
者躲矣。[68]

如此「快事」，對於初來乍到的外地人來說，是非觀賞或親自嘗試不
可的。初刊於光緒十二年（1886）、光緒年間廣泛流傳的「北京旅遊
指南」《朝市叢載》，全書共八卷，「舉凡禁城之壯麗，衙署之紛繁，
以及名人書畫、廠肆珍玩，下至遊宴之所、飲饌之細，無不備載而詳

---

66 《冰上行槎》，載《點石齋畫報》，丙四，1884。
67 潘榮陛、富察敦崇：《帝京歲時紀勝・燕京歲時記》，37頁，北京，北京古籍出版社，
　　1981。
68 潘榮陛、富察敦崇：《帝京歲時紀勝・燕京歲時記》，91頁。

說之」。[69]單從遊玩角度看，卷六介紹的「市廛」「寺觀」「古蹟」「戲園」以及「京都八景」等，最值得流連。而「時尚」部分，專門推薦的有「走堂」「踢毽」「轎夫」「車夫」「冰床」「演官跤」「靈雀銜丸」「抖空竹」和「冰鞋」九種。其中對於「冰床」的介紹如下：「形如木床，下拖鋼條，用繩曳之如飛。人坐甚穩，便於車馬，如在琉璃世界行矣。」[70]該書卷七「都門雜詠」，雜鈔前人及同時代人眾多關於節令、人事、食品、市廛、風俗、技藝等的詩篇，其中《冰床》一則，版權應歸楊靜亭。

楊靜亭的《都門雜詠》，初刊於道光二十五年（1845），其中《冰床》一首云：

> 十月冰床遍九城，遊人曳去一毛輕。
> 風和日麗時端坐，疑在琉璃世界行。[71]

清人關於「冰床」的雜詠，可與楊詩相發明的，還有方元鵾的「愛他數里冰床坐，穩似春江一葉舟」（《都門雜詠》），以及褚維壋的「喚坐冰床載人去，順成門外到前門」（《燕京雜詠》）。褚詩小注，涉及乘坐冰床的價格，還有點經濟史意義：「城河冰凍，俱設冰床，由順成門拉至正陽門，約三四里，價以三四錢。」[72]無論是潘榮陛、富察敦

---

69 李虹若：《朝市叢載‧自序》。該書《例言》稱：「是書之作，原為遠省客商而設，暫時來京，耳目難以週知，故上自風俗，下至飲食、服用以及遊眺之所，必詳細注明，以資採訪，庶幾雅俗供（共）賞。」

70 同上書，118頁。

71 楊靜亭：《都門雜詠》，見路工編選：《清代北京竹枝詞》，82頁。《朝市叢載》收入此詩時，改「一毛輕」為「一繩輕」，「風和日麗」為「風和日暖」，見李虹若：《朝市叢載》，145頁。

72 參見孫殿起輯、雷夢水編：《北京風俗雜詠》，39、52頁，北京，北京古籍出版社，1983。

崇，還是楊靜亭、李虹若，都將坐冰床作為一種純粹的娛樂活動，只看到了「疑在琉璃世界行」之愜意，而沒意識到這可能也是一種繁重的勞作。反倒是二十世紀初編寫《北京志》的日本人，注意到北京城裡存在著兩種截然不同的冰床：「城外護城河及運糧河的冰床專為實用，而此處（什剎海）冰床則專供遊玩之用。」[73]

如果只是介紹「冰床」之類習俗，這樣的「風俗畫」，不會有太大的爭議；即便你不喜歡，也都無傷大雅。問題在於，傳統中國的「歲時」，多有宗教背景。就像前面提到的《京師求雨》《佛寺曬經》《廟祀財神》《妙峰香市》《超度孤魂》等，其莊嚴的儀式，與佛教或道教息息相關。不妨以《超度孤魂》為例：

> 京師西直門外高梁橋，為玉泉山水東流必經之處，然地近荒僻，時有投河身死之人。七月十五日，該處建盂蘭盆會，延僧設醮，普濟孤魂。一時鬢影衣香，絡繹於道。入夜，念經畢，施放河燈，萬朵金蓮，浮蕩水面，波光照耀，上下通明，誠一時之佳景也。[74]

西直門外高梁橋，因風景絕佳，常在清人的詩文中出現[75]。至於七月十五盂蘭盆會，更是個流傳久遠、帶有濃厚宗教意味的古老習俗。所謂「盂蘭盆」，乃梵文 Ullambana 的音譯，意為「救倒懸」，源於大目

---

73 原京師大學堂總教習服部宇之吉主編的《北京志》，1908年由東京博文館刊行；中譯本改名《清末北京志資料》，張宗平等譯，北京，燕山出版社，1994。此處引文見中譯本555頁。

74 《超度孤魂》，載《點石齋畫報》，乙三，1884。

75 清人別秉檾《燕京詠古》中有云：「高梁橋水玉泉來，疏柳沿溪佛舍開。絕勝江南風景好，遊人三月踏青回。」見王利器等輯：《歷代竹枝詞》，5卷，4119頁，西安，陝西人民出版社，2003。

鍵連救母的佛教傳說。[76]自南朝梁大同四年（538）梁武帝於同泰寺設
盂蘭盆齋，中國各地逐漸形成了以放焰口施餓鬼食、在河中放蓮燈為
主的民間習俗，主旨是拜祭祖先，超度亡靈，送走災禍疾病，祈求吉
祥平安。

　　明清兩代文人，對此習俗在京城裡的表現，有很多精彩的描寫。
若明劉侗、於奕正《帝京景物略》卷二「春場」則：「（七月）十五
日，諸寺建盂蘭盆會，夜於水次放燈，曰放河燈。最勝水關，次泡子
河也。」[77]清潘榮陛《帝京歲時紀勝》「七月」部分有：「每歲中元建
盂蘭道場，自十三日至十五日放河燈，使小內監持荷葉燃燭其中，羅
列兩岸，以數千計。又用琉璃作荷花燈數千盞，隨波上下。」[78]當然，
最精彩的，還屬富察敦崇《燕京歲時記》中記載的「中元」「荷葉燈」
「法船」「盂蘭會」「放河燈」五則，摘兩段文字，以見其風采：

> 　　中元黃昏以後，街巷兒童以荷葉燃燈，沿街唱曰：「荷葉燈，荷
> 葉燈，今日點了明日扔。」又以青蒿黏香而燃之，恍如萬點流
> 螢，謂之蒿子燈。市人之巧者，又以各色彩紙製成蓮花、蓮
> 葉、花籃、鶴鷺之形，謂之蓮花燈。
> 　　運河二閘，自端陽以後遊人甚多。至中元日例有盂蘭會，扮演
> 秧歌、獅子諸雜技。晚間沿河燃燈，謂之放河燈。中元以後，

76　清人富察敦崇《燕京歲時記》云：「中元日各寺院設盂蘭會，燃燈唪經，以度幽冥
　　之沉淪者。按釋經云：目蓮以母生餓鬼中不得食，佛令作盂蘭盆會，於七月十五日
　　以五味百果著盆中，供養十方大德，而後母得食。目蓮白佛，凡弟子行孝順者亦應
　　奉盂蘭盆供養。佛言大善。後世因之。又《釋氏要覽》云：盂蘭盆乃天竺國語，猶
　　華言解倒懸也。今人設盆以供，誤矣。」參見潘榮陛、富察敦崇：《帝京歲時紀
　　勝・燕京歲時記》，76頁。

77　劉侗、於奕正：《帝京景物略》，69頁，北京，北京古籍出版社，1983。

78　潘榮陛、富察敦崇：《帝京歲時紀勝・燕京歲時記》，27-28頁。

　　則遊船歇業矣。[79]

　　從古到今，觀賞「放河燈」的文人，不見得全都信仰佛教，但大都會承認，這確實是「一時之佳景」。正因此，才有一而再、再而三的追憶、詠歎與描摹。[80]

　　有趣的是，同一座城市，同一種習俗，二十年前在上海畫報中備受讚賞，二十年後在北京畫報中則成了批判的對象。一九〇六年的《北京畫報》上，甚至出現了要求警廳取締盂蘭盆會的說法：「中國迷信的風俗，說七月十五是鬼節，要念經燒法船，超度鬼魂……這樣有礙風化的事情，按說警廳應當管一管。」[81]

　　不僅中元節燒法船備受譏諷，連過「中秋」也都成了不可饒恕的「陋習」：「月球隨著地球轉，那有什麼神仙！只因古人造過一句謠言，說唐明皇遊月宮……」至於妙峰山廟會，同樣不敢恭維：「京西妙峰山，年年四月間開廟，迷信的愚人，都去燒香……」[82]重陽佳節，登高望遠，沒有什麼宗教背景，可作者依然認定，維新時代，何必多此一舉？[83]好不容易有了新春正月的廠甸集會，畫面上擠滿糖葫蘆、大風箏，可畫家真正關切的，卻是有人故意揪斷氣球的線，以便在女人堆裡亂擠：「不想極維新極文明的地方，也會出這種怪現象，咳！」[84]《淺說日日新聞畫報》上連載的《燕塵雜誌》，提及每到秋

---

79 同上書，75-76頁。

80 如清人方元鵾《都門雜詠》：「佛寺盂蘭薦九幽，銀山衣庫積成邱。兒童也愛中元夜，一柄荷燈綠蓋頭。」見孫殿起輯、雷夢水編：《北京風俗雜詠》，39頁。

81 《七月十五城隍廟》，載《北京畫報》，11期，1906年7月。

82 《中秋陋習》，載《北京畫報》，14期，1906年8月；《野蠻結會》，載《北京畫報》，1期，1906年3月。

83 《說登高》，載《兩日畫報》，6期，1907年9月。

84 《有傷風化》，載《日新畫報》，21期，1908年1月。

間，街巷裡到處叫賣「山裡紅」；還說京師闊少，每到季秋皆養梧桐
（鳥名）[85]，這些，總算有點民俗的味道，可在畫報中的位置很不重
要，近乎補白性質。換句話說，晚清北京畫報的製作者，並不看好那
些雋永清新的「風俗畫」，即便偶而出現，也都被賦予教誨的意味。

為何有此轉折？並非上海與北京兩座城市趣味迥異，而是時代變
了，高揚「科學救國」旗幟的維新志士們，更多地考慮如何破除迷
信，而無暇欣賞「歲時風俗」背後庶民的心情以及儀式的美感。同樣
刊行於上海的《繡像小說》，不也同樣喜歡發表破除迷信的連載小
說，如李伯元的《醒世緣彈詞》、吳趼人的《瞎騙奇聞》、嘿生的《玉
佛緣》以及壯者的《掃迷帚》等？可見，這裡起決定因素的，是「時
代風氣」，而不是「地域特色」。

初刊《繡像小說》四十三至五十二期（1905）、光緒三十三年
（1907）始由商務印書館推出單行本的《掃迷帚》，開篇第一句話就
是：「看官，須知阻礙中國進化的大害，莫若迷信。」既然「欲救中
國，必自改革習俗入手」，小說於是借表兄弟間關於科學與迷信的爭
辯，逐漸展開「蘇州迷信風俗志」。[86]小說第四回，同樣有關於盂蘭盆
會的描寫：「中國民俗，每逢七月下浣，大都斂錢做那盂蘭盆會。日
則紮就燈彩鬼像，沿街跳舞，夜則延請僧道，拜懺唪經，搭臺施食。
各處大同小異，而以蘇州為最著。」力主反對迷信的主人公資生等，
此時也都「逢場作戲，隨眾觀看」。接下來關於鬼出會場面的描寫十
分精彩，尤其是「鬼混鬼跳，鬼笑鬼鬧，一路人看鬼，鬼看人，應接

---

85 《燕塵雜誌》，載《淺說日日新聞畫報》，279號、287號，1909年8月。

86 阿英稱壯者此書為「蘇州迷信風俗志」，對其總體評價是：「《掃迷帚》是以樸質清
　　麗的筆姿，縝密的理論，不可變易的事實，掃蕩著一切的迷信風俗，可說是晚清的
　　一部最優秀最有著影響的啟蒙運動的書，但不能說是一部優秀的小說。」阿英：
　　《晚清小說史》，116、120頁，北京，人民文學出版社，1980。

不暇，兩人看著大笑不止」[87]，更是充滿人情味，而忘卻了原先設定的反迷信任務。[88]

晚清小說及畫報中熱火朝天的「破除迷信」，代表了那個時代思想的主流。經過庚子事變，亡國慘劇迫在眉睫，志士們以救國為第一要務，根本沒有心思談風月，說民俗。正因提倡啟蒙、破除迷信成了最為響亮的口號，京滬兩地的畫報中，「風俗畫」日漸隱去，乃至於基本消逝。回到特定的歷史情境，體貼那代人的憂心如焚，對於其驅逐「風俗畫」之舉措，雖不大以為然，卻也可以有通達的體認。

這一抉擇，使得晚清畫報著力捕捉瞬息萬變的「時事」，而相對忽略同樣風情萬種的「民俗」。在我看來，只從「反迷信」的角度來解讀「妙峰香市」等，是遠遠不夠的。此舉在政治史上，或許是個進步；可由此導致畫報中美感的喪失，實在可惜。更何況，積澱在風俗中的「集體記憶」——即便是「迷信」，是否非徹底剷除不可，也都還有商量的餘地。

日本學者伊藤虎丸解讀魯迅早期論文《破惡聲論》（1908）時，對於「偽士當去，迷信可存」的闡釋，可謂獨具慧眼：「魯迅反對將『迷信』看作是異端的態度，也反對仗著所謂『正確的』『有權威的』思想來統一國民的思想，拒斥以『正』裁『迷』。所謂『正確的東西』，實際上是某個時代、某種社會集團的『多數派』的意思。」[89]對於整日標榜「科學」和「正信」、但又缺少精神信仰的「偽士」，魯迅相當鄙視；而對於民眾自發的、發自內心的信仰，魯迅則表示充分

---

87 梁啟超、壯者等：《新中國未來記·掃迷帚·玉佛緣·世界進化史·新天地·女學生》，116-117頁，南昌，百花洲文藝出版社，1996。

88 正如阿英說的：「這部小說最好的部分，不是各地迷信事件的報告，而是蘇州迷信風俗的敘述。」阿英：《晚清小說史》，118頁。

89 〔日〕伊藤虎丸：《魯迅、創作社與日本文學》，孫猛等譯，90頁，北京，北京大學出版社，2005。

尊重。借助魯迅的思路，反省晚清畫報之急功近利──因「反迷信」
而捨棄「風俗畫」，或許不無裨益。

五　十字街頭的「巡警」

　　所謂的「集體記憶」，有新舊、大小之分。若重陽節之登高賞菊
插茱萸，乃全國各地都有的習俗，晉人周處的「九月九日折茱萸以插
頭上，闢除惡氣而御初寒」（《風土記》），以及唐人王維的「獨在異鄉
為異客，每逢佳節倍思親；遙望兄弟登高處，遍插茱萸少一人」（《九
月九日憶山東兄弟》），是所有中國讀書人都耳熟能詳的。至於《點石
齋畫報》描寫的「妙峰香市」，則只屬於北京及周邊地區。[90]據《燕京
歲時記》稱：「每屆四月，自初一日開廟半月，香火極盛。……人煙
輻輳，車馬喧闐，夜間燈火之繁，燦如列宿。以各路之人計之，共約
有數十萬。以金錢計之，亦約有數十萬。香火之盛，實可甲於天下
矣。」[91]同樣是山歡水笑人仰馬翻的民俗，前者據說起源於戰國時
代，後者則不過三百年歷史。[92]形成時間有長短、流播空間有廣狹，
但只要肯下工夫仔細描摹，任何民間習俗，都可轉化為一幅幅精彩的
風俗畫。

90　參見《妙峰香市》，載《點石齋畫報》，丁八，1885。另，主要活躍於清末民初的張
　　朝墉，其《燕京歲時雜詠》有曰：「四月榆錢滿路飛，紫櫻桃熟麥苗肥。簪鬢野花
　　君莫笑，妙峰山裡進香歸。」見孫殿起輯、雷夢水編：《北京風俗雜詠》，59頁。

91　潘榮陛、富察敦崇：《帝京歲時紀勝‧燕京歲時記》，62-63頁。

92　一九二五年四月三十日至五月二日，受北大風俗調查會之託，顧頡剛等五人對位於
　　北京城西北八十里的妙峰山進行了學術考察。事後，顧將調查組成員各自撰寫的文
　　章編為《妙峰山進香專號》，在《京報副刊》上連載，又於中山大學刊行《妙峰
　　山》一書（1928）。對於此次民俗學田野作業的感受，顧在《古史辨第一冊自序》
　　中有精彩的描述，可參考。

　　值得注意的是，在特定地域裡，有一些剛剛興起的社會場景或生活習慣，還沒積澱為「風土人情」，但已經成為該地區的代表性風景。對於此類「風景」的鑒賞與描摹，是晚清畫報的一種特殊貢獻。當初不過是記錄趣聞，隨意點染，無心插花，沒想到日積月累，竟逐漸成為公眾的共同記憶。

　　如果說晚清上海洋場最具衝擊力的視覺形象，是馬車上花枝招展的妓女；那麼，北京街頭最值得記憶的形象，則當推身穿制服、手執警棍的巡警。一九〇八年的《北京日日畫報》上，有一幅《北京大街景象》，用相當稚拙的文字和畫筆，介紹京師的六項新事物：「槐與柳兩行碧青；設崗位指揮交通；太平桶以防危險；自燃燈大放光明；石子路灑掃乾淨；四輪車最走當中。」[93]在這圖解式的「新街景」中，十字街頭手執警棍的巡警，竟成了畫面的中心。

　　為何地位卑微的「巡警」，竟然成了畫報關注的中心？這恐怕與北京作為帝都的特性有關。如果說世界史上，決定城市興衰的，主要是宗教、政治與經濟三大要素；那麼，對於中國的城市來說，政治的作用尤其明顯。[94]作為帝國的行政中心，增加人口、擴大就業以及繁榮經濟等，都不是關鍵所在；軍事防禦以及社會治安，方才是重中之重。比較晚明的城市圖像，《皇都積勝圖》中進貢方物的使節以及巍峨壯觀的城牆，在提醒你北京作為「政治都城」的特點；而《南都繁會圖》則著力渲染南京市井的繁華，「彷彿在摩肩擦踵的人群中，在不斷的視覺景象與消費活動中，方有城市的感覺」。[95]這與其從畫家的

93　《北京大街景象》，載《北京日日畫報》，4號，1908年5月。

94　「決定城市興衰的三大要素：具備宗教場域、提供庇護及施展權力、刺激貿易活
　　動」；而歷史上，「決定中國城市命運的不是經濟而是政治」。〔美〕喬爾・克特金：
　　《城市的歷史》，謝佩妏譯，35、91頁，臺北，左岸文化，2006。

95　王正華：《過眼繁華──晚明城市圖、城市觀與文化消費的研究》，見李孝悌編：
　　《中國的城市生活》，1-57頁，臺北，聯經出版事業公司，2005。

個人立場（堅持還是背叛「官方及文士的觀點」）尋找原因，還不如
承認城市本身的性格起決定性作用。晚清上海與北京的區別，也類似
於此──「商埠」與「帝都」之間的差異，單從街景就能一眼看出
來。晚清北京畫報之所以格外關注巡警，大概是無意識的；但這也在
意料之中──畢竟，對於帝京來說，如何維護社會治安，是個重大的
難題。

　　一九〇二年一月七日，庚子年間狼狽出逃的慈禧太后等，終於從
西安返回北京。面對滿目瘡痍且「人心浮動，搶劫橫行」的帝都，當
務之急，是如何除暴安良，穩定局面。[96]查《清實錄》，光緒二十八年
（1902）的奏摺及上諭，基本上是圍繞這個話題來展開的。一開始，
京城裡的治安，由步軍統領衙門、順天府和五城御史共同負責；一九
〇四年起，意識到「巡警為方今要政」，於是多有推廣警政的奏摺及
上諭。[97]據一九〇八年刊行於東京的《北京志》，所謂「北京的員警制
度」，起步處是模仿上海工部局，在京城裡設立工巡局，負責督修街
道、管理巡捕等事務；隨著影響日漸擴大，該機構接收了步軍統領衙
門在管理治安方面的實際權力。「後來，由於巡警部之設置，員警事
務終於受到與其他政務同樣之重視，新制度之基礎日益堅固。」[98]對
於半推半就的晚清「新政」來說，改革官制、編練新軍、設立新式學
堂（包括「高等巡警學堂」），以及建立新的員警制度，都是可圈可點
之處。

　　同樣擔負維護社會治安重任，使得「毛賊潛蹤明火少」，比起此
前的「團防新設夜巡更，響炮鳴鑼不斷聲」來[99]，巡警似乎更具權威

96　魏開肇等輯：《清實錄北京史資料輯要》，554頁。

97　同上書，567、575、579頁。

98　〔日〕服部宇之吉編：《清末北京志資料》，張宗平等譯，229-231頁。

99　〔清〕李虹若：《朝市叢載》，150頁。

性。除了「挾洋自重」，更因其「土黃色制服」和「三尺警棍」[100]，使得十字街頭的巡警，頗具觀賞性。吾盧孺宣統二年（1910）《京華慷慨竹枝詞》中有《巡警》：

市巷通衢自指揮，提刀策馬走如飛。
閭閻守望憑誰助？都在朱門隊隊圍。[101]

這裡的「提刀策馬」，按照警務條例的規定，應該是巡警長才對。不管是「佩劍」還是「三尺警棍」，身著制服的巡警，單就視覺效果而言，都顯得頗為威風。老舍《我這一輩子》中，那位初當巡警的「我」，還真有一股新鮮勁：「穿起制服來，乾淨俐落，又體面又威風，車馬行人，打架吵嘴，都由他管著。」[102]這樣「體面」的形象，難怪畫家很有興趣。

大概是為了凸顯帝京的「安全性」，帶有炫耀性質、場面十分壯觀的「合操」，因而得以不時舉行。唯一不同的是，二十年前表演的主角是禁軍，二十年後則成了巡警。《點石齋畫報》強調的是「我國家龍興漠北，武功之盛，度越前古」；而《星期畫報》則對「操法整齊」「精神發達」的巡警不無保留：「總要在內容上多加研究，別專在外觀上去做功夫才好。」[103]經歷了庚子慘劇，國人終於明白，那些

100 「巡警帶長三尺黑警棍，巡捕長在外城者佩劍，在內城者不佩劍。巡夜時，巡捕帶槍。巡警以下至巡捕均著土黃色制服，廳丞、僉事、知事等如同普通文官一樣，未單獨制定制服。」〔日〕服部宇之吉編：《清末北京志資料》，張宗平等譯，242頁。
101 路工編選：《清代北京竹枝詞》，143頁；王利器等輯：《歷代竹枝詞》，5卷，3775頁。
102 老舍：《我這一輩子》，見《老舍文集》，9卷，85頁，北京，人民文學出版社，1986。
103 《禁軍合操》，載《點石齋畫報》，丙二，1884；《巡警合操》，載《星期畫報》，24號，1907年3月。

「驍勇善戰」的八旗子弟兵，純粹是銀樣鑞槍頭。頗具觀賞性的「合操」，很可能徒有其表，根本不值得誇耀。也正是基於對國人擅長「表面文章」的反省，晚清畫報之談論巡警，多將其放置在嘈雜的街頭，而不是規範的操場。

作為「新政」的象徵，十字街頭的巡警，剛剛出現，還真是給人耳目一新的感覺。檢查形跡可疑的行人，抓捕隱藏的盜賊，或者救火時維持秩序，防止有人趁火打劫，明擺著，「這就是設立巡警的好處」。[104]而最讓人感慨的是，巡警開始「變臉」，不再總是惡狠狠的，而是變得和善親民。《（北京）時事畫報》的《瘋狗咬人》，講述的是巡警如何救出被瘋狗追咬的小孩，且送其歸家：「伊父母甚感李巡長之仁德。嗚呼！若李者，誠不愧巡長之責矣。」[105]諸如幼女迷途遇巡長，或者巡警幫助推車，此類的「好人好事」[106]，不時在畫報中出現。正因將其作為看得見摸得著的「新政」來看待，畫報的製作者，會用是否「文明」的高標準，來衡量大街上的巡警。《醒世畫報》嘲笑某巡警站崗時買花生吃，《正俗畫報》批評某巡警在崗亭裡睡著了；至於「前天，崇文門內洞有巡警一人，與一未帶軍帽衛兵談笑，適有婦女三人經過，該警等互相嬉笑」，在作者看來，根本就是「不夠資格」。[107]

比起對盡職之巡警的表揚，晚清北京畫報更為關心的是，巡警在

104　《形跡可疑》，載《（北京）時事畫報》，2期，1907年2月；《花街火警》，載《星期畫報》，57號，1907年11月。

105　《瘋狗咬人》，載《（北京）時事畫報》，1期，1907年2月。

106　《幼女迷途遇巡長》，載《北京畫報》，19期，1906年10月；《巡警進（盡）職》《巡警推車》，載《日新畫報》，18期，1907年12月。

107　《巡士自由》，載《醒世畫報》，51號，1909年12月；《睡崗又見》，載《正俗畫報》，12期，1909年（閏）2月；《不夠資格》，載《正俗畫報》，21期，1909年（閏）2月；《巡警睡崗》，載《正俗畫報》，27期，1909年（閏）2月。

行使國家（朝廷）賦予的權威時，是否過度使用暴力。任何強力機構，只要不加約束，不可避免地，都會走到這一步──作為「新政」產物的巡警，自然也不例外。對於巡警動輒罰款，還把人家抓到警廳，《北京日日畫報》是如此勸說：「嗳呀，這位警大老爺，遇事小題大作，未免有點兒氣粗吧，我們想廳上也不能就聽他的一面之詞吧。」而《日新畫報》的描述更為仔細：「有押犯巡捕數人，行至鑼鼓巷，遇一賣菜老人推車緩行當道，不知何故，巡捕用棒就打，打的甚是可憐。奉勸以後不可以隨便打之，總以勸導為是。」[108]眼看著騎馬巡警將人力車撞倒，昂然而去，不予理睬，《菊儕畫報》的追問是：「保護人民者固如是乎？」至於《兩日畫報》上的《有點不文明》，批評巡警在維護治安時隨意打人，還加了個按語：「巡警任意打人，亦實不合警章，但能開明勸導，也不致現象當街，惹得這群漢奸登上洋報。」[109]大概是外文報紙對此類事件多有報導，且嚴加譴責，方才引起國人的警惕。晚清北京城裡，不合理、不合法的事情很多，為何專挑巡警的不是？道理明擺著：誰讓你站在誰都看得見的十字街頭，而且還標榜是「新政」，這就難怪世人要指手畫腳了。

作為遊走街頭的國家權力的代表，巡警之被觀察、被批評、被誤解甚至被歧視，都在情理之中。因為，真正決定國家命運、影響國計民生的達官貴人，躲在深宅大院裡，你根本見不著。老百姓的不滿與憤怒，只能向每天與之打交道的巡警發洩。再說，在北京這個地面上，迎頭碰上的，很可能都是官，沒有比巡警更小的公職人員了。就像《我這一輩子》所說的：「巡警們都知道自己怎樣的委屈，可是風

---

108 《巡警氣粗》，載《北京日日畫報》，185號，1908年12月；《別打才好》，載《日新畫報》，3期，1907。

109 《保護人民者固如是乎》，載《菊儕畫報》，3期，1911年9月；《有點不文明》，載《兩日畫報》，78期，1908年2月。

裡雨裡他得去巡街下夜，一點懶兒不敢偷；一偷懶就有被開除的危險；他委屈，可不敢抱怨，他勞苦，可不敢偷閒，他知道自己在這裡混不出來什麼，而不敢冒險擱下差事。」[110]

世人只看見巡警的威風，沒注意到其隱藏在威風下面的屈辱。不妨就以《星期畫報》上的《巡警白死》為例：

> 四月十七日，一個意國洋人，與中國妓女，同坐一輛四輪馬車，從前門橋上經過，搶著轍兒走。巡警近前攔阻，車夫不但不聽，並且楞往前撞，把巡警撞倒，就打他身上軋過去了。當時有別的巡警，把該巡警抬到醫院調治去了。旋因受傷過重，數日後就死了。[111]

雖說外務部為此發了照會，但沒有任何效果，巡警實在死得太冤了。此事折射出來的，主要不是官府怕洋人的問題，而是北京城裡官多，乘四輪馬車或坐大轎子的，根本不把指揮交通的巡警放在眼裡。「轎夫蠻橫」「巡警受辱」，這樣的話題，再三出現在報章上，凸顯北京城的「官本位」。車夫之所以敢掄起長鞭照巡警臉上亂打，還不是仗著坐車（轎）人的氣勢？所謂「警務章程不准用壓力」，那只是託詞。[112] 沒有警務章程的約束，巡警就敢對抗那慫恿打人的「某大佬」嗎？

作為現代城市必不可少的小角色，十字街頭的巡警，肩負著維護治安、指揮交通、修整街道、保障衛生等公共事務。但在威權體制裡，尤其是在北京這樣遍地是官的地方，巡警的地位十分尷尬。現代

---

110 老舍：《我這一輩子》，見《老舍文集》，9卷，86頁。

111 《巡警白死》，載《星期畫報》，30期，1907年4月。

112 《巡警受辱》，載《星期畫報》，3號，1906年9月；《轎夫蠻橫》，載《日新畫報》，15期，1907。據《轎夫蠻橫》稱：「轎夫鬧事，各報上說了不止一次啦。雖然說過勸過，也去不了他們的惡習。」

作家中，大概只有老舍對於站在街頭的下級巡警的辛酸苦辣，表示過深切的關懷。在《四世同堂》《我這一輩子》《龍鬚溝》《茶館》中，老舍描寫過因職責所在，凡事只能打馬虎眼，對上狡猾，對下和善，故顯得可笑、可悲而又不無可愛的巡警形象。《我這一輩子》中，主人公有這麼一段自嘲：

> 巡警和洋車是大城裡頭給苦人們安好的兩條火車道。大字不識而什麼手藝也沒有的，只好去拉車。拉車不用什麼本錢，肯出汗就能吃窩窩頭。識幾個字而好體面的，有手藝而掙不上飯的，只好去當巡警……當兵要野，當巡警要文明；換句話說，當兵有發邪財的機會，當巡警是窮而文明一輩子；窮得要命，文明得稀鬆！[113]

小說中的巡警「我」，從清末一直幹到民國，都是苦命活。小說結尾，兒子照舊當差，女兒也只能嫁個巡警，「一個人當巡警，子孫萬代全得當巡警，彷彿掉在了巡警陣裡似的」。

五四以後，隨著學生運動日漸高漲，受命鎮壓的員警（軍事員警與交通警察本來差別甚大，只是一般民眾無暇仔細分梳），於是成了「暴力」的代表。其實，員警制度的建立，與現代大學一樣，都是晚清「新政」的產物。晚清以降，街頭巷尾維護治安的下級巡警，對於保護都市裡平民百姓的日常生活，起了很大作用，不該一筆抹殺。

漫天風雪中，站立在十字街頭的巡警，無意中成了晚清北京的一道新風景。解讀如此集合著新政、暴力、善良與屈辱的巡警形象，多有發揮的餘地，這裡只是點到為止。

---

113 老舍：《我這一輩子》，見《老舍文集》，9卷，82-83頁。

六　新學如何展開

　　晚清北京，同樣屬於「新政」，可以跟「巡警合操」相抗衡的觀賞性場景，莫過於新式學堂之運動會。一年一度的運動會，人多，熱鬧，有氣勢，場面開闊，可供公眾圍觀，因而值得畫報描摹。人人都說「新學」好，可教室裡焚膏繼晷的學習，很難在畫報中出現，因其既缺新聞性，也無觀賞性。運動會就不一樣了，既屬於新式教育，又因其競技性，充滿動感和懸念；更重要的是，在時人看來，這是培養尚武精神、振起國家威嚴的表徵。

　　創辦於一九〇六年的《開通畫報》，曾這樣報導京師大學堂舉辦運動會，各學堂諸生前來共襄盛舉：「各學隊伍走在街上，號鼓齊鳴，真是振起國家的威嚴。足見學生們文武兼全，比起那些個書呆子，大有天淵。」[114]將帶有娛樂性質的運動會，提高到「振起國家的威嚴」的高度，如此論述，並非空穴來風。查光緒三十一年（1905）京師大學堂的《總監督為大學堂召開第一次運動會敬告來賓文》，對本校開辦運動會的宗旨，竟有如此冠冕堂皇的論述：

　　　　蓋學堂教育之宗旨，必以造就人才為指歸，而造就人才之方，必兼德育、體育而後為完備。……竊謂世界文明事業皆剛強體魄所造就也。吾國文事彪炳，而武力漸趨於薄弱，陵夷以至今日，為寰海風濤之所衝激，士大夫之擔學事者，乃知非重體育不足以挽積弱而圖自存。直隸、湖北等省屢開運動大會，若京師首善之區，尤宜丕樹風聲，鼓舞士氣。茲擬定本月二十四日

---

114 《運動會會運動》，載《開通畫報》，期數不詳，約刊於一九〇六年年底或一九〇七年年初。日本東京實藤文庫所藏《開通畫報》，此期沒有封面；但同期的《賣字助賑》提及江淮水災，可與第8期上的《花界熱心》相參照。

敝學堂特開運動會，使學生等漸知尚武，漸能耐勞。[115]

第二年的四月初二，京師大學堂再次舉辦運動會，其「敬告來賓文」
稱：「今本大學堂踵舉斯會，幸都門各學堂樂與觀成，聯襼偕來，觀
者如堵，鼉鼓聲逢，龍旗景動，風聲所樹，舉國景從，共（其）有關
於吾國之前途、文明之先導者，將於此覘之矣。」[116]這回的雅集，有
《北京畫報》的《文明結會》為證：

> 四月初二初三兩天，大學堂開第二次運動會。頭天請各處私立
> 學堂赴會，第二天請官立學堂赴會。會場很寬，來會的每天都
> 有幾千人。運動完了，各學堂排起隊來，向國旗三呼萬歲，並
> 有北洋音樂隊唱國歌。不但可以振尚武的精神，並且使人生愛
> 國的思想。這樣舉動，真有文明氣象了。[117]

有趣的是，無論大學堂還是畫報社，都對具體的競賽項目不感興趣，
而專注於「尚武的精神」以及「愛國的思想」。所謂「觀者如堵」，難
道只是為了獲得如此道德教誨？或者說，對於「文明氣象」的刻意追
求，壓抑了組織者、參與者以及廣大觀眾的好奇心？

一九〇七年《星期畫報》上的《國民進步》，在報導三所學堂的
學生互相競賽，「很透點兒尚武精神」時，大發感慨：「大學堂今年反
倒沒有開會。聽說新任朱監督，不甚喜歡這椿事，故未開辦。」[118]光
緒三十三年（1907）二月二十七日，大學堂曾公布「第三次運動會告

115　北京大學校史研究室編：《北京大學史料》，1卷，291頁。
116　同上書，293-294頁。
117　《文明結會》，載《北京畫報》，1期，1906。
118　《國民進步》，載《星期畫報》，53號，1907年10月。

示」，稱將繼續聯合各學堂，於三月二十四、二十五兩天舉行運動會。這個計劃大概是落空了，我們沒有找到大學堂如期舉行運動會的相關報導；倒是同年的四月初一，譯學館舉行了連續三天的春季運動會。[119]那幾年，京師大學堂總監督走馬燈似地換人，先由曹廣權暫行代理（1906年2-3月），後有正式任命的李家駒（1906年3月-1907年7月）和朱益藩（1907年7-12月），接下來又換成了劉廷琛（1908-1910年9月）等。按任期推算，要對「大學堂今年反倒沒有開會」負起責任的，其實是李家駒，而不是繼任者朱益藩。不過，一直到民國成立，此後幾年，京師大學堂確實沒再舉行社會廣泛關注的、頗具觀賞性質的運動會。

談論晚清畫報時，選擇很具時代氣息的「運動會」，而不是古已有之的果報故事，或者官吏貪污、僧尼不軌，那是因為，在我看來，作為新興媒體，「畫報」與「新學」具有天然的聯繫。而且，時過境遷，其對於新學的記錄與描述，還可以作為「歷史記憶」，供後人追懷。哪裡沒有殺人放火，何處缺乏流氓無賴？晚清畫報中最值得稱道的，還是記錄下大轉折時代北京這座都市的巨大變遷——具體說來，就是新學如何迅速崛起。

作為八百年帝都，不用說，北京的文化底蘊深厚。《點石齋畫報》上關於京師同文館的教學活動，遊歷海外帶回洋書，還有占驗天文等，都可看做京師的「文明氣象」。[120]可京師裡新學事業之「勃發」，是在遭受庚子慘禍以後；故對此新氣象的表現，主要落在各種北京的畫報身上。這裡大致圍繞學堂、演說、報章這「傳播文明三利

---

119 北京大學校史研究室編：《北京大學史料》，1卷，297頁；王學珍等主編：《北京大學紀事》，17頁，北京，北京大學出版社，1998。

120 《海外奇書》，載《點石齋畫報》，戊八，1885；《占驗天文》，載《點石齋畫報》，壬二，1886。

器」，看看晚清北京畫家是如何濃墨重彩刻畫描摹的。之所以點明是
「北京畫家」，那是因為，同時期的上海畫家，只是偶而涉筆於此。[121]
因為上海的新學起步早，對於庚子以後京師裡冒出的諸多「新生事
物」，早已習以為常，沒什麼好大驚小怪的。

　　新學開展比上海慢半拍的帝都北京，一旦起步，也自有可觀處。
所謂「文明開化」，在北京，首先體現為創立各式新學堂。正所謂
「物以稀為貴」，比起數量眾多、教學正規的普通學堂來，各種實業
學堂反而更容易引起畫報的關注。京師工業初等學堂的開辦，還有某
高官參觀實業高等學堂，都被畫家納入視野。[122]女學傳習所的開學、
蠶桑女學的創辦，以及「一概不收學費，以期振興女學」的女子師範
學堂招生[123]，更是值得大書特書。因為女學生的大量出現，代表著
「女士文明」時代的到來。[124]

　　學校是辦起來了，但教學效果如何，必須找到公眾能參與、鑒賞
並作出獨立判斷的特殊途徑。具體說來，就是舉辦教育成果展覽

---

121 《時事報館戊申全年畫報》之《學部藏書樓告成》（「圖畫新聞」卷三）云：「學部
　　建設藏書樓，竣工已久，茲悉該部司員曰：是樓建築，皆仿西式，儲書之處分上
　　下兩層，上藏中文圖書，下藏西文典籍。現復諮行外部，轉諮各國欽使，擬購採
　　西書多種，以充架云。按：去歲大事，最有關係於學界者，一為升孔子祀，一為
　　建藏書樓。夫尊聖右文，實經世之宏規。今國家多文為富，採及四夷，其即文明
　　進步之嚆矢歟？」

122 《工藝開學》，載《日新畫報》，1期，1907；《參觀紀盛》，載《開通畫報》，24期，
　　1907年2月。

123 《女學傳習所開學情形》，載《北京畫報》，15期，1906年8月；《蠶桑女學成立》，
　　載《燕都時事畫報》，8號，1909年5月；《女學招生》，載《（新）開通畫報》，44
　　號，1910年10月，

124 晚清畫報中大量關於女士不良習慣的批評，最後都歸結到「欠教育」或「女學不
　　發達」；至於表揚女學生之舉止「文明」，更是常見。參見《女士文明》，載《（北
　　京）時事畫報》，1期，1907年2月；《女學生文明》，載《醒世畫報》，12號，1909
　　年11月。

會——陳列學生成績，讓家長及公眾評斷。一九○七年《星期畫報》
所刊《開展覽會》，便是其中一例：

> 六月二十六、七、八三日，學部開展覽會。在虎坊橋東越中先
> 賢祠內，京城各學堂，大半赴會，或陳列該學諸生課藝繪圖等
> 卷冊，或把學生製造的對象，送到較比高下，等等不一，任人
> 入祠觀覽考察。這會雖然不動什麼聲色，慣能品較辦學的優
> 劣，還可感發學界的憤勉，誠然是一件善舉哇。第一日開會，
> 有國民小學學生，排隊赴會，體操教習率諸生登臺，作樂唱
> 歌，遊戲體操。當唱歌時，有人手拍風琴，節奏相和。參觀人
> 莫不稱讚，這樣功課，京師他學，得未曾有。小學程度，能夠
> 如此完全，足見該學校長劉瀛東君，是個關心時局的了。[125]

平日裡的上課場面，很可能冷冷清清，缺乏觀賞性；只有開學典禮以
及成績展覽，熱熱鬧鬧、風風火火，符合公眾趣味，也讓畫家有馳騁
筆墨的絕好機會。[126]

　　同樣熱鬧的「新學」場面，還有各種演說會。晚清畫報中，此類
場景甚多；至於演說內容，則是五花八門，大體不出當時提倡的各種
新政。[127]一般情況下，畫報只是報導事件，偶而也有連畫面帶演講稿
的。[128]而最有趣的，莫過於《開通畫報》上的《小小的學生登臺演

---

125 《開展覽會》，載《星期畫報》，39期，1907年7月。

126 《女學展覽》，載《星期畫報》，45期，1907年8月；《樂賢會紀盛》，載《正俗畫
　　報》，10期，1909年（閏）2月。

127 《演說立憲》，載《星期畫報》，3號，1906年9月；《青年開會》，載《星期畫報》，
　　59號，1907年12月；《熱心社會》，載《燕都時事畫報》，14號，1909年6月。

128 若《正俗畫報》19期1909年（閏）2月之《在理演說會》，除了畫面，還附錄演說
　　全文。

說》：三位十二三歲的小學生，平日裡常在家中練習演說，因為，「上有好者，下必有甚焉者矣」；到了九月初四晚上，這三位小學生竟登臺演說，「先講的是國民的國民捐，又講的愛群，極有精神」。[129]「演說」之所以備受關注，不僅是其談論的內容，還包括其論述的姿態——於大庭廣眾中，公開講述自己的政治主張，力圖影響、說服他人。而這一點，對現代中國思想文化的形成，至關重要。

一九〇二年，梁啟超借政治小說《新中國未來記》馳騁想像：六十年後，中國人在南京舉行維新五十週年慶典，同時，在上海開大博覽會，不只展覽商務、工藝，而且演示學問、宗教。「各國專門名家、大博士來集者不下數千人，各國大學學生來集者，不下數萬人，處處有演說壇，日日開講論會，竟把偌大一個上海，連江北，連吳淞口，連崇明縣，都變作博覽會場了。」博覽會場中間最大的講座，公推博士三十餘人分類演講中國政治史、哲學史、宗教史、財政史、風俗史、文學史等，其中又以全國教育會會長孔覺民老先生演講的「中國近六十年史」最為精彩。[130]

喜歡談論「演說」，將其作為「新學」的象徵，這在晚清小說中比比皆是。只不過其他小說家，並不都像梁啟超那樣對「演說」持全面肯定的態度。若《文明小史》第二十回「演說壇忽生爭競，熱鬧場且賦歸來」、《學究新談》第二十七回「言語科獨標新義，捐助款具見熱心」，以及《學界鏡》第四回「神經病詳問治療法，女學堂歡迎演說詞」，對於時人之追趕時髦、熱衷於「演說」，便不無嘲諷之辭。如此都市新景觀，有人正面表彰，斷言此乃建立現代民族國家的必要手段；有人熱諷冷嘲，稱其為晚清最具特色的「表面文章」。但無論如

---

129 《小小的學生登臺演說》，載《開通畫報》，5期，1906年9月。
130 飲冰室主人：《新中國未來記》，第一回，載《新小說》，1號，1902年11月。

何，借助於演說，「西學」得以迅速「東漸」，這點沒有人懷疑。

所謂「孔覺民演說近世史」，速記生從旁執筆，於是有了《新中國未來記》，這當然只是「小說家言」。但「演說」之於維新大業以及現代民族國家的重要性，在梁啟超的這一預言／寓言中，卻是得到了暢快淋漓的呈現。[131]

比起「學堂」或「演說」來，「報章」的功用，在晚清畫報中得到了更多的強調。因利益攸關，這裡有借談論報紙之銷行「打廣告」，將自家業務與「中國風氣開通」之類宏大敘事強行捆綁在一起的嫌疑。[132]而最離譜的宣傳，莫過於某乞丐一邊吃剩飯，一邊看報紙：「我雖然要飯吃，沒事我就買一張瞧瞧，心裡開通得多。」[133]此類自我宣傳，一旦過了頭，由「崇高」一轉而變成了「滑稽」。儘管有如此「自我廣告」的成分，晚清畫報之談論報章功用，依然值得關注。那是因為，作為「傳播文明三利器」之一，北京城裡異軍突起的各類報章，其影響力有目共睹。

一八八〇年，韓又黎刊《都門贅語》，其中《看報》及《申報》兩則，頗具史料價值：

> 不住衙門不作官，閒情也愛說朝端。
> 拋將月例錢三百，留置窗前待客看。

131　陳平原：《有聲的中國——「演說」與近現代中國文章變革》，載《文學評論》，2007（2）。

132　《北京白話畫圖日報》236號（1909年5月）之《文明進步》稱：天橋茶館裡代派賣《北京新報》，還有人拿著報紙，挨桌詢問要不要新報，「可見中國風氣開通多啦，可喜可賀」。

133　《花子看報》，載《開通畫報》，19期，1906年12月。

堪輿不信九州寬，莊列荒唐欲問難。

海外傳來開闢事，方知大塊似彈丸。[134]

《申報》則下有小注：「洋人設局，亦號《萬國公報》。」英國商人美查一八七二年創辦的《申報》，是以牟利為目標的商業報刊；至於基督教傳教士主持的《萬國公報》，其前身是一八六八年創辦的《中國教會新報》，一八七四年方才轉變為關注時事的世俗讀物。隨著維新事業的逐步展開，一八九五年，康有為、梁啟超等在京城裡創辦了以「抄錄各館新聞」為主的雙日刊《萬國公報》和《中外紀聞》，可惜很快就被取締了[135]；庚子事變以後，北京的民間報紙方才大量湧現[136]，而且前赴後繼——不斷有報館被查封，但又不斷有新報章出現。先是《中華報》《京話日報》被查封，創辦人彭翼仲被發配新疆（1906），後又有《京報》《公益報》被勒令停刊（1907），北京報人的生存處境，較上海等地要惡劣得多。宣統元年（1909）蘭陵憂患生所撰《京華百二竹枝詞》中，有：

報紙於今最有功，能教民智漸開通。

眼前報館如林立，不見「中央」有「大同」。

---

134 韓又黎：《都門贅語》，30頁上、30頁下，斫桂山房存板，1880。

135 康有為創辦的《萬國公報》共刊行了四十五冊，雖與傳教士的《萬國公報》刊名相同，內容上幾無瓜葛。參見方漢奇主編：《中國新聞事業通史》，1卷，540-552頁，北京，中國人民大學出版社，1996。

136 管翼賢：《北京報紙小史》，見楊光輝等編：《中國近代報刊發展概況》，399-432頁，北京，新華出版社，1986；黃河編著：《北京報刊史話》，14-24頁，北京，文化藝術出版社，1992。

詩後小注：「《中央》《大同》報館，於八月初三日封禁。」[137]理解北京輿論環境之嚴苛，對於各報章為了生存而採取「自我保護」措施及「自我廣告」策略，似乎也應具「同情之了解」。

晚清畫報中眾多時人熱心買報、讀報的報導，半是紀實、半為廣告，作為「史料」解讀，必須打點折扣，但也不該完全抹殺。大概嫌一般人讀報沒什麼新聞價值，晚清畫報喜歡渲染的是婦女以及兒童如何渴望讀報，並通過讀報迅速提升其「文明」程度。「西堂子胡同某宅的太太很是文明，定了本館一份報，天天兒念給丫鬟們聽。中國女界要想（像）這位太太這樣開通，呵，女界中可大有起色嘍！」[138]表揚某太太文明，標誌是「定了本館一份報」，按照今天的標準衡量，自我廣告的色彩未免太濃了；但我相信，當初畫報初創，沒有那麼多規矩，戲臺內喝彩，可以不避嫌疑。至於說某女子進化，某婦人文明，除了「愛看各類教科書並各種畫報」，還落實在「講給他那一溜兒不識字婦女們聽」——就像畫報所感慨的：「咳，都像這位婦人肯講解，中國何愁女學不興？」[139]

畫報的擬想讀者，本來就以識字不多、閱讀有困難的婦女與兒童為主。在畫報主人看來，幼童看報，當然是有百利而無一弊：「一可增長見識，二可以認幾字，準比看《封神榜》等強的多嘍。」[140]更何況，某小學生不只自己存錢買報讀報，還將自己讀過的報紙拿到街上去張貼，讓別人也能閱讀；甚至還有倒轉過來，給大人念報的：「念的

137 路工編選：《清代北京竹枝詞》，125-126頁。

138 《婦人開通》，載《醒世畫報》，48號，1909年12月。

139 《女子進化》，載《新銘畫報》，158號，1909年12月；《熱心講報》《報迷貼報》，載《醒世畫報》，52號，1909年12月；《婦人文明》，載《醒世畫報》，53號，1909年12月。

140 《幼童看報》，載《北京白話畫圖日報》，469號，1910年1月。

極有滋味,聽的那幾位,無不點頭咂嘴兒,您說可賀不可賀呀。」[141]

更有趣的是,不僅家中女眷、孩童喜歡讀報,連妓女、和尚也都對報紙大感興趣。《醒世畫報》上有一則《文明妓女》,值得仔細品鑒:

> 朱家胡同麗華茶室,妓女翠喜素聞狠是端莊,並無一點青樓的積習,而且甚開通,所有北京報紙,無不閱看,所交之客,亦係端品之人。看起來文明人無處不有嘔。[142]

將「讀報」作為文明人的標誌,這一點,放在晚清的特殊語境,完全可以理解。問題在於,當上海的名妓寶馬香車招搖過市時,北京人更願意褒揚妓女之喜歡讀書,以及如何「文雅」「好靜」,甚至連捐錢都要捐到東安市場內的閱報處[143],這當然形成了鮮明的對照。

在公眾場合設立「閱報處」,以便沒錢買報的人也能自由閱讀,此乃晚清文化普及、思想啟蒙的一大發明。一九〇五、一九〇六年的《東方雜誌》上,對於「近來京中風氣大開,閱報處逐漸設立」多有報導。至於說「北京創辦閱報社,以西城為最先,東、南城繼之,惟北城除日新閱讀社外,尚屬寥寥」[144],下面這則《看畫報掉眼淚》可以略作補充:

> 最容易感動人的,第一是戲曲,第二就是圖畫。北城慧照寺樂眾閱報社門口,貼著我們《北京畫報》,見天有許多人,圍著觀

---

141 《小學生開通》,載《北京白話畫圖日報》,229號,1909年5月;《學生念報》,載《北京日日畫報》,77號,1908年8月。

142 《文明妓女》,載《醒世畫報》,43號,1910年1月。

143 《妓女助捐》,載《開通畫報》,26期,1907年3月。

144 參見《東方雜誌》2卷8期(1905年9月)、2卷9期(1905年10月)、2卷12期(1906年1月)、3卷11期(1906年12月)教育欄的「各省報界匯志」。

看。那天有一個老者，看到華工受苦那段，不由的大哭。本來
是啊，同是中國人，看見同胞的那樣苦情，再要是不動心，那
還算是人嗎？[145]

相對貧賤的北城（老北京城的基本格局是：東富西貴南貧北賤），也
有了閱報處，這還不算稀奇；讓人驚訝不已的是，原本不食人間煙火
的和尚，也都參與此維新大業──閱報社就設在寺廟門口，和尚更是
邁出了大半個身子。當然，你可以說這是廣告，為何貼在閱報欄裡、
讓那老者感歎唏噓的，正好是你們自家的《北京畫報》？可《北京畫
報》之「獨具慧眼」，不僅這一幅，還有道士如何登臺演說，以及喇
嘛讀報後大開竅，準備開辦學堂等。[146]

晚清畫報中，也有對於新式學堂的批評，如《醒世畫報》中譏笑
在店鋪門口緊盯女人的學生──「這幾位學生前途定不可限量嘍」；
或者《正俗畫報》中那幅關於學生的漫畫──讀書時打哈欠，腦子裡
想著妓院，手中提的是麻雀牌，眼中盯的是「官」字，至於「學生之
目的」，很明確，那就是白花花的銀子。[147]至於《益森畫報》上劉炳
堂所繪「韻語以紀本事」的《宣武門前一女郎》，很能顯示京城士大
夫溫和改良的趣味：

宣武門前一女郎，辭家求學赴東洋。
床頭老母垂危日，稍緩須臾也不妨。[148]

---

145 《看畫報掉眼淚》，載《北京畫報》，16期，1906年9月。

146 《道士登臺演說》，載《北京畫報》，5期，1906年5月；《喇嘛也開了化》，載《北
京畫報》，18期，1906年9月。

147 《學生野蠻》，載《醒世畫報》，52號，1910年12月；漫畫（綮繪生畫），載《正俗
畫報》，27期，1909年（閏）2月。

148 《宣武門前一女郎》，載《益森畫報》，7期，1907年12月。

作者並不否定女子留學，但在學問與家庭倫理之間，希望能有更好的
協調。總的來說，畫報中涉及「新學」時，還是以表揚為主。畢竟，
畫報作為一種新興媒體，本就與學堂、演說、報章等，同屬「新學」
陣營。

七　觀察、見證與遙想

借助無數或零散或連續的圖像資料（畫報），我們得以進入晚清
的歷史。但所有的歷史記憶，都夾雜著個人偏見；所有的歷史場景，
都不可能自然呈現。今人所見晚清畫報中的場景，無不包含著畫報人
的眼光、趣味以及筆墨技巧等。

如何獲得「帝京印象」，這首先取決於從何處觀看。這裡說的不
是透視法之類的繪畫技法，而是觀察的角度以及標準的設定。不管是
平視宮殿、深入街景，還是表彰新學、推崇公園，都蘊藏著某種價值
評判──以「開通」「文明」為標誌的啟蒙論述，與「西學東漸」大
潮密不可分。

圖像資料的直觀性，使得原先隱藏在文字深處的感覺，躍然而
出──我們的「帝京想像」，原來如此受制於某種異域的眼光。《點石
齋畫報》中隨處可見的「西洋景」，既拓展了閱讀視野，也構成了評
價標準──眾人之談論帝京得失，自覺不自覺地都帶入了西洋的眼光
和趣味。這一點，有三幅圖像可作佐證。

《點石齋畫報》中的《西人遊京》，說的是美國駐京公使「眺望
南北海風景」時，如何歆羨不已；作者於是馳騁想像：「傳之西國，
有不播為美談者乎？」[149]這既是寫實，也大有深意──日後關於「江

---

149 《西人遊京》，載《點石齋畫報》，己八，1886。

山如此多嬌」或「帝京風光無限」之類的論述，不也都喜歡引證外國人的觀感？外國人的表揚固然值得慶賀，外國人的批評同樣值得警惕。《益森畫報》中的《學生野蠻》，稱學生與郵差對罵，實在不堪入耳，這時候：「從西來一日本人，停馬觀之，臨行且歎且笑。北京有如此學生，不徒學界之玷，抑亦全國前途之懼。」[150]畫面上最引人注目的，不是事件的主角學生與郵差，而是作為觀察者的日本人；尤其是其居高臨下的姿態，以及極為蔑視的表情，對讀者形成了巨大的壓迫與刺激。至於《星期畫報》所描述的場面，德國武官冒雨雪參觀京城陸軍貴冑學堂和陸軍小學，更是讓作者大發感慨：「請看冒雨參觀，不辭泥濘，比中國人的好學何如哇！中國人也要這等努力，才能自強。」[151]畫面上，與德國軍人的嚴肅認真形成對比的，是中國官員的抓耳撓腮、若有所思。而畫中的洋人，既是當事人，也是觀察者，還是批評家——畫報人正是如此借助洋人的視角，來敘述、描寫、評論變化著的中國以及帝京。

不難想像，當畫報人自覺不自覺地用西洋的眼光，來談論帝都北京的種種變化時，必定有其知識盲點以及情感偏向；但在新學熱潮剛剛形成的晚清北京，這一切「誤差」，既不可避免，也在可控制的範圍之內。將洋人／西學作為視角，主要體現了晚清北京人「開眼看世界」的勇氣，以及自我反省的能力，只要不是太過分（比如極端自卑或盲目崇拜），沒必要以「後殖民」等理論來鞭撻苛求。今天看來，庚子後北京人之擁抱西學，固然十分粗淺，但一片天真爛漫，很是讓人羨慕。反而是史家的窮追猛打，頗有過度闡釋之嫌。

作為觀察者，其眼光是否受到污染或遮蔽，與其距離的遠近有關。這裡的「距離」，主要指的不是地理，而是心態——因為，沒有

150　《學生野蠻》，載《益森畫報》，5期，1907年11月。
151　《冒雨參觀》，載《星期畫報》，23期，1907年3月。

理由認定，圖繪北京時，上海畫家就一定不如北京畫家體貼入微。實際上，畫報中所呈現的絕大部分場景，都不是畫家直接所見所聞。《時事報圖畫旬報》中有一幅《景山雪景》，提及神武門外，皇宮之北的景山，雪天裡登高遠眺，「都城十萬戶，瓦迭魚鱗，塔盤鴉影，幾有一白無垠之意，誠奇景也」；可因光緒皇帝梓宮暫安觀德殿，此處防衛極為森嚴——畫面上，一道紅牆，加上大塊的空地，拉開了作為禁地的景山與公眾的距離。而《金頂妙峰山》恰好相反，描述過古松如何屈曲，還有香火怎樣繚繞，作者仍不忘添上：「記者曾於丁未首夏一遊其地，思之歷歷在目。」[152] 作為畫家，能親臨其境就近觀察，那是最好的；萬一做不到，借助相關資料「神遊冥想」，也不是完全不行。

描述京城裡的大事小事，顯然，北京畫家占有天時地利；對這一就近觀察的優長，北京畫家毫不掩飾，且頗為自得。一個有趣的例子是，為了證明自家圖像的權威性，畫家竟作為觀察者，直接鑽進了畫面。《北京畫報》的《朱陳嫁娶圖》，講的是某佳人嫁與某才子，如此勾欄佳話，場面自是十分熱鬧，關鍵是：

> 迎娶的那天，有本館畫師劉炳堂，《京話日報》館主人彭翼仲，
> 都去觀看一切，說句文話，叫做躬逢其盛。[153]

那作為觀察者的畫師，不僅出現在此婚嫁現場，還在談論亡國慘禍或者教師打學生的畫面上出現。[154] 之所以畫面中要出現敘事者，主要不

---

152 《景山雪景》《金頂妙峰山》，分載《時事報圖畫旬報》，3、4期，1909年2月。

153 《朱陳嫁娶圖》，載《北京畫報》，6期，1906年5月。

154 《請看亡國民》，載《北京畫報》，10期，1906年7月；《教書匠下毒手》，載《北京畫報》，4期，1906年5月。

是構圖方面的需要，而是為了凸顯觀看的特權，確認敘述的可靠。

理論上，所有的畫報製作人，都只是大小事件的旁觀者，距離事件的發生地越近，越有就近觀察的便利──這個「便利」，包括信息容易傳遞，視野不受阻擋，更包括對於社會氛圍以及人物心境有較好的感受與體貼。但「距離」與「立場」無關，更不要說個性化的筆墨情趣。反過來，有時候，正因為離得太近，利益相關，反而有所忌憚、有所遮蔽。所謂「不識廬山真面目，只緣身在此山中」，落在晚清畫報身上，再合適不過了。北京畫報談論身邊發生的事件，之所以出現盲點，主要不是技術障礙，而很可能是基於自我保護本能，刻意迴避某些敏感話題。

遠在天邊的上海或廣州的畫報，可以直截了當地抨擊朝廷，而生活在天子腳下，北京的畫報更多受制於朝廷決策。與皇城的距離太近，決定了北京畫報的政治立場不夠鮮明；偶有表示抗議的，也都比較溫和，甚至必須注明此乃轉載自上海的《圖畫日報》。[155]敢於對朝廷查封京華報館和民呼報社表示抗議[156]，或者嘲笑其將「民氣」捆綁起來，然後侈談「中外競爭」，已經是相當勇敢的了。[157]一般情況下，北京畫報上沒有所謂的「過激言行」。只是隨著廣州黃花崗起義（1911年4月）、武昌新軍起義（1911年10月），時局大變，北京諸多畫報上，方才出現攻擊朝廷、贊同革命的大膽言論。

北京畫報之相對保守，不只體現在政見的直接表達上，更落實在

---

155 參見《醒世畫報》30號（1909年11月）之《毋使滋生》。一官員正努力將春草般的「報館」二字拔掉，畫上題曰「幽夢生描上海圖畫日報」。按：幽夢生乃李菊儕別號。

156 《查封報館有感》，載《北京白話畫圖日報》，460號，1910年1月。

157 《中外競爭之比較》，載《北京白話畫圖日報》，245號，1909年5月。畫面上，西方人騎在馬上，正快馬加鞭，旁注「外國之民氣」；而戴著眼鏡的中國官員，卻將驢子扛起來，邁開了四方步，旁注「中國之民氣」。

有關倫理的話題——尤其是關於女性命運的思考。《點石齋畫報》上有一則《武妓可愛》，說的是京師紗帽胡同某妓院，有無賴前來鬧事，漂亮的「武妓」於是大打出手，然後飄然遠逝。作者大發感歎：「能哉妓也！力足以服人而又智足以遠禍，神龍見首不見尾，不圖於平康中遇之。」[158]這故事，很容易讓人聯想到文康《兒女英雄傳》裡的十三妹。如此女俠，與上海街頭弱不禁風的風騷女子截然不同，難怪為南方畫家所青睞。可京城裡的畫家，顯然不喜歡此類傳說。《日新畫報》上的《女界現象》，描述的是另一番風景：

> 正月十五日，後門外大街馬路上，有一個十七八歲的大姑娘，拿著風箏來回奔跑，實在不好看。但分人家有點規矩，絕不能讓姑娘在滿街上瘋跑。啊咳！此事不但因女學堂不甚發達，而於警務亦有妨害（其害乃電線電燈等類），豈不是無形的危險嗎？該家長趕緊禁止才好。[159]

放風箏乃老北京的習俗，為什麼大姑娘就不能做？說是怕掛上了電線，那還有幾分道理；可作者的真實想法是：滿街上瘋跑的大姑娘「實在不好看」。這與上海畫報之喜歡渲染高級妓女如何寶馬香車招搖過市，形成絕大反差。北京也有時尚女性，喜歡自己駕車，但這在畫報中卻成了嘲諷的對象。《北京白話畫圖日報》談及大姑娘趕馬車，連說「此事出在東西洋各國，可不算出奇」，但在中國尤其在北京，絕對不行；而《新銘畫報》則描寫前門大街昨有一姑娘駕車，學生模樣，很是得意。作者追問：「這就是自由嗎？」後面加了個括

158　《武妓可愛》，載《點石齋畫報》，壬三，1886。

159　《女界現象》，載《日新畫報》，25期，1908年2月。

弧──「有點過火吧！」[160]不完全是高級妓女與良家女子的區別，更重要的是對於「都市時尚」的看法不同，這背後蘊涵著京滬兩地文人學者審美理想與文化趣味的差異。

　　畫報的製作，明顯受制於讀者的趣味；當年北京的諸多畫報，主要在本城及周邊城市銷售。既然擬想讀者是風氣尚未大開的北方城市，其思想觀念的相對保守，一點都不奇怪。他們可以贊成女學，但不希望這道「流動的風景」挑逗起公眾長期壓抑的欲望[161]；因此，談及女學生的青春與活力，不免多有顧忌，顯得格外拘謹。這是因為，距離太近，聯想太直接，責任感及道德感太強，以致畫報人無法做非功利的、純審美的思考與判斷。

　　以圖像為主的畫報，不同於以文字為主的其他書刊，對畫師的繪圖能力有很大的依賴。能夠就近觀察，對於畫家來說，應該說是再好不過的了。可實際上，北京畫家筆下的「帝京」，並不比上海畫家占有優勢。為什麼？這裡涉及畫家的個人才華，更牽連到「帝京想像」的藝術傳統。有個細節，很能說明問題。《點石齋畫報》上曾同時刊出兩幅《帝京勝景》，畫的都是永定門外娘娘廟，希望表現「都下風景，究非他處所能及」。甲圖上的說明：「是作來自北友，而列入《申報》者，余愛其說之清麗，故屬畫家照說繪圖」；乙圖則云：「前圖繪成後，而京師畫友也繪是圖寄下。僕不雅於此道，為門外漢，嘗不識其中三昧，自何敢妄肆雌黃。兩圖並存，以供賞鑒家之評量仔細也，何如？」[162]一南一北，兩位畫家都是「照說繪圖」。二圖平列，雖說

160　《大姑娘趕馬車》，載《北京白話畫圖日報》，471號，1910年1月；《姑娘御車》，載《新銘畫報》，54號，1909年8月。

161　陳平原：《流動的風景與凝視的歷史──晚清北京畫報中的女學》，載《中華文史論叢》，2006（1）。

162　《帝京勝景》（一、二），載《點石齋畫報》，甲九，1884。

娘娘廟的具體位置有變化,但人物場景、車馬服飾相當匹配,並不覺得怎麼突兀。遠隔千山萬水的兩位畫家,對於帝京的想像,為何大致相同?這裡的關鍵是,畫家在圖寫京城風物時,大都有所本。

不要說生活在十九世紀末、有可能見識過帝京景象的京滬畫家,就連十九世紀初從未到過中國的日本畫家,也都敢圖寫京城風物。岡田玉山等編繪的《唐土名勝圖會》(共6集),除山川名勝、苑囿寺觀外,還涉及典章制度、器物風俗等;前四卷描摹京師時,逐個介紹皇城內的府署司院,對於大內即紫禁城的刻畫更是精細。就像皆川願的《唐土名勝圖繪序》所說的,「是書所圖述,地已不可得躬詣,事又不可得親訪」,辦法只能是「皆用『識略』『會典』『盛典』諸書,以為其據」。[163] 書中雖開列了《山海經》以降五十一種參考書,但在我看來,撰述文字時,《宸垣識略》《日下舊聞考》最有幫助;至於圖像方面,主要借鑒的是《萬壽盛典》《南巡盛典》《禮器圖式》《三才圖會》以及《天下輿地各省全圖》。換句話說,單靠已有的典籍圖冊,也能大致描述皇城的概貌。這就難怪從未到過京城的日本畫家,或者遠在千里之外的上海畫家,都能憑藉想像,圖寫所謂的「帝京勝景」。

王原祁等繪製、朱圭鐫刻的《萬壽盛典圖》(1717),從北京西郊暢春園一直畫到內城神武門,其中的園林城池、廟宇市廛、歌樓舞榭、鑾駕儀禮、市井百姓、官吏兵將等,無不惟妙惟肖。正如鄭振鐸在《中國古代版畫史略》所說的:

> 這卷子除寫皇家的鹵簿儀仗外,並把當時北京的城內外的社會

---

163 〔日〕皆川願《唐土名勝圖繪序》,見〔日〕岡田玉山等編繪:《唐土名勝圖會》,北京,北京古籍出版社,1985。東京博文館刊《北京志》中也提及:「九重雲深的皇城,是居民很難知曉之處,外國人又豈能得知其詳?只能在此舉出典籍所載之一隅。」(《清末北京志資料》,23頁)該書介紹天安門、紫禁城、太和殿、景山、北海等,也都有模有樣。

生活，民間情況的形形色色，都串插進去了，是重要的歷史文獻。繪者固畫心竭力以為之，刻者也發揮其手眼的所長，精巧地傳達出這畫卷的意境來。在美術史上，這樣長的綿綿不斷的畫卷，是空前的，其所包羅的事物景象的多種多樣，也是空前的。從山水、花卉、界畫、人物到馬、牛、道、釋無一不有，該有多末大的魄力和修養才行啊。[164]

至於《八旬萬壽盛典圖》（1795），基本上是蕭規曹隨，其布局取景都從《萬壽盛典圖》那裡來，只是為了適應季節的變化，將暖帽改成了涼帽。

清廷之所以不惜工本，以刀代筆，以印代繪，製作大量諸如《萬壽盛典初集》《南巡盛典》《御製圓明園四十景詩圖》等精美版畫，目的主要是炫耀功業，推廣所謂的「教化」。意想不到的效果是，皇家威儀、京城風光以及市井百姓的生活場景，從此得以流播海內外。同是圖寫帝京風物，珍貴的長卷，只能深藏宮廷，或供權貴賞玩，而雕版印刷則可以大量傳播。不管是《唐土名勝圖會》的作者，還是《點石齋畫報》的畫家，當他們需要繪製京師場景時，都得以參照這些版畫。關鍵不在於市井風光（各地大同小異，畫家不難落筆），而是如何表現皇家威儀──這可不容易「懸想」，沒有親眼目睹或參考資料，是畫不出來的。[165]而上述大型版畫的繪製者，多為供奉宮廷的畫

---

164 鄭振鐸：《中國古代版畫史略》，見《鄭振鐸藝術考古文集》，411頁。另外，周心慧著：《中國古代版畫通史》（271頁，北京，學苑出版社，2000）以及翁連溪編著《清代宮廷版畫》（29-30頁，北京，文物出版社，2001）也表達了大致相同的意見。

165 王伯敏稱：「康熙、乾隆時的有些宮廷畫，其意義，雖然主要是用來紀念王朝的盛衰，但在當時來說，還起著『新聞照相』的作用。有不少作品，宮廷事先布置作者，使畫家臨場作畫時有所準備，有的則是事後詔畫。」王伯敏：《中國繪畫通史》，下冊，295頁。

家。「這些宮廷畫家,生活在宮裡,並有為官者,對宮廷建築、陳設、器物、行宮園囿,重要事件中的人物、場面多為親眼目睹,或親身經歷。他們與雕刻名手合作,使繪畫作品通過雕版的形式反映到版畫作品上,並形成一種有宮廷特點、風格的寫實版畫作品。」[166]所謂「寫實風格」的追求,包括某些解剖透視、明暗投影等技法的採用,但更重要的,還是建立在對於宮廷生活的熟悉這個支點上。這是日後無數民間畫家在繪製與宮廷相關題材時,不能不依賴這些「樣本」的緣故。

《點石齋畫報》上的《京師求雨》《佛寺曬經》《超度孤魂》,以及《旗女應選》《侯相出京》《鼎甲遊街》等,構圖飽滿,場面繁複,人物、景物的描寫相當生動。何以千里外的上海畫家,能夠繪製出如此栩栩如生的帝京景象,而靠近京城的天津楊柳青畫工,其表現反而遜色得多?同樣描寫皇家威儀或帝京風情,前者有宮廷版畫《萬壽盛典圖》等可以借鑒;後者視野所限,只能自己摸索。看清末楊柳青年畫《圓明園圖》《京都紫禁城》,你會發現,圓明園變成了遊樂場,紫禁城也跟城隍廟差不多,除了繪畫技巧,更跟民間畫工對帝京毫無感覺,而又沒有恰當的參考資料有關。

同樣是圖寫帝京,假如是「遠景」,如側重歷史記憶的風俗畫面,可以借鑒《萬壽盛典圖》等;假如是「中景」,如精緻、靜止的皇家建築,可以取法西洋銅版畫、風景明信片以及相關照片。若《時事報圖畫旬報》以及《圖畫日報》上眾多國內外景物,運用透視,講究明暗,而且各圖之間大小相當、構思雷同,一看就是有所本的。

對於畫報來說,「風俗畫」或「風景畫」,雖則精彩,不是主攻方向;隨處可見的日常生活,雖轉瞬即逝,不太容易定格,卻是其精神

---

166 翁連溪編著:《清代宮廷版畫》,30頁。

所在。而一旦進入「近景」──描摹大街小巷裡充滿動感的各種人
事，畫家須具備很好的觀察力與造型能力。風俗畫要求拉開來，從遠
處觀看；時事畫則必須貼近去，就近觀察──不僅熟悉北京生活，筆
墨也能達意。正如畫師李菊儕說的，「北京畫師報界同人中，能繪人物
好手，除家兄李翰園及劉君炳堂早有心得外，能為社會普通歡迎者，
實為寥寥」。[167]其實，還應該加上那位早年為《點石齋畫報》繪圖、
日後活躍於北京畫報界的顧月洲。顧控制宏大場面的能力，以及劉炳
堂、李菊儕描摹人物神情的功夫，使得晚清北京畫報頗有可觀者。

　　選擇還是避開宮闕，代表著各自的政治立場與文化趣味；在這點
上，注重風情的上海畫家與深入街巷的北京畫家，各有其利弊。與上
海畫報對於北京的「遙想」不同，北京畫家之描述帝京，好處是身處
其中，很容易進入規定情境；缺點則是受制於朝廷高壓，不可能暢所
欲言。另一方面，上海畫報中關於帝京景物的描摹固然精緻，但混合
著皇朝的自我塑造和外國人的鑒賞趣味；北京畫家則撇開皇城等建
築，深入街巷，著眼局部，見證這座城市正在發生的劇烈變化──這
樣一來，畫面或許不如前者講究，甚至筆調稚拙，但有生氣，更能顯
示北京這座城市的真實面貌，以及畫家對於這座古城的款款深情。

　　談論帝京，「遙想」並非貶義詞──當初自有其好處，今日更是
必不可少。隨著時代推移，我們與《點石齋畫報》《星期畫報》等，
相隔百年上下，如此悠遠的距離，使得我們閱讀殘缺的圖像資料時，
只能喚起若干模糊的歷史記憶。必須補充許多文字材料，如檔案、野
史、筆記、小說、竹枝詞等，並經過一系列的圖文互證，方才能從某
一特定角度，呈現那已經永遠消逝的歷史瞬間。在這個意義上，閱
讀、體味、遙想晚清人的「帝京想像」，對於今人來說，並不那麼容

---

167 《李菊儕啟事》，載《醒世畫報》，14號，1909年11月。

易，同樣需要「精騖八極，心游萬仞」，「觀古今於須臾，撫四海於一瞬」。

長安的失落與重建[*]
──以魯迅的旅行及寫作為中心

　　嚴格說來，這是一件平淡無奇、波瀾不驚、普通得不能再普通的小事。一位作家，因為一次旅行，而取消了某個寫作計劃，其中沒有兇殺，無關情色，連懸念基本上都不存在。這樣的故事，還能勾起讀者進一步探究的興趣？能。就因為其牽涉到現代中國最偉大的作家魯迅，以及中國史上最顯赫的古都西安，故可引發無盡的遐思，也帶出了不少有趣的話題。

　　一九二四年的七、八月間，應西北大學的邀請，魯迅前往西安講學。此次旅行，除了日記、講稿（《中國小說的歷史的變遷》），還有兩篇雜文（《說鬍鬚》與《看鏡有感》）以及一則私人書信（《致山本初枝》），主要資料只有這些。就這麼點資料，原本不足以大作文章的。可「魯迅在西安」居然成為一個熱門話題，從孫伏園的回憶，到單演義的考辨，再到近年的不少評說。因此，我不只關注魯迅的西安之行，同時關注後人對此行的眾多詮釋。在我看來，對魯迅此行的「解讀」，與其從政治史（與軍閥鬥爭）或學術史（小說史寫作）著眼，還不如從文學史入手更有意思。

　　據說魯迅西安行的主要目的，是為創作長篇小說或劇本《楊貴妃》作準備；沒想到旅行結束時，計劃取消了。到底是什麼原因促使魯迅放棄此寫作計劃，以至於留下了無可彌補的遺憾，害得後人為魯

---

[*]　本文初刊《魯迅研究月刊》，2008（10）。

迅能否寫長篇小說而爭訟不休？[1]崇敬魯迅的，抱怨西安太不爭氣，使得可能成為一代名篇的《楊貴妃》胎死腹中；熱愛古都的，則暗地裡扼腕，要是當初魯迅真的完成了以唐代長安為背景的長篇小說或劇本，今天大大獲益的，不僅是專家學者，還包括市政當局和旅遊業者。

魯迅未創作長篇小說，是一個遺憾；沒描摹古都長安，更是一個遺憾。對此，有人歸咎於邀請講學的軍閥劉鎮華的專橫跋扈，有人抱怨從北京到西安的路途遙遠舟車不便；有人稱，那年頭兵荒馬亂，西安街頭亂七八糟，難怪魯迅印象不好[2]；有人猜，要是在牡丹花開的三、四月間來西安，魯迅的感覺就大不一樣了[3]；更有人半開玩笑說，魯迅在西安未獲得新的刺激，好不容易嘗試著吸了一回鴉片，也沒得到什麼靈感，「萬一那一天我們居然成功，那麼《楊貴妃》也許

1　王朔稱：「我認為魯迅光靠一堆雜文幾個短篇是立不住的，沒聽說有世界文豪只寫過這點東西的。……我堅持認為，一個正經作家，光寫短篇總是可疑，說起來不心虛還要有戳得住的長篇小說，這是練真本事，憑小聰明雕蟲小技蒙不過去。」王朔：《我看魯迅》，載《收穫》，2000（2）。周海嬰是這樣回答記者關於《兩地書原信》是否「書信體的長篇小說」的詢問：「我父親魯迅是世界公認的文學家，他的文筆有目共睹，即使是和母親通信，也是妙筆生花。我母親許廣平也是『才華橫溢』，她信中的內容也『充滿了文學氣息』。這不是我的話，這是中國青年出版社的高級編輯和教授級的高級校對在反覆閱讀之後得出的結論，他們說『小說講究的是描寫性格和感情的演變歷程，一百六十四封《兩地書原信》，完整地刻畫出魯迅、許廣平的性格和感情。從這個意義上來說，《兩地書原信》可以說是書信體的長篇小說，篇幅超過了《阿Q正傳》，是他一生寫得最長的小說。』」參見張牧涵、肖雲祥：《周海嬰：魯迅情書也是妙筆生花》，載《中國青年報》，2005-5-31。在我看來，二說均不可信。

2　以上三說，多見於談論魯迅西安行的文章，並集中體現於單演義：《魯迅在西安》，西安，陝西人民出版社，1981。

3　〔日〕竹村則行：《魯迅の未刊腹稿〈楊貴妃〉について——時間旅行の幻滅》，載《未名》，19號，2001年3月；〔日〕竹村則行：《楊貴妃文學史研究》，387-404頁，東京，研文出版，2003。

早就問世了」。[4]除了最後一說略帶調侃,其餘的都將《楊貴妃》的「不幸流產」,歸咎於西安的自然環境、政治氛圍以及社會生活。所有這些,都不是空穴來風,但又都不足以充分說明問題。在以下的論述中,我除了努力鉤稽、復原魯迅的「楊貴妃」小說或戲劇創作計劃,更希望著重闡述:作為思接千古、神游萬仞的小說家,到底該如何復活那已經永遠消逝了的「唐朝的天空」,以及如何借紙上風雲,重建千年古都長安。

一　眾說紛紜的「西安之行」

　　一九二四年的西安之行,魯迅本人並不怎麼看重,同行者也沒覺得有什麼了不起。只是隨著時間的推移,「魯迅研究」急劇升溫,「唐朝的天空」怎樣消逝以及《楊貴妃》為何胎死腹中,方才成了個大問題。八十年間,此話題波瀾起伏,論述的主旨迭經演變,隱約折射出整個中國學界的風雲變幻,其婀娜多姿的運動軌跡,值得仔細勘察。

　　最初涉及此話題的,是與魯迅同行的北京《晨報副刊》編輯孫伏園。《晨報副刊》一九二四年八月十六至十八日連載的《長安道上》,本是孫伏園「將沿途見聞及感想拉雜書之」的長篇遊記,表達的是個人對於西安的觀感,只是偶而提及同行的師長魯迅。「遊陝西的人第一件想看的必然是古蹟」,故《長安道上(二)》主要記錄自家遊蹤,涉及魯迅的是以下這一段:

　　　　古蹟雖然遊的也不甚少,但大都引不起好感,反把從前的幻想

4　孫伏園:《〈楊貴妃〉》,見《魯迅先生二三事》,重慶,作家書屋,1942;中國社會科學院文學研究所魯迅研究室編:《1913-1983魯迅研究學術論著資料彙編》,3卷,794-795頁,北京,中國文聯出版公司,1987。

打破了，魯迅先生說，看這種古蹟，好像看梅蘭芳扮林黛玉，姜妙香扮賈寶玉，所以本來還打算到馬嵬坡去，為避免看後的失望起見，終於沒有去。[5]

而在《長安道上（三）》中，孫伏園轉而介紹陝西的美術學校、易俗社、鳳酒和方言，還有歸途所見山西的治安狀況如何好、洛陽的旅館設施如何差。涉及魯迅的是：「一天同魯迅先生去逛古董鋪，見有一個石雕的動物，辨不出是什麼東西，問店主，則曰：『夫』。」相對於孫伏園的一臉茫然，魯迅馬上悟出那是「鼠」。[6]也就是說，最初關於魯迅「長安行」的文本，只是記錄其逛古董鋪，對那裡的古蹟很失望，並未牽涉小說或劇本的寫作。

首次提及魯迅準備為楊貴妃撰寫小說的，是著名小說家郁達夫。一九二六年，郁達夫在《歷史小說論》一文中稱：

朋友的 L 先生，從前老和我談及，說他想把唐玄宗和楊貴妃的事情來做一篇小說。……L 先生的這一個腹案，實在是妙不可言的設想，若做出來，我相信一定可以為我們的小說界闢一生面，可惜他近來事忙，終於到現在，還沒有寫成功。[7]

文中還提及魯迅關於長生殿誓願的解釋，以及馬嵬坡唐玄宗為何不救楊貴妃，還有老來怎樣後悔，「就生出一場大大的神經病來」。

5　伏園：《長安道上（二）》，載《晨報副刊》，1924-08-17；又見《1913-1983魯迅研究學術論著資料彙編》，1卷，65頁，北京，中國文聯出版公司，1985。

6　伏園：《長安道上（三）》，載《晨報副刊》，1924-08-18；又見《1913-1983魯迅研究學術論著資料彙編》，1卷，69頁。

7　郁達夫：《歷史小說論》，載《創造月刊》，1卷2期，1926年4月；此文收入《奇零集》，上海，開明書店，1928。

　　類似的說法，在馮雪峰一九三七年所撰《魯迅先生計劃而未完成的著作》中，有更進一步的發揮：

　　　　魯迅先生一直以前也曾計劃過一部長篇歷史小說的製作，是欲描寫唐朝的文明的。這個他後來似乎不想實現的計劃，大概很多人知道，因為魯迅先生似乎對很多人說過，別的人或者知道得比我更詳細。我只聽他在閒談中說過好幾次，有幾點我還記得清楚的是……但他又說他曾為了要寫這小說，特別到長安去跑了一趟（按即一九二四年夏到西安任暑期演講），去看遺跡，可是現存的遺跡全不是在古籍上所見的那麼一回事，黃土，枯蓬……他想寫它的興趣反而因此索然了。[8]

魯迅計劃寫作的，是一部「描寫唐朝的文明」的「長篇歷史小說」，可書名是否就叫《楊貴妃》，馮雪峰並沒說。倒是一九四二年重慶作家書屋刊行孫伏園的《魯迅先生二三事》，其中有一篇《〈楊貴妃〉》，徹底坐實了魯迅的寫作計劃：

　　　　魯迅先生對於唐代的文化，也和他對於漢魏六朝的文化一樣，具有深切的認識與獨到的見解。……他覺得唐代的文化觀念，很可以做我們現代的參考，那時我們的祖先們，對於自己的文化抱有極堅強的把握，絕不輕易動搖他們的自信力；同時對於別系的文化抱有極恢廓的胸襟與極精嚴的抉擇，絕不輕易的崇拜或輕易的唾棄。這正是我們目前急切需要的態度。

8　O.V.（馮雪峰）：《魯迅先生計劃而未完成的著作》，載《宇宙風》，50期，1937年11月；又見《1913-1983魯迅研究學術論著資料彙編》，2卷，880頁，北京，中國文聯出版公司，1986。

這段追憶，與馮雪峰的說法一致，且有魯迅早已公開發表的《看鏡有感》為證，沒有任何疑義。至於說「魯迅先生那時幾已十年沒有旅行，又因本有體味一下唐代故都生活的計劃，所以即刻答應了西北大學的邀請」，也都可以接受。讓人心生疑竇的，是緊接著的這段話：

> 拿這深切的認識與獨到的見解作背景，襯托出一件可歌可泣的故事，以近代戀愛心理學的研究結果作線索：這便是魯迅先生在民國十年左右計劃著的劇本《楊貴妃》。

魯迅計劃撰寫的，到底是「長篇歷史小說」還是「三幕劇」，這問題需要專門探討，暫且按下不表。對於古都西安，魯迅到底印象如何：

> 我們看大小雁塔，看曲江，看灞橋，看碑林，看各家古董鋪，多少都有一點收穫。在我已覺得相當滿意，但一叩問魯迅先生的意見，果然在我意中又出我意外地答覆我說：「我不但甚麼印象也沒有得到，反而把我原有的一點印象也打破了！」[9]

因此，原本希望「到西安去體味一下實地的風光」的魯迅先生，只好放棄了寫作計劃。

對於孫伏園的上述說法，當初在西安參與接待魯迅的張辛南似乎不太以為然。雖然承認「陝西入民國後兵連禍結歲無寧日，舊學無由昌明，新學無從輸入，被視為文化落空的區域，真是整個民族的一個大不幸」，但他還是認為，「魯迅先生對於這座古城好像很感興味，不

---

9 孫伏園：《魯迅先生二三事・〈楊貴妃〉》，見《1913-1983魯迅研究學術論著資料彙編》，3卷，794-795頁。

講演的時候，時常到街上去溜達」。接下來，繪聲繪色地講述其如何陪魯迅買弩機的張君，同樣感歎：「魯迅先生的『楊貴妃』一戲始終未寫出來，我覺得是一件莫大的損失。」[10]

正是受孫、張等人文章的啟發，學者林辰開始關注魯迅之「長安行」。一九四三年初刊、一九四五年修訂、一九四八年收入開明書店版《魯迅事蹟考》中的《魯迅赴陝始末》，借助魯迅的《說鬍鬚》以及孫伏園、張辛南等文，初步勾勒出魯迅此次西安之行的大致輪廓。有感於「在許多關於魯迅的著作裡，對於他這次的西安之行，大抵都是空白」，林辰撰文的目的是「拾遺補缺」；《楊貴妃》為何沒能成稿，不是他關注的重點。魯迅此行的目的是「為了體驗一下古長安的風光」，至於到底是想創作「歷史劇」（孫說）還是「歷史小說」（馮說），權衡再三，因孫伏園與魯迅同行且立說在先，林文於是鄭重其事地加了個注：「茲從孫說。」[11]可是，讀了魯迅好友許壽裳的《亡友魯迅印象記》後，林辰動搖了，一九五五年重刊本《魯迅事蹟考》於是改為：「孫伏園說是歷史劇，則係誤記；……應以小說為確。」[12]

一九四七年，峨眉出版社刊行了《亡友魯迅印象記》，第十五節「雜談著作」中，許壽裳提及魯迅未能完成的著述，包括《中國字體發達史》《中國文學史》以及三部長篇小說的腹稿──包括準備多年的《楊貴妃》，只是因時勢緊迫，魯迅選擇了雜文這麼一種「戰鬥文體」，而「再沒有工夫來寫長篇了」。[13]

10 辛南：《追憶魯迅先生在西安》，載（重慶）《中央日報》《掃蕩報》聯合版，1942-06-22；又見《1913-1983魯迅研究學術論著資料彙編》，3卷，1039-1041頁。

11 林辰：《魯迅赴陝始末》，載《文壇》，2卷1期，1943年4月；又見《1913-1983魯迅研究學術論著資料彙編》，4卷，701-704頁，北京，中國文聯出版公司，1987。

12 林辰：《魯迅赴陝始末》，見《魯迅事蹟考》，45頁，上海，上海新文藝出版社，1955。

13 許壽裳：《亡友魯迅印象記》，50-52頁，北京，人民文學出版社，1977。

以上各位，除林辰外，均係魯迅的好友或學生，都曾親自聆聽魯迅關於楊貴妃的妙論。孫伏園是魯迅早年任山會初級師範學校校長時的學生，北大畢業後任《晨報》副刊、《京報》副刊以及《語絲》周刊編輯時，與魯迅過從甚密，後因立場歧異而漸行漸遠。郁達夫一九二三年到北大任教後，與魯迅交往頻繁，常一同宴飲。一九二八年十二月九日，馮雪峰由柔石陪同到景雲裡十七號去見魯迅；從此，馮與魯迅建立了非同尋常的親密關係，不僅是師生之誼，更有戰友之情。至於許壽裳，則是魯迅的摯友，共事多年，交誼深厚，所撰《亡友魯迅印象記》《我所認識的魯迅》等，被公認是研究魯迅的重要史料。可以說，諸人的追憶是可信的。可就像當初張辛南在質疑孫伏園時說的，「事隔二十年，記憶力恐怕有些靠不住」。[14]這個時候，史家的登場，恰逢其時。

林辰《魯迅赴陝始末》的出現，預示著嚴謹的學者開始登場。這方面的代表，非原西北大學教授單演義莫屬。從一九五七年撰寫小冊子《魯迅講學在西安》，到一九七八年編印資料集《魯迅在西安》（西北大學魯迅研究室資料組印），再到一九八一年出版專著《魯迅在西安》，三十年間，單先生鍥而不捨，專注於此課題。憑藉編輯資料集的長期積累，《魯迅在西安》（正文12章，外加3篇附錄）比起《魯迅講學在西安》（7章）來，不僅篇幅大增，論述也豐滿了許多。主要變化在於：增加了第一章「陝西社會面貌鳥瞰」、第五章「在西安講演的特色」、第六章「魯迅後來對《史略》及講稿中某些觀點的修正」、第十一章「魯迅與康有為來西安講學的比較觀」，刪去原第六章「寄贈西安友好的書和信」，將原第四章「魯迅在西安」擴展為第七章「遊覽名勝古蹟和購買古物」、第八章「魯迅與易俗社」、第九章「魯

---

14 辛南：《追憶魯迅先生在西安》，見《1913-1983魯迅研究學術論著資料彙編》，3卷，1039頁。

迅冷對軍閥和名士」。因史料增加且時勢遷移，單書的具體論述多有變化，但從新文學、新學術、新政治角度，高度評價魯迅西安之行，這一基本立場沒變。只是過猶不及，表彰魯迅「不惟毫無奴顏婢膝之態，而且採取了『硬骨頭』報復的行動」時，舉魯迅拒絕為軍閥歌功頌德，對軍士也講小說史，這些都還可以；以嘗試吸食鴉片為例，可就有點曲為辯解了——雖然魯迅本人有言在先。[15]

當然，這與新中國建立後政府對於魯迅的極力表彰有關——任何與魯迅相關的事件、人物、地點，都受到學界高度關注。舉個例子，原東南大學教授、國文系主任陳鍾凡，也對當初與魯迅同往西安講學備感榮耀。除撰寫《魯迅到西北大學的片斷》，補充若干生活細節，包括陝州「蒼蠅哄鳴，擾人清夢」等[16]，還在《自傳》中再次敘述與魯迅同赴西安講學的經過與感受。顯然，作者很看重這一經歷，這段敘述，竟占據整篇自傳近三分之一的篇幅。[17]如此時代氛圍，導致世人對魯迅「長安行」的論述普遍過於高調——「他這次西來講學的影響，也和歷史上德教流行、風氣轉移一樣，不是馬上可以看到、聽到，如影之隨形、響之應聲的，然而『風行草偃，從化無違』，又是必然的。」[18]過分強調魯迅此行的深遠意義，也就難得深入探究魯迅在體味、懸想、復原「唐朝的天空」時所可能遭遇的困境。

反倒是兩位日本學者，不太受此潮流的影響。著名中國學家竹內

---

15 單演義：《魯迅講學在西安》，81-82頁，武漢，長江文藝出版社，1957；魯迅：《關於知識階級》，此文人民文學出版社1981年版《魯迅全集》未收，見2005年版《魯迅全集》，8卷，223-229頁。

16 陳中凡：《魯迅到西北大學的片斷》，載《西北大學學報》，1976（2）。

17 陳中凡：《自傳》，見《中國當代社會科學家》，1輯，62-69頁，北京，書目文獻出版社，1983。

18 單演義：《魯迅講學在西安》，80-81頁；類似的話，也見單演義：《魯迅在西安》，134頁。

實一九五八年發表《談魯迅的〈中國小說的歷史的變遷〉》，在辨析第三講「唐代傳奇」時，創造性地引入魯迅的《說鬍鬚》和《致山本初枝》，以及撰寫「楊貴妃」小說的設想，將其與《長恨歌》和《長恨歌傳》相對照，得出以下頗具新意的結論：

> 這樣，在試圖挖掘人的內心世界，重視歷史真實的魯迅來看，白居易和陳鴻未免過於善良和浪漫了。當談到美人埋在黃土下，不勝感傷之至時，也許魯迅臉上會現出諷刺的微笑。[19]

將近半個世紀後，九州大學教授竹村則行出版《楊貴妃文學史研究》，全書主體部分（第一至十六章）討論從《長恨歌》到《長生殿》楊貴妃故事的變遷，第十七章突然改為近現代語境中楊貴妃故事的展開，借助「西安的自然環境」「西安的人際關係」「唐代長安與1924年的西安」，反省魯迅為何放棄《楊貴妃》的寫作計劃。[20]

最近幾年，中國學界重新對魯迅的「西安之行」以及放棄「楊貴妃」寫作計劃感興趣，有正面探討的（如駱玉明、吳中傑）[21]，也有旁敲側擊的（如朱正、蔣星煜）[22]，報紙上的簡要評述，更是不勝枚舉。[23]其中，出於趣味性考量的居多，但也不乏嚴肅認真的思考。只

---

19 〔日〕竹內實：《談魯迅的〈中國小說的歷史的變遷〉》，載《文學》，1958（3）；中譯本（李汝松譯）作為附錄收入單演義：《魯迅在西安》，146-161頁。

20 〔日〕竹村則行：《楊貴妃文學史研究》，387-404頁。

21 駱玉明：《魯迅的〈楊貴妃〉》，載《文匯報》，2005-06-08；吳中傑：《〈楊貴妃〉命意的啟示》，載《文匯報》，2007-08-19。

22 朱正：《杜甫・魯迅・楊貴妃》，載《魯迅研究月刊》，2001（6）；蔣星煜：《揭開魯迅不看秦腔的疑案》《孫伏園與魯迅恩怨真相》，見《文壇藝林備忘錄》，上海，上海遠東出版社，2007。

23 宋橋：《1924年魯迅西安之行》，載《中華讀書報》，2003-05-19；韓望舒：《魯迅留下的遺憾》，載《人民政協報》，2004-03-13；《80年前的7月魯迅在西安》，載《三秦

可惜，史料、思路以及論述策略，基本上走不出單演義的《魯迅在西安》。本文將另闢蹊徑，從「何處是長安」「愛情、女性還是都城」「可疑的『古都』情結」「時間意識還是空間想像」「如何『遙想漢唐盛世』」等不同角度，探究魯迅「西安行」與「楊貴妃」之間錯綜複雜的關係，以及重建古都的方法與途徑。

二　何處是長安

　　一九二四年魯迅的西安之行，起於七月七日，訖於八月十二日。兩個多月後，魯迅撰《說鬍鬚》，第一次以文字形式談論此行。這篇初刊一九二四年十二月十五日《語絲》第五期、後收入論文及雜文集《墳》（1927年北京未名社初版）的短文，借鬍子問題談國民心態，跟同一時期諸多雜文同調。至於「西安之行」，只是順帶提及，並非文章主旨。可這畢竟是當事人的自述，極為難得：

> 今年夏天遊了一回長安，一個多月之後，糊裡糊塗的回來了。知道的朋友便問我：「你以為那邊怎樣？」我這才粟然地回想長安，記得看見很多的白楊，很大的石榴樹，道中喝了不少的黃河水。然而這些又有什麼可談呢？我於是說：「沒有什麼怎樣。」他於是廢然而去了，我仍舊廢然而住，自愧無以對「不恥下問」的朋友們。
> ……我一面剪，一面卻忽而記起長安，記起我的青年時代，發

都市報》，2004-07-11；訥言：《魯迅為啥沒寫〈楊貴妃〉》，載《太原日報》，2005-04-27；張琦：《82年前，魯迅先生舟行渭河》，載《西安晚報》，2006-03-31；《魯迅解讀楊貴妃》，載《今晚報》，2006-08-10；王衛軍：《魯迅和〈楊貴妃〉》，載《太原日報》，2007-01-15；等。

出連綿不斷的感慨來。長安的事，已經不很記得清楚了，大約
確乎是遊歷孔廟的時候，其中有一間房子，掛著許多印畫，有
李二曲像，有歷代帝王像，其中有一張是宋太祖或是什麼宗，
我也記不清楚了，總之是穿一件長袍，而鬍子向上翹起
的。……
我剪下自己的鬍子的左尖端畢，想，陝西人費心勞力，備飯化
錢，用汽車載，用船裝，用驟車拉，用自動車裝，請到長安去
講演，大約萬料不到我是一個雖對於絕無殺身之禍的小事情，
也不肯直抒自己的意見，只會「嗡，嗡，對啦」的罷。他們簡
直是受了騙了。[24]

雖說是雜文筆調，可一句「長安的事，已經不很記得清楚了」，隱約
透露出，作者對於此行不是很滿意，起碼是「觀感欠佳」。十年後，
在一則私人通信中，魯迅寫下這麼一段話，成為此話題的「關鍵證
詞」：

五六年前我為了寫關於唐朝的小說，去過長安。到那裡一看，
想不到連天空都不像唐朝的天空，費盡心機用幻想描繪出的計
劃完全被打破了，至今一個字也未能寫出。原來還是憑書本來
摹想的好。[25]

雖然關於「長安行」的具體時間記憶有誤，但整個事件的來龍去脈已
清晰地勾勒出來。而這，與十年前孫伏園《長安道上（二）》的描述
若合符節：

---

24 魯迅：《墳・說鬍鬚》，見《魯迅全集》，1卷，174-176頁。
25 魯迅：《致山本初枝》，見《魯迅全集》，13卷，556頁。

> 唐都並不是現在的長安，現在的長安城裡幾乎看不見一點唐人
> 的遺跡。……至於古蹟，大抵模胡得很……陵墓而外，古代建
> 築物，如大小二雁塔，名聲雖然甚為好聽，但細看他的重修碑
> 記，至早也不過是清之乾嘉，叫人如何引得起古代的印象？照
> 樣重修，原不要緊，但看建築時大抵加入新鮮份子，所以一代
> 一代的去真愈遠。就是函谷關這樣的古蹟，遠望去也已經是新
> 式洋樓氣象。[26]

當初只是記錄自家旅行觀感及魯迅的隻言片語，日後撰寫追憶文章，
孫伏園東拼西接，終於將整個故事「講圓」了。因孫君的追憶是整個
論述的關鍵，必須仔細推敲：

> 我們看大小雁塔，看曲江，看灞橋，看碑林，看各家古董鋪，
> 多少都有一點收穫。在我已覺得相當滿意，但一叩問魯迅先生
> 的意見，果然在我意中又出我意外地答覆我說：
> 「我不但甚麼印象也沒有得到，反而把我原有的一點印象也打
> 破了！」
> 魯迅先生少與實際社會往還，也少與真正自然接近，許多印象
> 都從白紙黑字得來。在先生給我的幾封信中，嘗談到這一
> 點。……
> 那時的西安也的確殘破得可以。殘破還不要緊，其間因為人事
> 有所未盡而呈現著複雜、頹唐、零亂等等徵象，耳目所接觸的
> 幾無一不是這些，又怎麼會不破壞他那想像中的「楊貴妃」的
> 完美呢？

---

26 孫伏園：《長安道上（二）》，見《1913-1983魯迅研究學術論著資料彙編》，1卷，65頁。

在我們的歸途中，魯迅先生幾乎已經完全決定無意再寫《楊貴妃》了。[27]

這已經不是私人性質的「追憶」，而是夾雜引述與考證的「後見之明」。但有一點，馮雪峰等人的文章告訴我們，魯迅講述「楊貴妃」故事的興致，一直持續到晚年，並非西安歸來便戛然而止。至於文章中稱，魯迅的經驗及知識「都從白紙黑字得來」，一旦與實際社會接觸，「大大的破壞第一印象的完美」，故《楊貴妃》必然流產。如此立說，雖是好意，卻與我們通常認可的魯迅如何「直面慘澹的人生」，形成了有趣的對照。

難道魯迅真的那麼「不諳時世」？孫伏園說有魯迅給他的信為據，還專門寫了《魯迅先生的幾封信》，說明魯迅如何「交際太少」「不大願意和實際社會相接觸」。[28]查一九八一年人民文學出版社刊《魯迅全集》中，除了《集外集拾遺》所收《通訊（致孫伏園）》（初刊1925年5月4日《京報副刊》），再就是魯迅給孫的四封信，分別寫於一九二三、一九二四、一九二七年。其中一九二三年六月十二日《致孫伏園》，就《晨報》副刊上關於「愛情定則」的討論發表意見。魯迅希望此討論繼續下去，讓各種奇談怪論都得到發表，以便世人清醒——「杜塞了這些名言的發展地，豈不可惜？」接下來，有這麼一句：「我交際太少，能夠使我和社會相通的，多靠著這類白紙上的黑字，所以於我實在是不為無益的東西。」[29]魯迅的本意是，借助此「愛情定則」的討論，可深入了解世態人情；孫伏園無限擴大，將魯

---

27 孫伏園：《楊貴妃》，見《1913-1983魯迅研究學術論著資料彙編》，3卷，794-795頁。

28 孫伏園：《魯迅先生的幾封信》，載《瀟湘漣漪》，2卷11期，1937年2月；又見《1913-1983魯迅研究學術論著資料彙編》，2卷，680-683頁。

29 魯迅：《致孫伏園》，見《魯迅全集》，11卷，416-417頁。

迅描述成「書生氣十足」，如此解讀，我以為不太恰當。讀書人對於世界的了解和認識，主要來源於「白紙黑字」，這很正常；至於因與實際社會接觸而不斷修正過去的認識，也在情理之中。說魯迅對於「長安」及「楊貴妃」原本只有美好的想像，一旦接觸現實，發現並非如此，只好放棄寫作計劃——孫伏園此說影響甚大，卻並非無懈可擊。

要說借助「白紙黑字」獲得歷史知識，「大唐長安」早就失落，這是個常識，魯迅不該毫無心理準備。唐末戰亂，天祐元年（904）昭宗東遷，長安城受到了毀滅性的破壞。唐末五代詩人韋莊《長安舊里》有云：「滿目牆匡春草深，傷時傷事更傷心。車輪馬跡今何在，十二玉樓無處尋。」至於《秦婦吟》更是傳誦久遠：「長安寂寂今何有，廢市荒街麥苗秀。……昔時繁盛皆埋沒，舉目淒涼無故物。」從宋興到清亡，漫長的歷史歲月中，長安再也沒有恢復過所謂的「盛唐氣象」。當然，從長時段看，「長安城帝都地位的喪失，主要在於經濟原因」[30]；唐中期以後，長江中下游地區經濟發展迅速，遠遠超過了黃河流域，隨著全國經濟重心的南移，國都因而自然向東移動。到了民國初年，古城西安政治上確實一團糟，真可謂兵連禍結，「亂哄哄你方唱罷我登場」；但也偶有興學、辦報或創立「易俗社」等好事。[31]這一點，魯迅去西安前已有所了解和評述。[32]

---

30 史念海、辛德勇：《西安》，見陳橋驛主編：《中國七大古都》，112頁，北京，中國青年出版社，1991。

31 「宏大敘事」見西安市檔案局、西安市檔案館編：《西安古今大事記》，西安，西安出版社，1993；「私人敘事」見王獨清：《長安城中的少年》，上海，光明書局，1933。後者提及清末西安城裡同盟會的活動、閱讀《新民叢報》的熱潮、公益書局和健本學堂如何傳播新文化、官辦的高等學堂又怎樣設置課程等，很有史料價值（70-80頁）。另外，據王著稱，民初西安教育有兩個體系，「一個是西北大學，一個是三秦公學」；三秦公學更激進，喜歡鬧學潮（125-150頁）。

32 單演義：《魯迅在西安》，15-16、90-91頁。

　　但即便如此，西安如此衰微破敗，還是給魯迅很大的震撼。因為，古老的長安，某種意義上，成了中華文化的象徵。經由漢賦、樂府、唐詩等千年詩文的凝聚，「長安」已成為「帝京」的象徵，後世詩文中，常見以之代指那時的國都的。等到魯迅登臨，千年古都已是滿目瘡痍，觸景生情，念及中國的悠久歷史及黯淡前景，焉能不感慨唏噓。或許，這裡用得上聞一多的名詩《發現》：

> 我來了，我喊一聲，迸著血淚，
> 「這不是我的中華，不對不對！」[33]

對於讀書人來說，「長安」是我們精神上永遠的「故鄉」。尋訪魂牽夢縈的長安城，魯迅此時的心境，若借用唐人詩句，應該是「近鄉情更怯」「何處是長安」。[34]只是魯迅的日記近乎流水帳，從不涉及個人心情，而同行的孫伏園，也只是旁觀者，其敘述不見得可靠。這裡姑且移花接木，挪用三年前所撰《故鄉》開篇部分，揣摩魯迅此時的心境：

> 我冒了嚴寒，回到相隔二千餘里，別了二十餘年的故鄉去。
> 時候既然是深冬；漸近故鄉時，天氣又陰晦了，冷風吹進船艙中，嗚嗚的響，從篷隙向外一望，蒼黃的天底下，遠近橫著幾個蕭索的荒村，沒有一些活氣。我的心禁不住悲涼起來了。
> 啊！這不是我二十年來時時記得的故鄉？
> 我所記得的故鄉全不如此。我的故鄉好得多了。但要我記起他的美麗，說出他的佳處來，卻又沒有影像，沒有言辭了。彷彿

---

33 聞一多：《發現》，見《死水》，29頁，北京，人民文學出版社，1980。

34 宋之問《渡漢江》：「嶺外音書斷，經冬復歷春。近鄉情更怯，不敢問來人。」張祜《昭君怨》二首之一：「萬里邊城遠，千山行路難。舉頭唯見月，何處是長安？」

也就如此。於是我自己解釋說：故鄉本也如此，──雖然沒有
進步，也未必有如我所感的悲涼，這只是我自己心情的改變罷
了，因為我這次回鄉，本沒有什麼好心緒。[35]

民初的中國，不論是浙東的美麗水鄉紹興，還是西北的千年古都西
安，都是一派衰敗景象。目睹「故鄉」此狀，自然是深感「悲涼」。

可是，面對滄海桑田、物是人非，失望之餘，作家並非只有「廢
書長歎」一策。相反，可能更激發其創作欲望。「折戟沉沙鐵未銷，
自將磨洗認前朝」（杜牧《赤壁》），擅長「懷古」與「詠史」的中國
詩人，並不懼怕或迴避「廢墟」，而是更願意在這些「文明遺跡」前
追憶、感憤、書懷。

實際上，古今中外，無數詩人、畫家、小說家、戲劇家，其創作
激情、想像力及表達的欲望，正緣於那些代表「文明碎片」的殘垣斷
壁。那位「不僅是十八世紀而且是一切說英語的國家的最偉大的歷史
學家」愛德華・吉本，曾撰寫了「或許是文藝復興以後可以永遠稱得
上是古典著作的唯一的一部歷史著作」《羅馬帝國衰亡史》[36]，最初的
寫作衝動，來自二十七歲那年戲劇性地突然前往羅馬，坐在神殿的廢
墟上沉思。晚年，已經功成名就的吉本，深情地回味這段難忘的經歷：

> 我的脾氣不是很容易感染熱情的，而我又從來不屑於假裝出我
> 自己沒有感覺到的熱情。可是我在經過了二十五年這麼長的時
> 間之後，卻忘不了當年首次走近並且進入這座「永恆的城市」時
> 激動我內心的強烈情緒，也難以用言語將它表達出來。一夜不

---

35 魯迅：《吶喊・故鄉》，見《魯迅全集》，1卷，476頁。

36 〔美〕J.W. 湯普森：《歷史著作史》，下卷第三分冊，孫秉瑩等譯，101頁，北京，
商務印書館，1992。

能入眠，第二天我舉起高傲的腳步，踏上古羅馬廣場的遺址。
每一個值得紀念的地點，當年羅慕路站立過的，或者塔利演說
過的，或者愷撒被刺倒下的地方，一下子全都呈現在我眼前
了。我損失了、或者享受了幾個陶醉的日子，然後才能從事冷
靜細緻的考察。……1764年10月15日，在羅馬，當我坐在朱庇
特神堂遺址上默想的時候，天神廟裡赤腳的修道士們正在歌唱
晚禱曲，我心裡開始萌發撰寫這個城市衰落和敗亡的念頭。[37]

對於文人學者來說，面對曾輝煌無比但早已失落的古都，更容易激起
感慨以及書寫的欲望。在留學生魯迅看來，今日的西安殘敗不堪，遠
遠比不上上海或北京，更不要說想像中的「盛唐氣象」。可即便如
此，千年古都，難道真的風韻蕩然無存，以至沒有任何「遙想公瑾當
年」的機緣？翻閱當年的老照片，感覺並非如此。

　　《古都滄桑——陝西文物古蹟舊影》收錄了四百多幅有關陝西地
區歷史文化古蹟的老照片，除部分來自西安碑林博物館或私人舊藏，
主要得益於晚清來西安任教或考察的日本學者的著述，如足立喜六的
《長安史蹟考》、桑原騭藏的《考史遊記》以及關野貞的《中國文化
史蹟》。[38]其中，最值得關注的是足立喜六的作品。一九〇六至一九一
〇年在陝西高等學堂教授算學、理化的日本學者足立喜六（1871-
1949），利用課餘時間，實地考察西安及其附近的歷史遺跡，回國後
於一九二六年撰成《長安史蹟考》。此書一九三三年出版，穿插自己
拍攝製版的一百七十一幅圖片，保留了很多西安「舊影」，這點尤其

37　〔英〕愛德華・吉本：《吉本自傳》，戴子欽譯，119-122頁，北京，生活・讀書・新
　　知三聯書店，2002。
38　趙力光主編：《古都滄桑——陝西文物古跡舊影》，西安，三秦出版社，2002。

難得。該書先後有兩種中譯，後者收錄原著的全部照片。[39]作者有感於「從來中國學者，例多根據文獻，而忽略實地踏查，然典籍所記，謬誤滋多」，因而，「課餘之暇兼及漢唐舊都長安規模、遺構之研究」，「一方探究文獻，同時，復基於廣泛的實地踏查，而測定其故蹟與遺址」。[40]而在此書的「序說」中，作者描述其頗為艱難的「西安行」——一九〇六年三月十一日自鄭州出發，一路走來，經過函谷關、潼關、華山之陰、新豐之鴻門阪、驪山之溫泉、灞橋、灞上，三月二十二日終於抵達西安。接下來，便是作者對於西安的第一印象：

> 由灞橋行十里許至滻橋。是即圓仁所謂之滻水橋，惟橋已非唐代所建。橋係石造，兩端建立牌坊，與四面風景甚相調和。過橋復行峻陡坡道，抵十里鋪。此坡在唐時名長樂坡，為東郊名勝之一。由此約行十里，即為長安街市，在坡道上已可望見省垣之東門與城壁。在東關門前，換乘綺麗馬車，振作威儀而入城。城壁之偉大，城門之宏壯及闉內之雜沓，均可令人驚異。[41]

你可以說早於魯迅到達的日本學者因備受優待，且走馬觀花，心情當然很不錯。可另外一個歐洲漢學家、對中國革命相當同情、且與魯迅有交往的普實克（Jaroslav Prušek, 1906-1980年），對西安同樣不無好感。

　　從一九三二年起，普實克在中國留學兩年半，期間曾到西安旅行。其回憶錄《中國——我的姐妹》中，第四十七章題為「曾經輝煌

---

39 〔日〕足立喜六：《長安史蹟考》，楊煉譯，上海，商務印書館，1935；〔日〕足立喜六：《長安史蹟研究》，王雙懷等譯，西安，三秦出版社，2003。

40 〔日〕足立喜六：《〈長安史蹟考〉小引》，見〔日〕足立喜六：《長安史蹟考》，楊煉譯。

41 〔日〕足立喜六：《長安史蹟考》，楊煉譯，7-8頁。

的城市──西安府」，談及印象深刻的城門、城牆、城市中心的鼓樓、書店、博物館、劇院、清真寺、小雁塔、碑林等建築。作者稱：「自從這座城市衰落以後，只有這些城牆還能夠證明它曾經經歷過的輝煌」「最好的時光是上午在城門樓上，觀看太陽剛剛露出的笑臉」「我最喜歡消磨時間的地方是碑林」。[42]作為見多識廣的歐洲學者，普實克並不忌諱「廢墟」，只是希望歷史遺跡能打掃乾淨，盡可能給人美感：

> 西安府周圍的廢墟遺址與意大利和北平的廢墟相比，給人的印象要更加令人悲哀。意大利的廢墟覆蓋著綠色植物，與周圍美麗感傷的自然景色相協調；北平的廢墟則使人回憶起舊時光的宏偉壯麗。而這裡的一切都覆蓋著塵土，寶塔像一座座畸形的雪人站立在骯髒的工廠院子裡。為了保留其本身的美麗，歷史遺址需要清潔乾淨。[43]

在第四十八章「洛陽之春」中，普實克曾提及其經過臨潼時，想起楊貴妃的故事，理由是：「有多少戲劇與小說以她的一生作為創作的題材啊！」[44]

沒錯，古往今來，確實有無數騷人墨客，將楊貴妃作為吟詠的對象。除了諸多聲名遠揚的戲劇小說外，還有無數詩文筆記。清人胡鳳丹編《馬嵬志》，收集唐明皇與楊貴妃史蹟；全書共十六卷，前六卷包括古蹟、事實、詞曲、金石、圖畫、服飾、珍寶、花卉、禽獸、評論等，後十卷則是藝文，總共收錄題詠馬嵬的詩篇五百三十餘首（起

---

42 〔捷克〕普實克：《中國──我的姐妹》，叢林等譯，388-412頁，北京，外語教學與研究出版社，2005。

43 同上書，402頁。

44 〔捷克〕普實克：《中國──我的姐妹》，叢林等譯，414頁。

於唐，訖於清）。該書《自序》稱：「馬嵬，一坡耳，驛耳。非有豪傑起於其鄉，仙佛棲靈於其地也。徒以美人黃土，埋玉此間。千百載後，騷人韻士，過而憑弔留連。……余之志馬嵬也，志楊妃乎，志明皇也。」[45]而有志於撰寫小說或戲劇《楊貴妃》的魯迅先生，不僅過華清池時沒有任何特別的感觸[46]，而且最終放棄了尋訪馬嵬坡的計劃。為什麼？

難道僅僅因為對今日長安之頹敗有切膚之痛，不忍再見，也不忍再言？以魯迅對現代主義文學及藝術的深入體悟，為何不在「廢墟」中發現美感，或像歷史學家吉本那樣，由此「萌發撰寫這個城市衰落和敗亡的念頭」？

三　愛情、女性還是都城

基於對魯迅以往創作業績的了解，論者大都認定，那胎死腹中的《楊貴妃》，值得充分期待，是一部不幸夭折的「傑作」。大家似乎忽略了，魯迅關於《楊貴妃》的構思，存在著三種不同的發展方向——或許，正是這種內在的矛盾，導致作者猶豫再三，並最後放棄此寫作計劃。

---

45 胡鳳丹：《馬嵬志・自序》，見《馬嵬志》，南京，江蘇古籍出版社，1990。

46 魯迅一九二四年七月十四日日記：「晴。晨發潼關，用自動車。午後抵臨潼，游華清宮故址，並就溫泉浴。營長趙清海招午飯。下午抵西安，寓西北大學教員宿舍。寄母親信。晚同王嶧山、孫伏園至附近街市散步，買枡欄扇二柄而歸。」（見《魯迅全集》，14卷，505頁）同行的北師大歷史教授王樹齡（別號嶧山）大不一樣，《陝西旅行紀》（北京，北京文化學社，1928）詳細描述過華清宮遺址所見：「內有娘娘殿，中祀貴妃」「有溫泉池二，大者名太子池，小者名貴妃池。貴妃池中有一石，上帶紅色，永不脫落，好事者謂楊妃月事來時坐處之遺跡也」。接下來，王教授還引錄了諸多唐人詩句。見單演義編：《魯迅在西安》，207-208頁，西安，西北大學魯迅研究室資料組印，1978。

　　白居易的詩句實在太精彩了，以至後人談及唐明皇與楊貴妃，首先想到的，必定是「在天願作比翼鳥，在地願為連理枝。天長地久有時盡，此恨綿綿無絕期！」這一經由《長恨歌》（白居易）、《長恨歌傳》（陳鴻）、《楊太真外傳》（樂史）、《梅妃傳》（佚名）、《梧桐雨》（白樸）、《驚鴻記》（吳世美）、《長生殿》（洪昇）等名作的再三渲染，逐漸定型的「愛情神話」，在喜歡追問「從來如此，便對嗎」的魯迅看來，不無可疑之處。這方面，郁達夫、馮雪峰、許壽裳的「追憶」大同小異：

> 他的意思是：以玄宗之明，哪裡看不破安祿山和她的關係？所以七月七日長生殿上，玄宗只以來生為約，實在是心裡已經有點厭了，彷彿是在說「我和你今生的愛情是已經完了！」到了馬嵬坡下，軍士們雖說要殺她，玄宗若對她還有愛情，哪裡不能保全她的生命呢？所以這時候，也許是玄宗授意軍士們的。[47]第一，他說唐朝的文明很發達，受了外國文明的影響；第二，他以為「七月七日長生殿」唐明皇和楊貴妃的盟誓，是他們之間已經感到了沒有愛情了的緣故；第三，他想從唐明皇的被暗殺，唐明皇在刀兒落到自己的頸上的一剎那間，這才在那刀光裡閃過了他的一生，這樣地倒敘唐明皇的一生事蹟。——記得他自己還說，「這樣寫法，倒是頗特別的。」[48]他的寫法，曾經對我說過，係起於明皇被刺的一剎那間，從此倒回上去，把他的生平一幕一幕似的映出來。他看穿明皇和貴妃兩人間的愛情早就衰歇了，不然何以會有「七月七日長生殿」，兩人密誓願世

---

47 郁達夫：《歷史小說論》，載《創造月刊》，1卷2期，1926年4月。

48 O.V.（馮雪峰）：《魯迅先生計劃而未完成的著作》，見《1913-1983魯迅研究學術論著資料彙編》，2卷，880頁。

世為夫婦的情形呢？在愛情濃烈的時候，那裡會想到來世呢？
他的知人論世，總是比別人深刻一層。[49]

這三段文字，除了具體的寫作技巧（從唐明皇被刺的一刹那間落
筆），主要是拆解世人對李、楊愛情神話的迷信。從「山盟海誓」
中，讀出雙方感情危機，這確實顯示出魯迅洞察人心的過人處。

可是，單憑這些奇思妙想，還不足以支撐起整部小說。古典文學
專家駱玉明懷疑魯迅之放棄《楊貴妃》，並非緣於西安之行，而是另
有原因：

楊貴妃的文學故事包含了各種華麗的因素：宮廷風情、帝王生
活、權力鬥爭、突發兵變，以及美貌、戀情和悲慘的死亡，極
富浪漫氣息，不管魯迅看待它的眼光如何較前人為尖銳，上述
基本特質是不可能清除掉的。而在二十世紀初期的中國，國勢
的貧弱、艱困、暗昧，足以阻止任何感受敏銳的人進入到那種
華麗和浪漫的故事氛圍中去。[50]

此說不無道理，但忽略了一個重要因素，即，作為「文體家」，魯迅
特別擅長根據不同對象選擇不同筆調；講述楊貴妃的故事，不一定就
是「華麗和浪漫」，可以「蒼涼」，可以「頹廢」，還可以「反諷」。同
樣以文章名家，周氏兄弟的「文體感」以及寫作策略明顯有別：周作
人是以不變應萬變，同一時期的所有撰述，不管是翻譯還是創作，是
散文還是專著，筆調基本一致。魯迅則很不一樣，不要說翻譯和創作

---

49 許壽裳：《亡友魯迅印象記》，51-52頁。
50 駱玉明：《魯迅的〈楊貴妃〉》，載《文匯報》，2005-06-08。

不同，小說與散文不同，即便同是議論，雜文與論文的筆調，也都可能迥異。[51]既然選擇哀感頑豔的楊貴妃故事，魯迅必然考慮過怎樣克服題材本身的局限。這一點，看《補天》《鑄劍》《理水》等如何「老調重彈」、翻新出奇，就不難明白。

對於駱玉明的新說，現代文學專家吳中傑不太認同，在他看來，為女性辯誣，方才是魯迅撰寫《楊貴妃》的主旨：

> 魯迅想發掘楊貴妃遭遇的真實情況，是與他一向反對「女人是禍水」論的思想是一致的。通過重寫這一歷史故事，他要揭露男權社會所強加在女子頭上的罪名。[52]

這一點，有《〈三浦右衛門的最後〉譯後記》《女人未必多說謊》等文作為支持，根基相當牢靠。[53]西安行之前三年，魯迅曾撰《〈三浦右衛門的最後〉譯後記》，其中提及：

> 楊太真的遭遇，與這右衛門約略相同，但從當時至今，關於這事的著作雖然多，卻並不見和這一篇有相類的命意，這又是什麼緣故呢？我也願意發掘真實，卻又望不見黎明，所以不能不爽然，而於此呈作者以真心的讚歎。[54]

---

51 陳平原：《分裂的趣味與抵抗的立場——魯迅的述學文體及其接受》，載《文學評論》，2005（5）。

52 吳中傑：《〈楊貴妃〉命意的啟示》，載《文匯報》，2007-08-19。

53 此前，另一個魯迅研究專家朱正也有過類似的論述，參見朱正：《杜甫‧魯迅‧楊貴妃》，載《魯迅研究月刊》，2001（6）。

54 魯迅：《譯文序跋集‧〈三浦右衛門的最後〉譯後記》，見《魯迅全集》，10卷，229頁。

西安行之後十年，魯迅又撰《女人未必多說謊》和《阿金》，繼續為
女性「打抱不平」：

> 譬如罷，關於楊妃，祿山之亂以後的文人就都撒著大謊，玄宗
> 逍遙事外，倒說是許多壞事情都由她，敢說「不聞夏殷衰，中
> 自誅褒妲」的有幾個。就是妲己，褒姒，也還不是一樣的事？
> 女人的替自己和男人伏罪，真是太長遠了。[55]
> 我一向不相信昭君出塞會安漢，木蘭從軍就可以保隋；也不信
> 妲己亡殷，西施沼吳，楊妃亂唐的那些古老話。我以為在男權
> 社會裡，女人是絕不會有這種大力量的，興亡的責任，都應該
> 男的負。但向來的男性的作者，大抵將敗亡的大罪，推在女性
> 身上，這真是一錢不值的沒有出息的男人。[56]

批評道貌岸然的中國文人缺乏道德勇氣，借「女人禍水論」推脫「男
人們的責任」，這思路魯迅一以貫之。上述《女人未必多說謊》文，
甚至引錄前蜀花蕊夫人《述國亡詩》[57]，而後連呼「快哉快哉！」有
趣的是，這三則替女人打抱不平的文章，都有楊貴妃風姿綽約的影
子。因此，說魯迅擬寫《楊貴妃》，明顯有「替女性出頭」的意識，
當不為過。

魯迅讚賞的詩句「不聞夏殷衰，中自誅褒妲」，出自唐代大詩人
杜甫的《北征》。此詩對君王的昏庸與虛偽，頗有責難與諷諫。其中

---

55 魯迅：《花邊文學·女人未必多說謊》，見《魯迅全集》，5卷，425頁。

56 魯迅：《且介亭雜文·阿金》，見《魯迅全集》，6卷，201頁。

57 前蜀花蕊夫人《述國亡詩》：「君王城上豎降旗，妾在深宮那得知？十四萬人齊解
甲，更無一個是男兒！」魯迅撰文時根據記憶，未稱作者和詩題，且誤為「二十萬
人齊解甲」。

「桓桓陳將軍，仗鉞奮忠烈」，表彰的是率禁衛軍護送唐玄宗逃離長
安，在馬嵬驛前逼死楊貴妃的陳玄禮。威嚴勇武的陳大將軍，歷來備
受贊許，也就是杜甫說的「微爾人盡非，於今國猶活」。只有清代詩
人袁枚很不以為然，《隨園詩話》卷十六中有曰：

> 余雅不喜陳元禮逼死楊妃，《過馬嵬》云：「將軍手把黃金鉞，
> 不管三軍管六宮。」吳（鎮）《過馬嵬》云：「桓桓枉說陳元
> 禮，一矢何曾向祿山？」亦兩意相同。[58]

收入《小倉山房詩集》卷八的《馬嵬》，更是貶白而褒杜，譏諷世人
之沉湎帝王風流而漠視民生疾苦：

> 莫唱當年《長恨歌》，人間亦自有銀河。
> 石壕村裡夫妻別，淚比長生殿上多！[59]

當有「書呆子」以考據家眼光讀詩，批評其違背歷史事實時，袁枚在
《隨園詩話》卷十三中如此辯解：

> 考據家不可與論詩。或訾余《馬嵬》詩曰：「『石壕村裡夫妻
> 別，淚比長生殿上多。』當日，貴妃不死於長生殿。」余笑
> 曰：「白香山《長恨歌》：『峨嵋山下少人行』，明皇幸蜀，何曾
> 路過峨嵋耶？」其人語塞。[60]

58　袁枚：《隨園詩話》，544頁，北京，人民文學出版社，1962；另見胡鳳丹編：《馬嵬
　　志》，78頁，文字略有改動，包括將避諱的「陳元禮」改回「陳玄禮」。
59　袁枚：《小倉山房詩文集》，1冊，171頁，上海，上海古籍出版社，1988。
60　袁枚：《隨園詩話》，446頁；收入胡鳳丹編：《馬嵬志》，78頁。

可惜的是，中國歷史上，像袁枚這樣頭腦清醒且不避嫌疑、願意挺身而出為女性辯護的文人，實在是鳳毛麟角。同樣是對君王及御用文人借「女人禍水」推卸亡國責任不滿，宋代詩人王安石的《宰嚭》流傳甚廣：「謀臣本自繫安危，賤妾何能作禍基。但願君王誅宰嚭，不愁宮裡有西施。」宋人羅大經撰筆記集《鶴林玉露》，乙編卷四「荊公議論」則曾引此詩，而後略作發揮：

> 夫妲己者，飛廉、惡來之所寄也。褒姒者，聚子、膳夫之所寄也。太真者，林甫、國忠之所寄也。女寵蠱君心，而後壬階之以進，依之以安。大臣格君之事，必以遠聲色為第一義。[61]

說來說去，還是回到楊貴妃。可見在世人心目中，要說「女人禍水」，沒有比楊貴妃更「聲名卓著」的了。這就難怪魯迅對「楊太真的遭遇」，一直耿耿於懷。

撰寫歷史小說或劇本《楊貴妃》，除了人物心理的發掘、女性意識的萌現，還有第三個重要因素，那就是魯迅念念不忘的「唐朝的天空」。前兩者完全可以坐在書齋裡向壁虛構，只有第三者——歷史場景的復原，需要某種「親身體驗」。魯迅之實地踏勘，主要針對的是「古都」而非「人情」。正是在這個問題上，魯迅遭遇了巨大的障礙。

這裡先從《楊貴妃》的文類歸屬說起——魯迅想寫的，到底是歷史小說呢，還是劇本？孫伏園一口咬定是劇本：「魯迅先生的原計劃是三幕，每幕都用一個詞牌為名，我還記得它的第三幕是『雨淋鈴』。而且據作者的解說，長生殿是為救濟情愛逐漸稀淡而不得不有

---

61 羅大經：《鶴林玉露》，186頁，北京，中華書局，1983。

的一個場面。」[62]當初參與接待的李級仁，追憶魯迅「說要把她寫成戲劇，其中有一幕，是根據詩人李白的《清平調》，寫玄宗與貴妃的月夜賞牡丹」。[63]這兩幕的名稱都有歷史沿襲的成分，日本學者竹村則行於是大膽推想，魯迅所擬的另一幕可能是《舞霓裳》。[64]第一幕《清平調》，第二幕《舞霓裳》，第三幕《雨淋鈴》——此說很是順暢，只是有點落了俗套，恐怕非魯迅所願。

說魯迅擬寫的是小說（而非劇本），同樣言之鑿鑿。前引郁達夫、馮雪峰、許壽裳三人的文章，都持此說；而且，魯迅《致山本初枝》裡，明明說的是「寫關於唐朝的小說」。既然二說都有道理，單演義的《魯迅在西安》只好來個首尾兼顧——「魯迅在決定寫成歷史小說之前，曾有寫成歷史劇的計劃，或者有人建議寫成歷史劇，因而和孫伏園等人談及。」[65]我認同兩個計劃魯迅都曾考慮過，但主張：作為歷史小說的《楊貴妃》，魯迅醞釀很久，且一直沒有放棄；而作為歷史劇的《楊貴妃》，則很可能是在西安「一時興起」。

西安講學時的魯迅，除了翻譯小說及輯校古籍外，已刊小說集《吶喊》（北京新潮社，1923）和《中國小說史略》（上下冊，北京新潮社，1923、1924），還發表了若干後來收入《彷徨》中的短篇小說（如《祝福》《在酒樓上》等）。原本收入《吶喊》中的《不周山》，一九三○年第十三次印刷時，由作者自行抽掉；此篇後改名《補天》，收入一九三六年初版《故事新編》。這則取女媧煉石補天神話而創作的短篇，是魯迅歷史小說創作的最初嘗試：「那時的意見，是想

---

62 孫伏園：《魯迅先生二三事・楊貴妃》，見《1913-1983魯迅研究學術論著資料彙編》，3卷，794頁。

63 關於李級仁的回憶，見單演義：《魯迅講學在西安》，15頁。

64 〔日〕竹村則行：《楊貴妃文學史研究》，392-393頁。

65 單演義：《魯迅在西安》，21頁。

從古代和現代都採取題材，來做短篇小說。」[66]以小說創作及小說史研究名家，且已開始「故事新編」的嘗試，構想「楊貴妃」的書寫形式，選擇「歷史小說」遠比選擇「劇本」更為順理成章。

至於魯迅曾考慮將「楊貴妃」寫成劇本，我的猜想是：第一，觀看易俗社精彩演出的聯想；第二，迴避真實歷史背景的困難。查《魯迅日記》，在西安停留二十天，竟看了五場易俗社的演出[67]，這在魯迅一生中是絕無僅有。須知，魯迅喜歡看電影，但不是戲迷，對京劇等傳統戲曲甚至不無偏見。或許是受陝西人觀劇時的巨大熱情感染，魯迅竟開始構思如何讓「楊貴妃」登臺演出了。

選擇劇本還是小說，其實牽涉到作家的整體構思是以楊貴妃的愛情故事、還是以大唐長安的歷史場景為主。二者之間不無縫隙，如何取捨，顯示了作家的趣味與學識。新文學家高揚個性解放大旗，注重獨立思考，需要「重寫歷史」時（無論小說、戲劇還是敘事詩），容易改變的是思想觀念與人物造型，難處理的則是歷史氛圍與生活場景。選擇「多幕劇」而不是「長篇歷史小說」，作為都城的「長安」（包括皇城格局、建築形式以及日常生活場景等），其重要性相對降低；背景的淡化，可以化解很多寫作上的困難。這一點，不妨以魯迅「西安行」後不久出現的兩部「楊貴妃」戲為例。

一九二七年，詩人王獨清出版六場話劇《楊貴妃之死》；三年後再版時，作者稱，此劇最初醞釀於法國里昂鄉間，那時正學希臘文，故深受希臘悲劇的影響，原本「打算由楊貴妃與安祿山交好做起一直到馬嵬驛底兵變」，後改為只寫馬嵬驛。作者設想，楊貴妃因性不滿足而厭惡唐明皇，因異國情調和強健體格而愛慕安祿山；而「這劇本

---

66 魯迅：《故事新編・序言》，見《魯迅全集》，2卷，341頁。
67 魯迅：《魯迅全集》，14卷，504-509頁。

的立意只有一點，就是想來提高女性」，故刻意把楊貴妃寫成「女性的模範」[68]：

> 這兒底楊貴妃完全不是歷史上的楊貴妃了，我在這兒把楊貴妃變成了一個甘為民族甘為自由犧牲的人物。這兒底楊貴妃坦然地把生命獻給了民眾，不但沒有自私的行為，並且還是一個為自由為人格奮鬥的表率。像我這個楊貴妃才是我所希望的女性，才是我們都應該崇拜的女性呢！[69]

將馬嵬驛作為戲劇中心，場景的布置就變得很容易了，分別是佛殿前、佛殿後、佛殿內，而完全迴避了有關長安城的描寫。至於人物性格，請看第五場楊貴妃自殺前的獨白：

> 俺，長安呀！長安呀！我們要永別了！你是我們中華民族產育文化的都城，你是我享受人生苦樂的地方，我因你成就了我過去種種的生活和最後的人格，你也因我增添了繁華，富麗，又陷入了荒廢，敗傾……唉，我也不知道我怎樣成了這樣一個與民族有關係的人！……
> 唉，時候到了！我知道時候到了！……長安……河東……中國，哦哦，安祿山，安祿山，我底力，我底光明，我底生命底生命……我，為祖國死，為愛情死……死，死……[70]

---

68 王獨清：《作者附言》，見《楊貴妃之死》，再版，69-77頁，上海，樂華圖書公司，1930。

69 同上書，73頁。

70 王獨清：《楊貴妃之死》，55、57頁，上海，創造社出版部，1927。

為配合作者「提高女性」的總體構思，大將軍陳玄禮也只好屈尊，在第六場中，率領眾將士為「新女性」下跪：

> 她能為民眾這樣犧牲，也確不是一個尋常的女性，我們應該感謝，並且也應該崇拜……跪下罷，兵士們！國民們！跪下瞻禮這曾具有不朽的靈魂的神聖的屍體，跪下！跪下！……哦，今日底事件，真是我們底光榮呀！我們應該三呼長安底光榮。[71]
> 如此面貌一新的「楊貴妃」，很有叛逆性，也很符合五四新文化人的趣味，可就是不太好搬上舞臺，也不太容易為觀眾接受。

至於歐陽予倩親自創作、編排並扮演的歌劇《楊貴妃》[72]，同樣是大作翻案文章。三十年後，作者自述其創作心得：

> 楊貴妃和唐明皇相愛的故事，流傳很廣也很久，大家都認為他們是「在天願作比翼鳥，在地願為連理枝」，可是我的戲卻認為李隆基並不真愛楊玉環，不過是把她當作玩物。當「六軍不發無奈何」的時候就把誤國的責任推在女人身上，賜她一死；反不如安祿山對楊玉環的愛是真摯的。這樣就違反了一般的習慣看法。《馬嵬坡埋玉》一場，照《長生殿》傳奇是異常悱惻纏綿的。照一般的習慣，皇帝和妃子應當演得難捨難分，而楊玉環之死，也可以表現為忠君愛國、為國捐軀，我卻把她演成激昂慷慨反抗封建帝王那種自私的、虛偽的愛。她臨死拿起皇帝賜給她的白綾子，激動地唱著舞著，最後幾句唱詞是：「……籠中

---

71 王獨清：《楊貴妃之死》，66-67頁。
72 予倩：《楊貴妃》（劇本），載《戲劇》，1卷1期，1929年5月。

鳥難把翅展，盆中花舒不開枝幹，夢醒時不過刹那間，望遠天邊人不見！白練啊！我愛你沒染過的潔白，就與你終始纏綿！」唱完舞完，她就拿白綾子繞在脖子上由高力士把她縊死。[73]

這個作者「費了很大的事編排出來」「花了整整半年的時間練習我自作的長綢舞」的《楊貴妃》，演出效果並不好，甚至「不如隨便弄出來的小戲賣座」，這讓歐陽予倩很悲傷：「我修改了好幾次，但根本的東西沒法子改。」

站在現代人的立場，重新解讀千古傳誦的愛情故事，這對於五四新文化人來說，不算難事——個性解放，女性覺醒，批判帝王，同情弱者等，在王獨清的話劇《楊貴妃之死》和歐陽予倩的歌劇《楊貴妃》中，都得到了充分的體現。但是，魯迅希望看到的「唐朝的天空」，卻一點影子也沒有[74]。

換句話說，魯迅關於《楊貴妃》的腹稿，容易實現的，是人物心理的發掘、女性意識的萌現；難以落實的，乃歷史場景的復原。而「長篇歷史小說」與「三幕劇」的區別，關鍵就在這個地方。之所以想實地考察，而且感慨再也找不到「唐朝的天空」，很顯然，魯迅並不希望只是講述一個愛情故事——即便是精彩的「翻案文章」。那個在歷史深處若隱若現、讓魯迅怦然心動但又感到難以捉摸的都城「長安」，方才是「楊貴妃」書寫的最大障礙。

---

73 歐陽予倩：《我自排自演的京戲》，見《歐陽予倩全集》，6卷，274頁，上海，上海文藝出版社，1990。

74 王獨清撰寫自傳，注重的是少年的精神成長；全書唯一提及的城市空間，是清廷在長安的行宮。見王獨清：《長安城中的少年》，27頁。

四 可疑的「古都」情結

魯迅西安行，看了華清池，但放棄尋訪馬嵬驛；來回都停留河南靈寶縣，歸途還曾登臨函谷關。此關在靈寶縣東北，距黃河岸邊不遠，相傳為關尹喜望候老聃的地方。日後魯迅撰寫「故事新編」《出關》，很難說與此次旅行有直接關係。影響作家創作的因素很多，旅途與觀感，只是其中之一。假如承認魯迅之放棄「楊貴妃」，主要不是因李、楊愛情消逝，而是唐代長安失落，那麼，需要追問的是，何為魯迅的「帝京想像」。

同一個長安，完全可以有不同的解讀方式，或亭臺樓閣，或通衢大道，或民生疾苦，或寶馬香車，或宴飲賦詩，或踏青賞勝，或客商雲集，或士子風流……可謂五彩繽紛，無奇不有。但既然是書寫唐明皇與楊貴妃，那就必然與「帝京」「宮廷」聯繫在一起。那個早已消逝了的「唐朝的天空」，到底是指向時代精神、日常生活還是都城景觀？抑或三者兼備？論及此，不能不牽涉作家的學識、歷史感以及文化趣味。

談及長安，熟悉中國歷史及文學的讀書人，大都馬上聯想起「千年古都」之顯赫與輝煌。那位在「人」（楊貴妃）與「城」（長安）之間徘徊不已的作家魯迅，是否也不例外？翻閱《魯迅全集》，你會發現一個有趣的現象，對於「古都」「帝京」之類的說法，魯迅其實不太感興趣。

或許是叛逆心理，或許是平民意識，或許是反威權（皇權）、反壓迫（中心）、反傳統（古老），在魯迅的著述中，提及「古都」與「古城」的竟然只有一次，且語帶嘲諷。初刊一九三三年二月六日《申報・自由談》的《崇實》，說及年初日軍占領山海關，國民政府慌忙將歷史語言研究所、故宮博物院等收藏的古物分批從北平運往南

京和上海。對於當局的遷移古物和不准大學生逃難，魯迅大加嘲諷，並剿唐人崔顥《黃鶴樓》詩以弔之：

> 闊人已騎文化去，此地空餘文化城。
> 文化一去不復返，古城千載冷清清。
> 專車隊隊前門站，晦氣重重大學生。
> 日薄榆關何處抗，煙花場上沒人驚。[75]

而發表在一九三四年二月三日《申報・自由談》上的《「京派」與「海派」》，稱北京學界原本有五四運動的光榮，「但當時的戰士」功成後或「身退」、或「身穩」，或「身升」，「前年大難臨頭，北平的學者們所想援以掩護自己的是古文化，而惟一大事，則是古物的南遷，這不是自己徹底的說明了北平所有的是什麼了嗎？」接下來就是：

> 但北平究竟還有古物，且有古書，且有古都的人民。在北平的學者文人們，又大抵有著講師或教授的本業，論理，研究或創作的環境，實在是比「海派」來得優越的，我希望著能夠看見學術上，或文藝上的大著作。[76]

魯迅筆下的「古都」與「古城」，全都暮氣沉沉，危機四伏，絕非希望之所在。至於今人奉若神明的「帝京」「都城」「京都」「京城」「帝都」等「絕妙好辭」，在魯迅的著述中，也很少出現。

除專有名詞（地名、書名），魯迅提及「帝京」的，有《漢文學史

---

75 魯迅：《偽自由書・崇實》，見《魯迅全集》，5卷，12-13頁。

76 魯迅：《花邊文學・「京派」與「海派」》，見《魯迅全集》，5卷，433頁。

綱要·漢宮之楚聲》[77]；提及「都城」的，有《故事新編·非攻》[78]；提及「京都」的，有《故事新編·理水》《中國小說史略·清之俠義小說及公案》和《致增田涉》[79]；提及「京城」，則是《吶喊·一件小事》《中國小說史略·宋元之擬話本》和《致增田涉》。[80]「帝都」一詞出現的頻率稍微高點，共四次，且有實際評價，不妨全部抄錄。《故事新編·理水》：「一個半陰半晴的上午，他終於在百姓的萬頭攢動之間，進了冀州的帝都了。前面並沒有儀仗，不過一大批乞丐似的隨員。」[81]《花邊文學·「京派」與「海派」》：「北京是明清的帝都，上海乃各國之租界，帝都多官，租界多商，所以文人之在京者近官，沒海者近商，近官者在使官得名，近商者在使商獲利，而自己也賴以糊口。」[82]《且介亭雜文·「京派」和「海派」》引述前文，故再次出現「帝都」。[83]《書信·致姚克》：「北平原是帝都，只要有權者一提倡『惰氣』，一切就很容易趨於『無聊』的，蓋不獨報紙為然也。」[84]縱觀所有論述，凡涉及「帝都」等，魯迅都沒好聲氣；最多也只是平鋪直敘，絕不會有任何歆羨或溢美之詞。

　　如果擔心詞彙使用有其偶然性，那麼，不妨追蹤一下魯迅的蹤跡及著述，看他對歷代帝都到底是何感覺。照歷史地理學專家的意見，漫長的中國史上，曾經作為一統政權或較大地區政權的都城的城市很

---

77 魯迅：《漢文學史綱要》，見《魯迅全集》，9卷，386頁。

78 魯迅：《故事新編·非攻》，見《魯迅全集》，2卷，455頁。

79 魯迅：《故事新編·理水》，見《魯迅全集》，2卷，379頁；《中國小說史略》，見《魯迅全集》，9卷，270頁；《致增田涉》，見《魯迅全集》，13卷，540頁。

80 魯迅：《吶喊·一件小事》，見《魯迅全集》，1卷，458頁；《中國小說史略》，見《魯迅全集》，9卷，125頁；《致增田涉》，見《魯迅全集》，16卷，423頁。

81 魯迅：《故事新編·理水》，見《魯迅全集》，2卷，385頁。

82 魯迅：《花邊文學·「京派」與「海派」》，見《魯迅全集》，5卷，432頁。

83 魯迅：《且介亭雜文·「京海」和「海派」》，見《魯迅全集》，6卷，302頁。

84 魯迅：《書信·致姚克》，見《魯迅全集》，12卷，511頁。

多，但同為都城，規模及重要性相差甚遠；至關重要的，按歷史順序，是西安、洛陽、南京、開封、杭州、北京（也有加上安陽而成「七大古都」的）。而所謂「重中之重」，「前期是西安，後期是北京，二者應並列為兩個最大的古都」。[85]恰好，魯迅在其中的四個古都生活過，請看他如何描述。

一八九八年五月七日，少年周樹人從紹興來到南京，先是考取江南水師學堂，後轉礦路學堂；一九〇二年三月二十四日，周隨俞明震總辦離寧經滬赴日留學。日後，魯迅詩文中出現南京的，除《朝花夕拾‧瑣記》外，還有二十世紀三〇年代寫的幾首題贈友人的詩：

> 六代綺羅成舊夢，石頭城上月如鉤。（《無題二首‧其一》）
> 雨花臺邊埋斷戟，莫愁湖裡餘微波。（《無題二首‧其二》）
> 英雄多故謀夫病，淚灑崇陵噪暮鴉。（《無題》）
> 風生白下千林暗，霧塞蒼天百卉殫。（《贈畫師》）[86]

這裡的「石頭城」「白下」均代指南京，至於「雨花臺」「莫愁湖」以及「崇陵」（中山陵）等，都是南京的名勝古蹟。所有這些，都是點到即止。至於描述南京求學經歷的《朝花夕拾‧瑣記》，有人名、書名，但很少地名——作家關注的，顯然不是城市的空間布局，而是少年的精神成長。唯一寫到風景的，是練習爬桅杆：「人如果爬到頂，便可以近看獅子山，遠眺莫愁湖，——但究竟是否真可以眺得那麼遠，我現在可委實有點記不清楚了。」[87]

除了少年時前去探望入獄的祖父，魯迅一九〇九年從日本回國，

---

85 譚其驤：《〈中國七大古都〉序》，見陳橋驛主編：《中國七大古都》，1-14頁。
86 諸詩見《集外集拾遺》，見《魯迅全集》，7卷，428、431、441頁。
87 魯迅：《朝花夕拾‧瑣記》，見《魯迅全集》，2卷，294頁。

任教於浙江省兩級師範學堂優級師範部，在杭州居住了一年。關於魯迅這一年的生活，許壽裳有精彩的描述。其一是《亡友魯迅印象記》之《歸國在杭州教書》：

> 魯迅極少遊覽，在杭州一年之間，遊湖只有一次，還是因為應我的邀請而去的。他對於西湖的風景，並沒有多大興趣。「保俶塔如美人，雷峰塔如醉漢」，雖為人們所艷稱的，他卻只說平平而已；煙波千頃的「平湖秋月」和「三潭印月」，為人們所留連忘返的，他也只說平平而已。[88]

其二，《〈民元前的魯迅先生〉序》稱，魯迅常識豐富、趣味廣泛，尤其對於花草有特殊愛好：

> 他在杭州時，星期日喜歡和同事出去採集植物標本，徘徊於吳山聖水之間，不是為遊覽而是為科學研究。每次看他滿載而歸，接著做整理，壓平，張貼，標名等等工作，樂此不疲，弄得房間裡堆積如丘，琳琅滿目。[89]

很幸運，我們現在還可見到魯迅一九一〇年三月採集植物標本的記錄，那倒是另一種滋味的「春遊」或「風土志」：

> 三月一日　孤山；三月八日錢塘門內內外外；三月八日　棲霞嶺；三月十二日　孤山；三月十四日　靈隱；三月十五日　師

---

88 許壽裳：《亡友魯迅印象記》，31頁。
89 許壽裳：《〈民元前的魯迅先生〉序》，見《我所認識的魯迅》，49頁，北京，人民文學出版社，1981。

範學堂內；三月十六日　吳山；三月廿日　本學堂；三月二十
二日　孤山；三月二十七日　棲霞嶺；三月二十八日　玉皇
山；三月二十九日　棲霞嶺及葛嶺、孤山。

此記錄的末行，有魯迅自己作的統計：「三月所採總共七十三種。」
據說，那時的魯迅還計劃寫《西湖植物志》，可惜由於種種原因沒
有完成[90]；要不，與前代文人的《西湖遊覽志》，可就成了「交相輝
映」了。

　　對常人習焉不察的西湖植物感興趣，而對世人讚歎不已的人文景
觀，魯迅反而興趣索然。就在撰《說鬍鬚》、感慨長安之行「沒有什
麼怎樣」的前兩天，魯迅還寫了《論雷峰塔的倒掉》，譏笑那西湖十
景之一的「雷峰夕照」：

　　聽說，杭州西湖上的雷峰塔倒掉了，聽說而已，我沒有親見。
　　但我卻見過未倒的雷峰塔，破破爛爛的映掩於湖光山色之間，
　　落山的太陽照著這些四近的地方，就是「雷峰夕照」，西湖十景
　　之一。「雷峰夕照」的真景我也見過，並不見佳，我以為。[91]

這跟許壽裳所追憶的，魯迅稱平湖秋月及三潭印月「平平而已」，若
合符節。

　　一九二八年七月，魯迅和許廣平由許欽文陪同，到杭州來「蜜月
旅行」，負責接待的原北大學生川島（章廷謙），日後在回憶錄中提到：

---

90 王祖勳、董舒林：《魯迅在浙江兩級師範學堂》，見山東師範學院聊城分院中文系、
　　山東師範學院聊城分院圖書館編：《魯迅在杭州》，13-19頁，聊城，山東師範學院聊
　　城分院，1979。
91 魯迅：《墳・論雷峰塔的倒掉》，見《魯迅全集》，1卷，171頁。

　　魯迅先生在杭州住了四日，雖是那麼難得的高興；在後來見面
時說起來也總不忘此行。但說到杭州時，以為杭州的市容，學
上海洋場的樣子，總顯得小家子氣，氣派不大。至於西湖風
景，雖然宜人，有吃的地方，也有玩的地方，如果流連忘返，
湖光山色，也會消磨人的志氣的。如像袁子才一路的人，身上
穿一件羅大褂，和蘇小小認認鄉親，過著飄飄然的生活，也就
無聊了。[92]

　五年後，郁達夫遷往杭州，魯迅贈詩勸阻（《阻郁達夫移家杭州》）。
研究者大都認定，魯迅此詩包含著對於郁達夫從進步的文化前線退
避，跑到杭州來營造個人安樂窩的批評。[93]而在《南腔北調集·謠言
世家》中，魯迅是這樣談論杭州人的：

　　中國人裡，杭州人是比較的文弱的人。當錢大王治世的時候，
人民被刮得衣褲全無，只用一片瓦掩著下部，然而還要追捐，
除被打得鹿一般叫之外，並無貳話。不過這齣於宋人的筆記，
是謠言也說不定的。但宋明的末代皇帝，帶著沒落的閹人，和
暮氣一同滔滔的逃到杭州來，卻是事實，苟延殘喘，要大家有
剛決的氣魄，難不難。到現在，西子湖邊還多是搖搖擺擺的雅
人；連流氓也少有浙東似的「白刀子進紅刀子出」的打架。[94]

92　川島：《憶魯迅先生一九二八年杭州之遊》，見《和魯迅相處的日子》，58頁，北
　　京，人民文學出版社，1958。
93　丁景唐：《關於魯迅〈阻郁達夫移家杭州〉詩的一些史實》，見山東師範學院聊城分
　　院中文系、山東師範學院聊城分院圖書館編：《魯迅在杭州》，79-86頁。
94　魯迅：《南腔北調集·謠言世家》，見《魯迅全集》，4卷，594頁。

對南京記憶不深，對杭州印象欠佳，對曾居住了十四年且由此登上歷史舞臺的北京，魯迅感覺如何？

從一九一二年五月五日下午七時抵達北京，開始重記日記，到一九二六年八月二十六日下午四時二十五分乘車離京（許廣平同行），魯迅在北京整整生活了十四年。十四年間，魯迅先後居住的地方有紹興縣館、八道灣十一號、磚塔胡同六十一號，西三條胡同二十一號。紹興縣館裡的補樹書屋、西三條胡同二十一號裡的「綠林書屋」（亦稱「老虎尾巴」），或因魯迅自述，或因學生描摹，對於現代文學研究者，都是再熟悉不過的了。但在魯迅的小說、散文、詩歌中，作為古都的北京（北平），從來不是重要角色，沒有得到過仔細的描寫。

二十世紀八〇年代初，學者鄧雲鄉以《魯迅日記》中記載的遊宴為線索，分廠肆志略、廠甸風貌、酒肆譚乘、名勝散記、生活雜摭五部分，盡可能復原「北京風土」。在「酒肆譚乘」中，作者列出《魯迅日記》中談及的六十五家飯館和酒樓，然後發表以下議論：

> 在我國歷史文獻上，關於這方面的資料歷來很少，有的只是宋人孟元老的《東京夢華錄》、吳自牧的《夢粱錄》、周密的《武林舊事》等書，留下了汴京的樊樓、杭州的太和園等酒樓的字型大小名稱，和當時酒樓場景的剪影。其他各代，則沒有具體的專著了。有的，也只是一些零星記載。如果能從一本書中，找出五、六十家酒樓飯店的字型大小名稱，在近代各家的著作中，雖不能說絕無僅有，恐怕也真是稀如鳳毛麟角了。先生事事留心，在寫日記的時候，為我們留下了這麼許多飯館的字型大小名稱，這也是一個有關一個歷史時期生活、市容、經濟、商情等方面的具體資料，而且這是一般的高文典冊中找不到的資料，應該說是十分珍貴的。先生這樣記，據我想也絕不是無

意的吧。[95]

其實，周氏兄弟中，喜歡「都市風光」以及「風土人情」（儘管多係書本知識）的是周作人，而非魯迅。至於魯迅那些「寫給自己看的」日記，「寫的是信劄往來，銀錢收付，無所謂面目，更無所謂真假」[96]；後人從中讀出某種特殊韻味，但卻並非作者的本意。

曾長期居住過的「古都」南京、杭州和北京，尚且沒在魯迅的著述中留下深刻印記，怎能期待那匆匆一瞥的西安古城讓魯迅過目不忘？或許，強烈的社會關懷與敏銳的現實感觸，使得魯迅對人云亦云的「古都風韻」沒有多少興趣。若如是，為撰寫《楊貴妃》而走訪西安，效果不可能很好。同行的人興致勃勃，除孫伏園發表長篇通訊《長安道上》外，文學教授陳斠玄（陳鍾凡、陳中凡）撰《陝西紀遊》，稱：「往返凡四十有九日，遊蹤所及，舉凡太華終南之奇，河渭伊洛之廣，函谷潼關之險峻，曩昔所嚮往者，莫不登臨，一攬無勝，信足名生平之賞矣。」[97]史學教授王桐齡甚至專門出版《陝西旅行紀》一書，除描摹一路所見山水，抄錄唐人詩句（如崔顥、許渾、杜牧等），還對西安古城的現狀做了許多調查，如第二章「長安之觀察」便包含「長安之建築」「長安之市街」「長安之實業」「長安之教育」「長安之市政」「長安附近之交通機關」「長安之宗教」「長安之風俗」「長安之古蹟及古物」「長安之飲食」「長安之土產」「長安之植物」等十二節。[98]相形之下，只在兩篇雜文中順帶提及「西安行」的魯迅，似乎對這座「古城」沒有多大興致。

---

95 鄧雲鄉：《魯迅與北京風土》，73-74頁，石家莊，河北教育出版社，2004。

96 魯迅：《馬上日記》，見《魯迅全集》，3卷，308頁。

97 陳斠玄：《陝西紀遊》，見單演義編：《魯迅在西安》，196頁。

98 王桐齡：《陝西旅行紀》，見單演義編：《魯迅在西安》，183-194頁。

五 時間意識還是空間想像

　　魯迅之立意寫作《楊貴妃》，最早的感觸來自作家對世道人心的洞察，以及對中國歷史上女性地位的思考，而與都城長安關係不是很密切。至於直接的起因，除了翻譯《三浦右衛門的最後》，我相信還與其撰寫《中國小說史略》大有干係。那麼，長安之行，對於作為小說史家的魯迅，到底有沒有幫助？

　　先看魯迅啟程西安前就已經出版的《中國小說史略》，其第八篇「唐之傳奇文（上）」，對於陳鴻及其《長恨歌傳》有如下介紹：

> 陳鴻為文，則辭意慷慨，長於弔古，追懷往事，如不勝情。鴻少學為史，貞元二十一年登太常第，始閒居遂志，乃修《大統紀》三十卷，七年始成（《唐文粹》九十五），在長安時，嘗與白居易為友，為《長恨歌》作傳（見《廣記》四百八十六）……《長恨歌傳》則作於元和初，亦追述開元中楊妃入宮以至死蜀本末，法與《賈昌傳》相類。楊妃故事，唐人本所樂道，然鮮有條貫秩然如此傳者，又得白居易作歌，故特為世間所知，清洪昇撰《長生殿傳奇》，即本此傳及歌意也。[99]

接下來的「傳今有數本」以下，是關於此傳的版本考辨，有大段的引文。既然對從《長恨歌》到《長生殿》的「楊貴妃文學史」多有了解，而且號稱是為撰寫自家的《楊貴妃》而來到西安的，照常理推測，魯迅作《中國小說的歷史的變遷》系列演講時，應該多有發揮才是，出乎意料，第三講「唐之傳奇文」中，關於從唐到清的「楊貴

---

99 魯迅：《中國小說史略》，見《魯迅全集》，9卷，75頁。

妃」，竟只有寥寥數語：

> 此外還有一個名人叫陳鴻的，他和他的朋友白居易經過安史之
> 亂以後，楊貴妃死了，美人已入黃土，憑弔古事，不勝傷情，於
> 是白居易作了《長恨歌》；而他便做了《長恨歌傳》。此傳影響
> 到後來，有清人洪昇所做的《長生殿》傳奇，是根據它的。[100]

撰於一九二七年八月、初收《唐宋傳奇集》下冊的《稗邊小綴》稱：
「二十年前，讀書人家之稍豁達者，偶亦教稚子誦白居易《長恨歌》」；
「本此傳以作傳奇者，有清洪昉思之《長生殿》，今尚廣行」。還是原
來的意思，只是增加了一條史料：「陳鴻所作傳因連類而顯，憶《唐詩
三百首》中似即有之。」[101]通行本《唐詩三百首》確實在白居易《長
恨歌》後，附錄了陳鴻的《長恨歌傳》，使得一詩一傳，相得益彰。

　　換句話說，無論是西安的演說還是日後的撰述，關於「楊貴妃」
的評說，比起北大講義及其寫定本，只有刪削，沒有增加。原本興致
勃勃，可事到臨頭，反而意興闌珊；除了對現實中的西安不滿，依我
觀察，還有一個因素，那就是，魯迅對「空間」的意義不敏感。

　　在《唐宋傳奇集‧稗邊小綴》中，魯迅批評宋人樂史所撰《楊太
真外傳》，恰恰因樂史是學識淵博的史官，把地理志的趣味帶到小說創
作裡來：

> 蓋史既博覽，復長地理，故其輯述地志，即緣濫於採錄，轉成
> 繁蕪。而撰傳奇《綠珠》《太真傳》，又不免專拾舊文……且常

100　魯迅：《中國小說的歷史的變遷》，見《魯迅全集》，9卷，315頁。
101　魯迅：《唐宋傳奇集‧稗邊小綴》，見《魯迅全集》，10卷，99-100頁。

拳拳於山水也。[102]

作為中國文化史上的重要著述，樂編《太平寰宇記》記載各地自前代至宋初的州縣沿革、山川形勢、人情風俗、交通、人物姓氏、土特產等，其旁徵博引，得到學界的好評，卻被同為小說家的魯迅斥為賣弄學問。就創作而言，魯迅的感覺是對的；但由此也可看出，魯迅對「地理」「博覽」「拳拳於山水」等不感興趣。這也就難怪，到了西安，魯迅未曾觸景生情，沒有借題發揮，演講和著述中，連一點「本地風光」都看不到。或許，作為文人、學者、思想家的魯迅，始終關注的是時間上的「歷史」，而不是空間上的「都城」。

在魯迅的所有小說中，人物命運及其內心感受最為重要；至於生活場景，不占中心位置。魯迅對於魯鎮（若《孔乙己》《明天》《社戲》《祝福》）與紹興（《藥》《故鄉》《在酒樓上》）的描摹，不及沈從文筆下的湘西精細；至於談論北京城（如《一件小事》之「我從鄉下跑到京城裡」，《頭髮的故事》裡北京雙十節掛旗，《示眾》開篇則是「首善之區的西城的一條馬路上」，還有《傷逝》裡的會館和吉祥胡同），更無法與老舍或張恨水相提並論。這裡有長篇小說與短篇小說體裁上的差異——前者無疑更適於展開都市裡的建築、風俗以及日常生活場景。可也不盡然，比如新感覺派小說對於「摩登上海」的精雕細刻，採用的便多為短篇小說。可見，關鍵還是作家的趣味，即，是否對所謂的「都市風景線」感興趣。在這個意義上，魯迅不是「風俗畫家」，很難將其定位為某都市或某地域的「代言人」。

具體到西安，魯迅還面臨另一重困境——這是一個早已消逝了的「古都」，眼前的風景，與歷史上曾真實存在過的那座繁華都城，幾

---

102 魯迅：《唐宋傳奇集・稗邊小綴》，見《魯迅全集》，10卷，131頁。

乎沒有任何聯繫。當然，這裡還牽涉到傳世文獻的問題。七大古都中並列為第三等的安陽和杭州，都曾「中斷」過，但在公眾印象中，卻是天差地別。除了西湖風月依舊，後人很容易「恢復記憶」；更重要的，恐怕還在於後者有大量文獻存世。追溯歷史，安陽繼承殷和鄴而成為河北平原南部、太行山東麓的都邑，是中國史前期（前十四世紀至六世紀）的重要古都，但因殷、鄴的故址早已成為廢墟，安陽至今也不是繁華都市，公眾對其了解甚微。而杭州雖只做過一個割據東南十三州的吳越國首府，一個偷安半壁江山的南宋王朝的行在所，卻因城市歷來繁華，加上有許多文學書寫，公眾對其十分親近。後世學者甚至不難依據那數量驚人的詩文以及生活瑣記、軼事彙編、筆記小說、地方志等，復原馬可·波羅所再三稱道的這座「世界上最輝煌最優秀的城市」，並提供關於這座城市的「大量詳實準確和栩栩如生的細節」。[103]當然，最方便的還是北京，老舍根本用不著參與「考古」或閱讀「方志」，單憑日常生活經驗，他就能為這座千年古都畫像；而且，筆筆生動。因為，這裡的「古都」是活著的，街道及建築會有變化，但「香火」及「氣味」猶存，城市的生命還在延續，你不難觸摸到其跳動的脈搏。因此，同是「追憶」，當張岱這樣的「都市詩人」（周作人語）相對容易些；而要為千年以前的都市造像，則非有豐厚的學識作為根基不可。

　　無疑，魯迅有學問，但其所撰歷史小說，全都有意無意地迴避了有關古代都城的描寫。在「敘事有時也有一點舊書上的根據，有時卻不過信口開河」「並沒有將古人寫得更死」的《故事新編》中[104]，魯迅是如何處理古代都城的呢？《補天》（《不周山》）和《奔月》取材於神話傳說，沒有這個問題；《采薇》除了「叩馬而諫」，主要場景是

103　〔法〕謝和耐：《蒙元入侵前夜的中國日常生活》，劉東譯，6頁。
104　魯迅：《故事新編·序言》，見《魯迅全集》，2卷，342頁。

養老堂和首陽山；《起死》的故事發生在野外，滿眼荒地、土岡、蓬草；《出關》中終於有了座像樣的建築：「這大廳就是城樓的中一間，臨窗一望，只見外面全是黃土的平原，愈遠愈低；天色蒼蒼，真是好空氣。」真正涉及古代都城的，是《鑄劍》《理水》和《非攻》三篇。

一心復仇的眉間尺，終於進城了。小說除了略為展現國王遊山的儀仗與威嚴，再就是結尾處城裡城外的人民「都奔來瞻仰國王的『大出喪』」，欣賞清道的騎士以及「什麼旌旗，木棍，戈戟，弓弩，黃鉞之類」。[105]整篇《鑄劍》，避開了關於城池、通衢或宮廷建築的正面描寫。

《理水》講述夏朝的創建者、治水英雄禹的故事，其中穿插奇肱國飛車、考證禹是一條蟲的學者（嘲笑顧頡剛），以及提倡性靈的文人（譏諷林語堂）。「禹爺走後，時光也過得真快，不知不覺間，京師的景況日見其繁盛了。」終於，禹又回來了：「雙手捧著一片烏黑的尖頂的大石頭——舜爺所賜的『玄圭』，連聲說道『借光，借光，讓一讓，讓一讓』，從人叢中擠進皇宮裡去了。」[106]至於「京師」到底是何光景，「皇宮」究竟有何模樣，小說沒有明言。

一九三四年撰寫的《非攻》，是《故事新編》中唯一正面描寫都城的。小說提到宋國的國都商丘（今屬河南）以及楚國的都城郢（今湖北江陵縣境）。前者破敗蕭條：

> 城牆也很破舊，但有幾處添了新石頭；護城溝邊看見爛泥堆，像是有人淘掘過，但只見有幾個閒人坐在溝沿上似乎釣著魚。……城裡面也很蕭條，但也很平靜；店鋪都貼著減價的條

---

105 魯迅：《故事新編‧鑄劍》，見《魯迅全集》，2卷，423、435頁。
106 魯迅：《故事新編‧理水》，見《魯迅全集》，2卷，384、385頁。

子，然而並不見買主，可是店裡也並無怎樣的貨色；街道上滿積著又細又黏的黃塵。

後者之勃勃生機，與前者的頹敗，恰好形成鮮明的對照：

> 楚國的郢城可是不比宋國：街道寬闊，房屋也整齊，大店鋪裡陳列著許多好東西，雪白的麻布，通紅的辣椒，斑斕的鹿皮，肥大的蓮子。走路的人，雖然身體比北方短小些，卻都活潑精悍，衣服也很乾淨，墨子在這裡一比，舊衣破裳，布包著兩隻腳，真好像一個老牌的乞丐了。
>
> 再向中央走是一大塊廣場，擺著許多攤子，擁擠著許多人，這是鬧市，也是十字路交叉之處。墨子便找著一個好像士人的老頭子，打聽公輸般的寓所，可惜言語不通，纏不明白，正在手掌心上寫字給他看，只聽得轟的一聲，大家都唱了起來，原來是有名的賽湘靈已經開始在唱她的《下里巴人》，所以引得全國中許多人，同聲應和了。不一會，連那老士人也在嘴裡發出哼哼聲，墨子知道他絕不會再來看他手心上的字，便只寫了半個「公」字，拔步再往遠處跑。然而到處都在唱，無隙可乘，許多工夫，大約是那邊已經唱完了，這才逐漸顯得安靜。他找到一家木匠店，去探問公輸般的住址。[107]

但無論繁華的郢，還是衰敗的商丘，其作為都城的特點，在小說中都沒有得到精細的刻畫。讀者很難借助這些略帶調侃的筆墨，進入那個規定情景。你可以說是魯迅有意為之，藉此獲得「間離效果」，促使

---

107 魯迅：《故事新編・非攻》，見《魯迅全集》，2卷，455、457頁。

讀者認真反省與思考[108]；但毫無疑問，此舉也迴避了撰寫此類小說原本必須進行的關於古代都城的實證研究。

小說家許欽文曾提出一個有趣的問題：魯迅此前寫了《不周山》，此後又撰有《奔月》《理水》等，所有收在《故事新編》中的歷史小說，都是憑想像寫成的，為什麼到了《楊貴妃》就不行？許的答案是：

> 因為這是有著相當的實際情況可以對照，西安的現象明明擺在那裡的。背景不明白就不寫，這是魯迅先生態度嚴肅的表現了。[109]

不要說大禹的皇宮裝飾怎樣沒人說得清楚，就是鄴都景色如何，除了極個別的專門學家，一般人根本無法懸想。但長安就不一樣了，你稍不留神，就可能露餡兒。這也是許欽文說的，同是歷史小說，魯迅為何對撰寫《楊貴妃》頗為躊躇的原因。

對作為城市的「古都」頗為漠然，而對作為歷史的「古人」極感興趣，這樣的作家或學者，其知識儲備及敏感點，必定在「時間」而非「空間」。講述楊貴妃的故事，既牽涉人間真情的體味，更旁及漢唐盛世的遙想、帝京風物的復活。而後兩者，在時間意識外，還得兼具空間想像的趣味與能力。有個細節，值得我們仔細揣摩：在《〈唐宋傳奇集〉序例》中，魯迅提及清代著名學者徐松的《登科記考》[110]；但終其一生，魯迅隻字未及徐的另一部名著《唐兩京城坊考》。後者

---

108 陳平原：《魯迅的〈故事新編〉與布萊希特的「史詩戲劇」》，見《在東西方文化碰撞中》，254-280頁，杭州，浙江文藝出版社，1987。

109 許欽文：《關於魯迅先生在西安》，見單演義編：《魯迅在西安》，128頁。

110 魯迅：《古籍序跋集・〈唐宋傳奇集〉序例》，見《魯迅全集》，10卷，140頁。

對於了解唐代長安的空間布局，實在太重要了；以至我會追問：重現「唐朝的天空」，魯迅準備好了嗎？

六 如何「遙想漢唐盛世」

　　談及隋唐長安史蹟，最重要的參考文獻，莫過於唐開元時韋述的《兩京新記》、北宋宋敏求的《長安志》、元代李好文的《長安志圖》以及清人徐松的《唐兩京城坊考》。韋述的《兩京新記》之長安部分，是最早記述隋唐長安城坊的專著；《長安志》以《兩京新記》為本而「博採群籍，參校成書」，《四庫全書總目提要》稱其「凡城郭、官府、山川、道里、津梁、郵驛，以至風俗、物產、宮室、寺院，纖悉畢具，其坊市曲折，及唐盛時士大夫第宅所在，皆一一能舉其處，粲然如指諸掌」。[111]《長安志圖》共三卷，圖二十二：「凡漢唐宮闕、陵寢及渠涇，沿革制度皆在焉。」[112]《唐兩京城坊考》乃承繼《兩京新記》《長安志》等，對唐代長安的城市規制、宮殿苑囿、官署里巷、水陸交通、風土人情等詳加描述的著作，成書於嘉慶庚午（1810），有《連筠叢書》《畿輔叢書》刊本及商務印書館《叢書集成初編》排印本。[113]清末以還，大量墓誌出土，加上考古發掘，今人對唐代長安的了解，當然大有長進；而學界在校正徐著之誤方面，也多有建樹。[114]但時至今日，《唐兩京城坊考》仍是我們了解唐代長安的

---

111 永瑢等：《四庫全書總目》，619頁，北京，中華書局，1965。

112 同上書，620頁。

113 有清一代，校補之作有張穆《唐兩京城坊考校補》、程鴻詔《唐兩京城坊考校補記》。

114 辛德勇：《隋唐兩京叢考》，西安，三秦出版社，1991；閻文儒等：《兩京城坊補考》，鄭州，河南人民出版社，1992；李健超增訂：《增訂唐兩京城坊考》（修訂版），西安，三秦出版社，2006。

最為重要的著述。

　　就像徐松在《唐兩京城坊考序》中所稱:「古之學者,左圖右史,圖必與史相因也。余嗜讀《舊唐書》及唐人小說,每於言宮苑曲折,里巷歧錯,取《長安志》證之,往往得其舛誤,而東都蓋闕如也。」[115]像他那樣,有機會且有實力奉詔纂輯唐文,查閱《永樂大典》,並在「校書之暇,採集碑文墓誌,合以程大昌、李好文之《長安圖》,作《唐兩京城坊考》」,實在是千載難逢。此書纂成,不僅「以為吟詠唐賢篇什之助」,對於後人之理解唐代長安,也是功莫大焉。大概是因為學術興趣的差異,希望了解「唐朝的天空」的魯迅,竟然錯過了這部極為重要的著作。

　　這就涉及一個問題,我們是否過高估計了魯迅對於唐代長安的了解?許壽裳在《亡友魯迅印象記・雜談著作》中,曾這樣談論魯迅的知識結構:

> 有人說魯迅沒有做長篇小說是件憾事,其實他是有三篇腹稿的,其中一篇曰《楊貴妃》。他對於唐明皇和楊貴妃的性格,對於盛唐的時代背景、地理、人體、宮室、服飾、飲食、樂器以及其他用具……統統考證研究得很詳細,所以能夠原原本本地指出坊間出版的《長恨歌畫意》的內容的錯誤。[116]

遙想漢唐盛世,尤其是都城長安的日常生活,細節很重要。要說人物的外貌、心靈、情感、性格以及命運等,古今之間,沒有太大的差異;容易產生誤解與隔閡的,是地理、宮室、服飾以及城市的空間布局。後者,若無足夠的知識準備,不太好開口。許壽裳說魯迅為此下

---

115 徐松:《唐兩京城坊考序》,見李健超增訂:《增訂唐兩京城坊考》,1頁。

116 許壽裳:《亡友魯迅印象記・雜談著作》,見《亡友魯迅印象記》,51-52頁。

了很大工夫,「統統考證研究得很詳細」,是真的嗎?

不妨就從魯迅批評《長恨歌畫意》說起。一九三二年十一月,中華書局出版李祖鴻(字毅士,曾任北京大學、北京藝術專科學校、上海美術專科學校教授)繪製的《長恨歌畫意》,一直關注楊貴妃故事的魯迅,很快請周建人代買了一冊。[117]一年後,在給朋友的信中,魯迅對此畫冊作了如下評議:

> 漢唐畫像石刻,我歷來收得不少,惜是模胡者多,頗欲擇其有關風俗者,印成一本,但尚無暇,無力為此。先生見過玻璃版印之李毅士教授之《長恨歌畫意》沒有?今似已三版,然其中之人物屋宇器物,實乃廣東飯館與「梅郎」之流耳,何怪西洋人畫數千年前之中國人,就已有了辮子,而且身穿馬蹄袖袍子乎。紹介古代人物畫之事,可見也不可緩。[118]

同年,在致鄭振鐸的信中,魯迅再次批評《長恨歌畫意》,稱「位高望重如李毅士教授,其作《長恨歌畫意》,也不過將梅蘭芳放在廣東大旅館中,而道士則穿著八卦衣,如戲文中之諸葛亮,則於青年又何責焉呢?」不過,此信的重點在針對「青年心粗者多」,一畫古衣冠,全都靠不住,該如何採取補救措施:

> 至於為青年著想的普及版,我以為印明本插畫是不夠的,因為明人所作的圖,惟明事或不誤,一到古衣冠,也還是靠不住,武梁祠畫像中之商周時故事畫,大約也如此。或者,不如

---

117 《魯迅日記》1933年1月4日:「夜三弟來並為代買《長恨歌畫意》一本,三元二角。」見《魯迅全集》,15卷,57頁。

118 魯迅:《致姚克》(1934年3月24日),見《魯迅全集》,12卷,359頁。

（一）選取漢石刻中畫像之清晰者，晉唐人物畫（如顧愷之
《女史箴圖》之類），直至明朝之《聖諭像解》（西安有刻本）
等，加以說明；（二）再選六朝及唐之土俑，托善畫者用線條描
下（但此種描手，中國現時難得，則只好用照相），而一一加以
說明。[119]

這裡有點小差錯，《聖諭像解》並非刊於明代，乃清人梁延年編，共
二十卷，依據康熙九年（1670）頒布的十六條「上諭」，摹繪古人事
蹟於上諭之下，以便化民成俗。

魯迅一直留心漢唐石刻畫像，西安之行也不忘購買土俑和弩機，
除了審美以及收藏的興趣，還希望藉此了解一個時代的民情與風俗。
蔡元培在《魯迅先生全集序》中，稱許魯迅之做學問用清儒家法而又
「不為清儒所囿」，具體表現在繼承宋代以降的金石學傳統，但「注
意於漢碑之圖案者」，此為「舊時代的考據家鑒賞家所未曾著手」
也。[120]這段關於魯迅學術思路及貢獻的概述高屋建瓴，為此後的研究
者不斷徵引；但在我看來，必須略為補正：因時代思潮及學術訓練，
魯迅的收藏，其實還是偏於傳統的金石學。[121]也正是這一點，明顯限
制了其對唐代長安的體味與想像。

如何「遙想漢唐盛世」，靠傳世詩文來復原唐代長安的生活場
景，雖也有效（若日本學者石田幹之助的《長安之春》），卻不無局
限。對「古都」之想像與復原，需要歷史、考古、建築、美術等諸多

---

119 魯迅：《致鄭振鐸》（1934年6月21日），見《魯迅全集》，12卷，465-466頁。

120 蔡元培：《魯迅先生全集序》，見《魯迅全集》，1卷，卷首，上海，魯迅全集出版
社，1938。

121 查魯迅藏書，未見徐松《唐兩京城坊考》；而清劉喜海輯《長安獲古編》光緒三十
一年（1905）劉鶚補刻本第一冊上，有「會稽周氏收藏」印。參見北京魯迅博物
館編：《魯迅手跡和藏書目錄》，2冊，16頁，北京，北京魯迅博物館，1959。

學科的支持。從收藏以及閱讀不難看出，魯迅有史學的眼光、美術的趣味以及金石的學養，但對日漸崛起的考古學、建築史以及壁畫研究等，相對陌生。有的是個人興趣，無所謂好壞；有的則是難以迴避的時代局限——比如，魯迅雖收藏有中央研究院歷史語言研究所編印的《安陽發掘報告》、西北科學考查團理事會刊行的《徐旭生西遊日記》等[122]，但對現代考古學的研究方法及學科前景，其實頗為茫然。道理很簡單，那時候，現代考古學還沒在中國站穩腳跟並大展宏圖。[123]

具體到從考古學或歷史地理角度進行的「長安研究」，在魯迅醞釀撰寫《楊貴妃》的時代，可借鑑的成果少得可憐。杜瑜等編《中國歷史地理學論著索引》，收錄一九〇〇至一九八〇年間中國（包括臺港）和日本發表／出版的關於歷史地理學方面的論文和專著[124]，其中專門研究古都長安的，在魯迅走訪西安之前發表的，只有那波利貞的《盛唐之長安》。[125]至於中國人的著作，劉敦楨的《漢長安城及未央宮》刊一九三二年九月出版的《中國營造學社彙刊》三卷三號，向達的《唐代長安與西域文明》刊一九三三年十月出版的《燕京學報》專號之二[126]，陳子怡的《西京訪古叢稿》算是專書，收錄了作者有關古

122 北京魯迅博物館編：《魯迅手跡和藏書目錄》，2冊，60-61頁。

123 二十世紀二〇年代，科學的田野考古發掘才在中國開始萌芽，先是由中國政府聘外國學者做，接著是中外學者共同工作，然後才是中國學者獨立主持——最值得驕傲的是中央研究院史語所考古組一九二八至一九三七年的殷墟發掘。可由於連年戰亂，一直到四〇年代末，中國考古學成果寥寥。五〇年代以來，各人文學科發展很不均衡，文史哲多有挫折，唯獨考古學一枝獨秀。

124 杜瑜等編：《中國歷史地理學論著索引》，北京，書目文獻出版社，1986。譚其驤為此書所撰序言，稱「這是我所看到的最詳盡的一種」。

125 〔日〕那波利貞：《盛唐之長安》，載《歷史與地理》，1卷7、8號，1917。

126 此乃長文，包括「敘言」「流寓長安之西域人」「西市胡店與胡姬」「開元前後長安之胡化」「西域傳來之畫派與樂舞」「長安打球小考」「西亞新宗教之傳入長安」「長安西域人之華化」等八章，加上兩個附錄。

代長安城遺址、帝王陵墓、城坊建築、名勝古蹟等考證文章十篇，一
九三五年九月由西安的「西京籌備委員會」刊行——這三種重要著述，
出現太晚，沒能成為魯迅「遙想長安」的學術支持。至於梁思成、岡
大路等撰建築史或園林史，部分涉及唐代長安，那更是後話了。[127]

　　對於唐代長安的想像，除了早已消逝的宮殿、苑囿、街道、民
居，各種傳世的古代文物，都有助於學界的考訂，可幫助後人在某種
程度上重建早已失落在歷史深處的古都。古代文物分青銅器、陶瓷
器、金銀玉器、石刻藝術品、唐墓壁畫等；那些繪製在建築（宮殿、
寺觀、墓葬）牆壁上的美術作品，最能表現時人的精神信仰及日常生
活。宮殿早就毀滅，寺觀也極少存留，壁畫主要集中在石窟寺或地下
墓葬。西安附近考古發掘出土的歷代墓葬，其壁畫比以佛經故事為主
的敦煌莫高窟，更能顯示當時的生活風貌。陝西歷史博物館收藏的墓
葬壁畫便蔚為奇觀，可那都是從二十世紀五〇年代以後才開始發現並
精心保存下來的。美術史家可能強調那些「紀年明確又形成系統的墓
室壁畫資料，對唐代繪畫源流演變的研究」彌足珍貴[128]，而歷史學家
則希望藉此理解唐人的建築、服飾、器物、樂舞、耕種、狩獵以及各
種儀禮和習俗。

　　很可惜，魯迅到訪西安時，更能顯示「盛唐氣象」的墓葬壁畫尚
未開啟；可單憑「長安的昭陵上，卻刻著帶箭的駿馬，還有一匹駝
鳥，則辦法簡直前無古人」[129]，就已經讓魯迅心馳神往了。唐陵石雕
早就引起國外學界的關注，二十世紀的最初十年，有日本、法國學者

---

127 梁思成：《中國建築史》，95-129頁，天津，百花文藝出版社，1998；〔日〕岡大
　　路：《中國宮苑園林史考》，常瀛生譯，77-110頁，北京，農業出版社，1988。

128 楊泓：《美術考古半世紀——中國美術考古發現史》，269頁，北京，文物出版社，
　　1997。

129 魯迅：《墳・看鏡有感》，見《魯迅全集》，1卷，197頁。

前往調查，一九一四年更發生「昭陵六駿」遭盜毀的慘劇──其中二石被盜運到美國，其餘四駿也被砸成數塊，幸得國人奮起保護，才未流落異鄉。[130]魯迅對此應該了然於心，因此，抵達西安第二天，便前往碑林遊覽。不過，所能見到的，只能是那「全身已被日人擊碎，現在係用黏料沾著而成，中多傷痕」的四駿了。[131]

那讓魯迅讚歎不已的「帶箭的駿馬」，當年就放置在細心呵護著長安昔日輝煌的碑林。「長安保存古碑之處名碑林，在南門內東城根，歸圖書館照料。」同行的史學教授王桐齡撰《陝西旅行紀》，第二章專門介紹「長安之建築」「長安之市街」「長安之市政」「長安之風俗」「長安之古蹟及古物」等，其中談及：

> 歷代宮殿苑囿陵墓寺觀，大半破壞，或尚存一部分（如慈恩寺之大雁塔，薦福寺之小雁塔等），或僅存其基址（如弘福寺，青龍寺遺址），或基址全無，此類甚多：即文王之豐，武王之鎬，成王以後之宗周，漢之未央宮，長樂宮，亦在此例。所謂古蹟，大半有名無實。古器具若石碑石人石馬等，半為官吏或人民所盜賣，半為外國人或外省人（以古董商為多）收買或偷竊以去。明清以來不甚著名之石碑，多為本城石頭鋪收買，改大為小，作為新碑出售。[132]

至於稱「陝西長安為中國故都，間有數百年前建築（如臥龍巷之臥龍寺，化覺巷之清真寺，大學習巷之清真寺等），頗莊平瑰麗，偉大可

---

130 楊泓：《美術考古半世紀──中國美術考古發現史》，251-253頁。
131 王桐齡：《陝西旅行紀》，第二章第九節「長安之古跡及古物」，見單演義編：《魯迅在西安》，192頁。
132 王桐齡：《陝西旅行紀》，第二章第九節，見單演義編：《魯迅在西安》，192頁。

觀；然此種古建築，現存者絕少」；「大街皆石路，用長四五尺寬二三尺之大石砌成，多係數百年前舊物，高低凹凸不平，車行顛簸特甚」[133]，此等描述，可看出王桐齡對都城生活空間的重視，這與魯迅更多地側重長時段的歷史思考，顯然趣味不同。

比起弩機、土俑、墓前石獸等零星器物，城牆、宮殿、廟宇等各式建築及其遺址，更容易讓讀者展開想像的翅膀。可宮殿早已毀滅，壁畫難得存留，只有撲倒野外埋沒土中的碑石比較幸運，逃過了戰火的焚燒，留給後人一點遙遠的記憶。[134]最能體現這一「長安記憶」的，當屬魯迅等人急於參觀的碑林。碑林不僅僅是古代文物的陳列所，其飽經滄桑的「軀體」，同樣激發世人懷古之幽思。

若著眼於現代博物館的建立，西安起步甚晚。比起張謇創建的南通博物苑（1905），或者國立歷史博物館（1912）、故宮博物院（1925）、中央博物館籌備處（1933）等，一九四四年方才在西安碑林基礎上成立的陝西歷史博物館，只能說是「後起之秀」。可要從尊經重道、寶愛書法說起，則西安碑林大有來頭：從天祐元年（904）韓建重修長安城時，將遺留在城外的石經遷移到了城內，到宋元祐五年（1090）呂大忠將石經及顏柳等眾碑移至今日的碑林，再到明萬曆十六年（1588）、清乾隆三十七年（1772）的多次整修，碑林成了體

---

133 王桐齡：《陝西旅行紀》，第二章第五節「長安之市政」，見單演義編：《魯迅在西安》，188頁。

134 「唐代長安是全國的政治、文化中心，因此保存有很多傑出的藝術品。唐朝滅亡後，這些珍貴文物隨著長安城的破壞，也遭到了極大的厄運，其中有些東西，如大量的壁畫，都隨著宮殿寺廟等建築物的毀壞而根本毀滅了。一些能夠挾帶的，都被搶劫散失了。當然，被火燒毀的也可能很多。只有碑石雖然亦被毀壞不少，但畢竟因為質料不同，比較能夠經受摧殘，人亦不能將其輕易攜走，故雖倒露野外，埋沒土中，仍有一些保存了下來。在社會稍微安定之後，它們又逐漸引起人們的重視，受到了特殊的保護。」見武伯綸編著：《西安歷史述略》（增訂本），305-306頁，西安，陝西人民出版社，1984。

現長安輝煌歷史的最佳場所。民國初年，碑林交陝西圖書館代管；魯迅走訪時，館長乃熱心戲劇改良、創辦易俗社並三度出任社長的高樹基。當然，真正讓碑林的整修與保護步入正軌的，還是二十世紀三〇年代中期以後。[135]

據一九一三至一九一四年編制的《圖書館所管碑林碑目表》，當年的西安碑林，共收歷代碑刻一百七十二種，其中碑一百三十種，墓誌十二種，造像碑三種，經幢四種，石刻畫七種，石經十六種。十年後，魯迅來訪，碑林格局應該沒有大的變化。如此收藏，不太像現代意義上的歷史博物館，似乎與張鵬一《重修西安碑林記》的刻意表彰——「考古者莫不以石經為校經證史重要物矣」——更為吻合。[136]對於理解唐代長安的都市面貌，或百姓的日常生活，民初的碑林基本上不起作用。

歷經千年風雨的摧殘，眼前的長安早已今非昔比；但也不是沒有任何蛛絲馬跡可供學者們追尋。「唐代長安地面上的建築大多早已不復存在，然而其昔日的榮光，仍然通過唐朝的地志、畫史、碑記、寺塔記以及詩人的吟詠篇什、筆記小說的故事等，多多少少地保留下來，可以讓我們透過文獻記載，去想像大唐都市的輝煌。」[137]只是如此兼及考古發掘與文獻鉤稽，藉以重現「唐朝的天空」，並非一蹴而就，需要一代代學者的不懈努力。在魯迅的時代，這樣深厚的學術積累，並沒有形成。換句話說，魯迅若真的創作「長篇歷史小說」《楊貴妃》，未必能獲得足夠的學術支持。對於擅長「翻開歷史一查」的魯迅來說，或引遠古人物而借題發揮（像《故事新編》），或借兒女情長寫政

---

135 路遠：《西安碑林史》，430-431、68、268、312、320頁，西安，西安出版社，1998。

136 同上書，270-292、581頁。

137 榮新江：《關於隋唐長安研究的幾點思考》，載《唐研究》，9輯，北京，北京大學出版社，2003。

治風雲（像《桃花扇》），這都是手到擒來；困難在於，如何呈現那些凝聚著歷史情境、空間意識、生活體驗以及審美感受的都市景觀。

一方面，魯迅的主要興趣不在「古都」；另一方面，那時的中國學界，並沒給魯迅提供有關唐代長安的豐富學識——尤其是在歷史地理以及考古、建築、壁畫等方面。在《故事新編》的序言中，魯迅為歷史小說創作中的「學問」辯解：「對於歷史小說，則以為博考文獻，言必有據者，縱使有人譏為『教授小說』，其實是很難組織之作，至於只取一點因由，隨意點染，鋪成一篇，倒無需怎樣的手腕」。[138]照魯迅的說法，這叫「如魚飲水，冷暖自知」。後世學者在大力表彰《故事新編》的諸多創新時，或許不該忘記，這其實也是一種「趨避」——起碼涉及都城描寫時是如此。這樣的「騰挪趨避」，寫短篇小說《非攻》可以，寫長篇小說《楊貴妃》，可就沒那麼順當了。魯迅對自己的小說史頗為自豪，理由是：「我都有我獨立的準備。」[139]這種性格，決定了其若真的撰寫「長篇歷史小說」（而不是散文、雜文、歌劇、話劇、抒情詩或短篇小說）《楊貴妃》，不可能採用「戲說」的策略；而詳細描寫唐代都城，包括其宮闕、街道、苑囿、寺廟等，單憑想像力遠遠不夠，還需要豐厚的學識。在沒有足夠學術支持的情況下，不願率爾操觚，而選擇了放棄，我以為是明智之舉。

魯迅放棄長篇小說或多幕劇《楊貴妃》的寫作，對後人來說，毫無疑問是一種遺憾；可經由對這一「故事」的剖析，呈現城市記憶、作家才識以及學術潮流之間錯綜複雜的關係，進而促使我們探討古都的外在景觀與作家的心靈體驗之間的巨大張力，思考在文本世界「重建古都」的可能性及必經途徑，未嘗不是一件好事。

---

138 魯迅：《故事新編・序言》，見《魯迅全集》，2卷，342頁。

139 鄭振鐸：《魯迅的輯佚工作》，載《文藝陣地》，2卷1期，1938年10月；魯迅：《不是信》，見《魯迅全集》，3卷，229頁。

當代中華文化思想叢刊 A0103002

現代中國的文學、教育與都市想像　下冊

作　　　者	陳平原
版權策畫	李　鋒
責任編輯	楊家瑜
發 行 人	林慶彰
總 經 理	梁錦興
總 編 輯	張晏瑞
編 輯 所	萬卷樓圖書股份有限公司
排　　　版	林曉敏
印　　　刷	百通科技股份有限公司
封面設計	菩薩蠻數位文化有限公司

出　　　版　昌明文化有限公司

桃園市龜山區中原街 32 號

電話 (02)23216565

發　　　行　萬卷樓圖書股份有限公司

臺北市羅斯福路二段 41 號 6 樓之 3

電話 (02)23216565

傳真 (02)23218698

電郵 SERVICE@WANJUAN.COM.TW

大陸經銷　廈門外圖臺灣書店有限公司

　　電郵 JKB188@188.COM

ISBN 978-986-496-300-3

2020 年 7 月初版二刷

2018 年 1 月初版

定價：新臺幣 340 元

如何購買本書：

1. 劃撥購書，請透過以下郵政劃撥帳號：

   帳號：15624015

   戶名：萬卷樓圖書股份有限公司

2. 轉帳購書，請透過以下帳戶

   合作金庫銀行　古亭分行

   戶名：萬卷樓圖書股份有限公司

   帳號：0877717092596

3. 網路購書，請透過萬卷樓網站

   網址 WWW.WANJUAN.COM.TW

大量購書，請直接聯繫我們，將有專人為您

服務。客服：(02)23216565 分機 610

如有缺頁、破損或裝訂錯誤，請寄回更換

國家圖書館出版品預行編目資料

現代中國的文學、教育與都市想像 / 陳平原

著. -- 初版. -- 桃園市 ：昌明文化出版 ；臺北

市 ：萬卷樓發行, 2018.01

　　冊 ；　 公分. -- (當代中國研究叢書)

ISBN 978-986-496-300-3(下冊 ：平裝)

1.社會科學　2.文集　3.中國

500.92　　　　　　　　　　　107002195

本著作物經廈門墨客知識產權代理有限公司代理，由北京師範大學出版社（集團）有限公司授權萬卷樓圖書股份有限公司出版、發行中文繁體字版版權。